사랑의 선택

삶과 사랑에 관한 39가지 이야기
사랑의 선택

1판 1쇄 펴낸날 1999년 4월 10일
3판 1쇄 펴낸날 2010년 10월 25일

지은이 | 우애령
펴낸이 | 조현주
펴낸곳 | 도서출판 하늘재

삽화·표지 디자인 | 엄유진
편집 | 김경수

등록 | 1999년 2월 5일 제20-140호
주소 | 서울시 마포구 망원1동 384-15 301호
전화 | (02)324-2864
팩스 | (02)325-2864

이메일 | haneuljae@hanmail.net

ISBN 978-89-90229-26-7 03810
값 | 10,000원

ⓒ1999, 우애령

※ 잘못된 책은 바꿔드립니다.
※ 이 책은 저작권법에 의하여 보호를 받는 저작물이므로
   무단 전재와 복제를 금합니다.

삶과 사랑에 관한 39가지 이야기

사랑의 선택

우애령 상담 에세이

LOVE
& LIFE

하늘재

추천사

William Glasser
(정신과 의사, 현실치료 창시자)

우애령 박사의 책 《사랑의 선택》에 부칩니다.

이 책은 아주 소중하고 의미 있는 책입니다.
 읽으면서 우리가 삶에서 어떻게 더 나은 선택을 할 수 있는지 생각해보기 바랍니다. 그러면 삶에서 가장 중요한 일은 '어떻게 다른 사람들을 사랑할 것인가'를 선택하는 것임을 깨닫게 되리라고 믿습니다.

William Glasser

작가의 말

우리 아파트 앞에 오래전 심었던 느티나무가 지금은 7층까지 닿도록 그 키가 컸다.

처음 두근거리는 마음으로 이 책의 초판을 손에 쥐었을 때 그 느티나무는 2층 높이에 머무르고 있었다.

집에 돌아오는 길에 그 나무를 올려다보면 마치 백 년도 넘는 세월 동안 그 자리에 서 있었던 것처럼 보이기도 한다.

재판을 낼 때 태어났던 아기는 벌써 초등학교 일 학년이 되었다. 아이가 자라고 느티나무가 자라는 동안 이 책은 어느새 두 번째 개정판을 찍게 되었다.

무엇이 우리들의 삶에 고통과 슬픔을 주는 것일까.

무엇이 사람을 이렇게 강한 힘으로 휘두르는 것일까.

우리는 운명과 맞서 싸울 아무 힘도 지니지 못한 무력한 존재인가.

나는 '그렇지 않다'고 감히 말하려고 했다. 그리고 이 책에서 운명의 힘에 맞서는 인간의 자유혼과 사랑에 관해 쓰고 싶었다.

맨 처음 책에 실렸던 '작가의 말'의 한 구절이다.

그동안 삶에 많은 변화가 있었지만 그때와 지금의 마음이 조금도 다르지 않다.

우리가 상처받고 괴로운 마음으로 어두움 속에 혼자 앉아 있을 때, 조용히 곁에 와서 앉는 사람처럼 이 책이 위로가 되기를 바라는 마음은 변함이 없다.

새롭게 삽화를 그려준 딸 엄유진과 다시 개정판을 펴내는 하늘재 조현주 님에게 깊은 감사의 마음을 전하고 싶다.

2010년 9월 22일

차례

사랑의 선택 / 삶과 사랑에 관한 39가지 이야기

추천사 / 윌리엄 글라써 • 5
작가의 말 • 6

1. 삶의 선택

운명인가 선택인가 • 13
마음속의 그림책 • 21
아기 깡패 필립 • 29
양로원의 플레이보이 • 37
한 사람의 초상 • 47
열두 사람의 열두 가지 세상인식 • 55

2. 여성의 마음

베아트리체인가, 살로메인가 • 65
구원의 여인 • 71
마릴린 먼로와 샤론 스톤 • 77
사장님, 우리 사장님 • 83
월선이와 홍이엄마 • 91

3. 결혼의 초상

소유냐 자유냐 • 101
사랑의 삼각형 • 109
신혼여행과 결혼생활의 예감 • 115
가치관과 독선 • 123
성격 수정은 가능한가 • 131
철학자의 아내 • 141

4. 자녀의 마음

왜 당근이 싫은 거야? • 151
한 문제에 관한 열 가지 답 • 159
효도도 손발이 맞아야 • 169
사춘기 선언 • 179
세대차이 • 189

5. 길을 잃은 사람들

관처럼 보이는 피아노 • 199
포도나무의 비유 • 207
부화하는 개구리 • 215
과거라는 강 • 223
속박의 쇠사슬 • 231
죄의식의 수렁 • 241

6. 불행의 초상   술이 너무 좋은 이 씨 • 251
                고스톱 전문가 철이엄마 • 261
                바람둥이 김 씨 • 269
                본드와 지영이 • 277
                에이즈 환자 최 군 • 285

7. 사랑의 선택   다른 사랑 • 295
                조건 없는 사랑 • 303
                나를 사랑하기 • 311
                운명을 사랑하기 • 317
                상처를 덮는 사랑 • 323
                사랑의 이름으로 • 329

1. 삶의 선택

운명인가 선택인가
마음속의 그림책
아기 깡패 필립
양로원의 플레이보이
한 사람의 초상
열두 사람의 열두 가지 세상인식

운명인가 선택인가

황금빛 숲 속에서 길이 두 갈래로 갈리었다.
한꺼번에 두 길을 다 갈 수는 없어
안타까워 오래도록 선 채로
덤불 속으로 굽어들어 안 보이는 곳까지
한쪽 길을 멀리 바라보았다.

―로버트 프로스트의 시 〈가지 않은 길〉에서

인생에 흥미 있는 점은 우리가 태어날 때 전혀 선택의 권리를 행사한 일이 없다는 사실이다.

"내 인생은 내 거야. 인생은 선택이라고요."

이렇게 자신만만한 도전적인 광고에 나오는 세칭 신세대들도 이 점은 마찬가지다.

손님들이 음식점에서 메뉴를 들고 과거의 경험을 다 동원해 심각한 표정으로 자신이 먹을 곰탕이나 탕수육, 스테이크를 선택할 권리를 행사하는 것처럼 태어나기 전에 우리에게 출생조건의 선택 권한이 부여된다고 한번 상상해보라.

이렇게 되면 출생국의 관리는 최신 성능의 컴퓨터를 다 동원하고도 온통 혼란 속에 빠질 것이 틀림없다.

"우선 스웨덴에 태어나게 해주세요. 그곳이 복지가 제일 잘되어 있다니까……."

아기들은 탄생 메뉴판을 뒤적이며 우선 이런 식으로 주문을 시작할 것이다.

"그리고 부모와의 갈등은 질색이니까 교양 있고 학벌도 있고 자녀와의 대화를 제법 할 줄 아는 부모 밑에 태어나겠어요."

아기들은 계속해서 또 요구할 것이다.

"현대 사회에서 외모 또한 아주 중요한 것이니까 내게 유전인자를 전해줄 부모들의 용모며 신체조건이 뛰어나야 하겠는데요."

"그러면 이러이러한 선에서 마무리 지으면 될까요?"

출생관리 담당자가 이제 대강 일을 정리하려고 들면 아기는 귀여운 미소를 지으며 더 요구를 해올 가능성이 많다.

"나는 그렇게 욕심이 많은 아기는 아니거든요. 그래서 억만장자를 원하지는 않아요. 하지만 최소한 남부럽지 않을 만큼 재산은 있어야지요."

출생관리 담당자는 여러 파일을 다 찾아본 다음에 아마 이렇게 대답할지도 모른다.

"아기가 지금 요청한 조건에 맞는 부모는 예약이 다 찼는데요."

"이런 부당한 일이…… 그렇다면 지금 내가 태어날 수 있는 집은 어떤 곳이지요?"

"가만 있자. 여기 한국에 자리가 몇 개 비어 있군요."

"안 돼요."

아기는 살짝 얼굴을 찡그리며 말할 것이다.

"그 나라, 분단국가잖아요? 노상 전쟁 우려가 있다면서요? 전쟁이라면 질색이야. 당신도 우리같이 연약한 아기 입장이 되어봐요."

"그렇지요? 그러면 아기가 원하는 자리가 날 때까지 탄생을 늦추는 수밖에 없지요."

"흠, 말도 안 돼요. 그렇다면 얼마나 기다리면 될까요?"

"글쎄요. 한 이백 년은 기다려야 될 것 같군요."

"뭐라고요? 그러다가 핵전쟁이라도 일어나면 태어날 기회가 없어지는 거 아니에요?"

"자, 아기는 우선 인생에서 이것을 배워야 해요. 원하는 삶을 얻으려면 무언가 다른 점을 양보해야 한다는 점을요."

"좋아요. 그렇다면 내가 조금 타협을 해보지요. 아기 창고에서 더 기다리는 것도 지겨우니까. 그래 한국에 태어난다면 다른 조건은 받아들여지는 건가요?"

"글쎄, 그게 조금 애매하군요. 모든 요구가 다 맞는 자리는 없고 그나마 조금씩은 맞는 자리가 몇 개 남아 있긴 한데…… 자, 그중 한 집은 돈은 많은데 아주 교양이 없고 다른 집은 이해심은 많은데 너무 인물이 없군요. 아, 여기 돈 많고 학벌 좋고 외모도 뛰어난 부모가 있는 집이 한 집 있습니다. 아주 젊습니다. 지금 하와이에 신혼여행 와 있는 중이라 태어나기에 시간도 잘 맞습니다."

"그거 괜찮게 들리는군요. 좋아요. 거기로 해보지요."

"그런데 이 부부는 너무 이기적이라 누구를 사랑하는 마음이 전혀 없습니다. 이런 집에 태어나면 모든 것을 잘해내는 멋진 아이가 되지 못하면 사랑받기는 힘들 것입니다."

아기는 잠깐 생각에 잠기다가 결단을 내린다.

"좋아요. 어차피 인생은 선택이니까. 어떻게 보면 현대 사회에서 없어도 제일 표가 안 나는 게 사랑이니까. 돈이나 학벌, 외모 그런 게 다 갖추어져 있다면 그 집으로 결정하겠어요."

지상의 상태를 체크하던 관리는 갑자기 난색을 표한다.

"안 되겠습니다. 거기도 단념해야 하겠습니다."

"뭐라고요? 내가 이만큼 양보해가면서 성의를 보이고 있는데, 그 무슨 직무에 태만한 소리입니까?"

"그게 아니라 이 부부가 벌써 대판 싸운 다음에 이혼하기로 하고 여자가 한국으로 혼자 떠나버렸어요. 여자의 과거 때문입니다."

"하느님 맙소사. 태어나기도 전부터 이렇게 사는 게 힘이 들어서야……"

우리는 이런 우여곡절 끝에 대타협의 단원을 거쳐 그래도 세상 구경을 해보려고 환경의 열악함을 감수하고 태어났는지도 모른다.

그런데 컴퓨터 관리가 잘못되어 원하지 않았던 곳에 태어난 아기들은 말을 할 수 있기 시작하자마자 온통 불만을 털어놓으며 출생국 관리들을 고소하려 들 것이다.

어쩌면 우리가 살면서 터뜨리는 모든 불평불만들이 태어나면서 무의식 속에 숨어버린 출생국 관리에게 향하는 불만일지도 모른다.

출생국 관리들이라고 할 말이 없을 리가 없다.

"우리가 틀린 게 아니라고요. 당신도 당신이 선택할 부분을 제대로 해서 움직였어야지. 나만 탓하지 말고."

어떤 사람들은 삶의 짐이 너무 무겁고 버거워 차라리 태어나지 않았던 편이 훨씬 더 좋았겠다고 생각을 하기도 한다. 이런 결론을 내린 다음에 실행에 옮기는 사람들이 자살 기도자들일 것이다. 태어난 게 운명이라면 지금에 와서 그걸 되돌릴 수는 없지만 출생 때 행사하지 못한 선택의 권리를 죽을 때는 행사하겠다는 생각이 그들의 마음 속에 들어서는 것 같다.

아니면 가장 빠른 시일 내에 이리저리 핑계만 대는 출생국 관리를 만나서 내판 항의해보려는 마음이 그 속에 있는지도 모른다.

"아니 그것들이 나를 보기 좋게 속여 넘긴 거 아니야."

삶의 덫에 걸릴 때 사람들은 운명이라는 이름의 괴물에게 분노를 느끼기도 한다. 그리고는 거대한 흰 고래 모비 딕에게 인생을 걸고 덤벼드는 에이허브 선장처럼 이성을 잃고 운명과 싸우는 일에만 골몰하여 할 수 있는 일까지 다 손을 놓으려고 들지 모른다.

"어째서 하필 우리 아이가 귀가 안 들리게 태어났습니까?"
"이런 범죄자가 된 건 순전히 부모를 잘못 만났기 때문이지요."
"결혼하고 아이도 있는 사람을 사랑하게 된 건 운명이었어요."

사람들은 감당하기 힘든 인생의 고통에 부딪힐 때 큰 의문과 분노를 느낀다. 내가 선택하지 않은 삶이 미래로 가는 길을 막고 서 있기 때문이다.

분노와 좌절을 느끼는 내담자들을 대할 때 나는 당혹스러움을 느낀다. 달관한 금욕주의 철학자처럼 어째서 괴로워하는가. 결국 인생은 하나의 꿈이요 허상일 뿐이라고 말하기에는 그들이 겪어나가야 하는 시간들이 너무 무겁기 때문이다.

나는 이 책을 통해 우리가 삶에서 어디까지 선택할 수 있는가를 생각해볼 기회를 가져보고 싶었다. 어디까지가 운명이었을까. 어디서부터 선택이었을까. 우리는 아마 영원히 그 답을 모르고 죽게 될지도 모른다.

어릴 적에 들은 옛날 이야기 중에 아직도 기억나는 것이 있다.

사람들이 죽은 다음 저승에 이르는 산길에 접어들기 전에 어느 주막에 들르게 되는데, 그 주막집 할머니가 권해주는 술을 한 바가지 마시면 전생을 다 잊어버린다는 것이다.

어느 선비 한 사람이 어떻게 해서 그 비밀을 알게 되었다. 이 선비는 그 술을 마시는 체하고 마시지 않았다. 그리고 선비였던 기억을 지닌 채 소로 태어나게 되었다. 이 선비는 너무도 기가 막혔다. 풀을 먹을 때도 슬프고 네 발로 어슬렁어슬렁 걸어야 할 때도 슬프고 음머

하는 소리를 내며 한심하게 살고 있는 다른 소들과 어울려 살아야 하는 것도 너무 슬퍼 댓돌에 머리를 박고 죽고 말았다.

이 선비는 이번에도 그 술을 마시지 않고 저승에 들어가 인간으로 태어나게 해주지 않으면 또 죽고 말 거라고 위협했지만 덕을 많이 쌓지 못했기 때문에 이번에는 뱀으로 태어나게 되었다. 선비가 생각하기에 이렇게 학문이 가득 찬 머리를 썩이고 기다랗고 징그러운 몸을 끌고 다니며 개구리 따위나 잡아먹고 있다니 죽는 게 나았다. 그래서 달구지가 지나다니는 길에 잽싸게 뛰어들어 바퀴에 치여 죽고 말았다.

어떤 동물로 태어나도 죽어버리는 이 선비가 너무 지겨워서 염라대왕은 이 선비를 인간의 집에 태어나게 해주라고 부하들에게 당부했다. 인간으로 태어난 것을 알고 처음에 선비는 뛸 듯이 기뻐했지만 별로 마음에 들지 않는 인간들이 자기를 들었다 놨다 하면서 아기 취급을 하는 것 또한 참기 힘들었다. 자기는 이런 곳에 살 사람이 아니라고 앙앙불락하다가 병들어 죽게 되었다.

이번에는 선비도 크게 한탄을 하고, 전생을 기억하는 게 이렇게 문제가 된단 말인가, 이번에는 그 할머니가 주는 술을 한 방울도 남기지 않고 받아 마셔 내 전생을 다 잊으리라고 결심했다.

그리고 마침내 그 산길 아래 주막에 다다르자마자 할머니가 주는 술을 다 꿀꺽꿀꺽 받아 마셔버렸다. 그 다음에는 무엇이 되어 태어나든지 불만 없이 잘 살게 되었다는 것이다.

"그래서 이 댐에 죽어서 그 산길 아래를 지나가게 되면 그 주막 할머니가 내어 미는 술 한 바가지를 꼭 다 마셔야 하는 게야."

이야기하기 좋아하는 먼 친척 할머니의 이야기를 들으며 나는 이

다음에 죽어서 그 산 아래를 지나가게 되면 꼭 그 술을 받아 마시리라고 결심하고는 했다. 그렇지 않은가. 얼마나 끔찍한 이야기인가. 내가 이렇게 살 동물이나 인간이 아니라는 의식을 가지고 살아간다면 그 삶이 얼마나 괴로울 것인가.

우리가 어른이 되어서도 과거에 매달려 현재를 잘 살아내지 못하거나, 이런 상황에서 살아야 한다면 내가 꿈꾸던 인생이 아니기 때문에 죽는 게 낫겠다고 생각하는 것은, 이 술을 안 받아 마신 옛날 선비와 비슷한 모양이 아닌가. 하기야 필연성을 강조하는 입장에서 보자면 자살하는 사람들도 본인들이 선택했다고 착각하고 있을 뿐이지, 자기 손으로 죽을 시간을 선택했다고 믿으면서 가련하게 운명의 마지막 약속을 지켜주고 있는 것일지도 모른다.

선택이론을 주장하는 윌리엄 글라써는 우리 인생의 많은 부분이 선택이라고 갈파한다. 심지어 우울이며 불행까지도 우리들은 선택하고 있다고 그는 과감하게 말한다.

"우리가 태어날 때 아무 선택도 하지 못했는데도요?"

그는 아마 대답할 것이다.

"그러면 당신은 그 환경을 원망하며 계속 불행하게 살기를 선택하시겠습니까?"

그의 주장은 아주 선명하다. 내가 장애아동을 낳는 것을 선택한 것은 아니지만 이제부터 그 아이와 어떻게 살아나갈 것인가 하는 것부터는 우리의 선택이라는 것이다.

자, 그럼 사람들이 어떻게 자신의 삶을 선택하면서 살아가는지 문을 열고 세상 속으로 들어가 이리저리 살펴보기로 하자.

마음속의 그림책

전혀 알려지지 않은
조그만 수채화 하나를
어느 소도시의 미술관에서
우연히 만났을 때 나는
오롯한 기쁨에 잠겨
혼자서 오랫동안 바라보았다.

아무에게도 말하지 않았다
이름 없는 그림 하나가
소문도 없이
나의 눈길을 따라
마음속으로 들어왔음을
누가 알 것인가.

―김광규의 시 〈그림〉에서

"옛날에는 내가……."

노인들은 이렇게 이야기를 시작하기 좋아한다. 젊은 시절 힘있던 때가 그립기 때문이다. 젊은 사람들은 대개 그런 이야기에 관심이 없고 지루해한다.

세대차이란 두 사람의 마음속의 그림책이 다른 그림으로 채워져 있다는 이야기이다. 아이들의 그림책에는 온몸을 흔들며 춤추는 아이돌 스타들의 그림이 있고 어른들의 그림책에는 트로트 가수들이 들어 있을 경우 우리는 그것을 세대차이라고 말한다.

살아가면서 우리를 행복하게 해주는 사람이나 상황을 우리는 마음속의 그림책에 담아놓는다. 사랑과 힘, 즐거움과 자유, 그리고 생존의 다섯 가지 욕구를 채워주었던 경험이 있거나 채워주리라고 기대되는 그림들을 우리는 그림책에 차곡차곡 쌓아두는 것이다.

설날이나 추석이 되면 우리들은 애굽을 벗어나 자기들의 땅으로 돌아가려는 이스라엘 사람들처럼 고속도로에 차를 몰고 나가 피난민처럼 부대낀다. 아마도 그 이유는 우리 민족의 보편적인 그림책에 고향의 이미지가 들어 있기 때문이 아닌가 싶다.

막상 가보면 유행가처럼 시들하고 낡고 쇠락해가는 집에 단둘이 남은 늙은 부모님이 가슴을 더 아프게 하거나 모처럼 만난 친척들과 아웅다웅 다투다 돌아오게 될지도 모른다. 그러나 고향이라는 그림이 마음속에 있는 한 우리들은 또 남부여대해서 집을 떠날 것이다.

어떤 때 고향집에 가서 사흘을 묵자고 주장하는 남편과 하루만 묵고 오자고 주장하는 아내 사이의 갈등을 접하는 경우가 있다.

갈등의 이유는 간단하다. 서로 비난하는 이유처럼 여편네가 소갈딱지가 좁아서거나 남편이 이해심이 없어서가 아니다.

남편의 그림책에는 자기 욕구를 채워주던 정다운 곳으로 집이 저장되어 있지만 아내의 그림책에는 인간사가 껄끄러운 시집이 저장되어 있지 않기 십상이기 때문이다. 아내의 그림책 속에 저장되어 있는 집은 생긴 대로 편하게 있어도 누구의 눈치를 받지 않던 친정집이다. 각각 다른 그림책을 지닌 두 사람의 어른이 한집에 살기 시작한다는 것은 대단한 모험이 아닐 수 없다.

이즈음 덕수궁에 산책 삼아 들르면 여러 곳에서 정장을 차려입은 신랑과 희고 눈부신 웨딩 드레스를 차려입은 신부들이 사진을 찍는 모습을 볼 수 있다.

사진사들은 그들에게 포즈를 연출시킨다. 가끔 그 포즈를 보며 혼자 웃음이 나는 것은 그 포즈가 문자 그대로 젊은 사람들의 마음속에 있는 결혼이라는 그림들을 연출하고 있기 때문이다. 살짝 뒤를 돌아보는 수줍은 신부의 모습과 대견한 표정으로 꽃을 내미는 신랑, 다른 인종들은 이 세상에 존재한 일도 없다는 표정으로 서로만 그윽이 바라보며 포옹하는 신랑, 신부.

사진기 앞에서 결혼의 행복을 연출하는 이 풍속은 실상 고백하건대 내 그림책에는 없다. 그렇지만 그 그림책이 그 사람들을 더 행복하게 해준다면 나쁘지 않으리라는 생각도 든다. 인생에 지치고 외로울 때 우리가 창밖을 내다보며 마음속의 그림책을 더듬듯 실재하는 사진이 담긴 그림책을 꺼내 구체적으로 한 장씩 넘겨보는 것도 좋을지 모른다.

어떤 주부는 막내동생이 만들어 온 결혼 사진첩과 군대 동기생들

모임처럼 뻣뻣하고 어색한 자신의 옛날 식 결혼 사진을 비교해보고 속이 상해 몰래 울었다고 말한다. 환상적인 배경과 사진사들의 사진 기술, 결혼에 대한 꿈이 어우러진 연출사진들을 보면서 이미 지나가 버린 꿈이 그녀의 마음을 아프게 한 것이다.

텔레비전이나 매스컴의 광고전략도 말하자면 구매자들의 마음속 그림책에 들어가기 위해 사력을 다하는 것에 다름아니다.

은은한 고전음악을 배경으로 숲 속을 산책하는 미려한 여인의 자태가 안개 속으로 떠오르고 그 뒤로 조용하고 품위 있게 커피 제품의 이름이 들려온다. 마음속의 그림책에 담겨 있던 우아한 생활이 그 커피를 마시면 이루어질 것 같은 유혹을 주는 순간이다.

이 물건을 실제로 살 힘이 있는 대상의 마음의 그림책에 파고들어 가는 것이 광고의 기본전략이다.

'이 우유를 마시면 아이가 머리가 좋아져 공부를 잘하게 된다'는 신화 같은 광고를 보고 주부들의 손은 저절로 그 우유를 집으러 나간다. 하지만 그 아이가 우유의 구매자라고 생각해보라. 그 우유는 팔릴 리가 없다. 아마 '이 우유를 엄마에게 마시게 하면 엄마 잔소리가 뚝 그치게 돼요.' 하면 그 우유는 동이 나게 팔려 나갈 것이다.

광고 전문업체에서 머리를 싸매고 하는 회의의 주안점은 어떤 그림과 말을 넣어서 구매자의 마음의 그림책과 꼭 일치하게 만드느냐 하는 점이다. 그 사람들의 고민도 크리라 짐작된다. 왜냐하면 판에 박게 아주 똑같은 그림책을 지닌 인간은 없기 때문이다. 비슷한 사람들의 보편적인 그림책에 맞추자니 매력과 자극이 없고 각 개인의 개별적인 그림책을 공략하자니 위험 부담이 크다.

두통을 호소하는 며느리에게 옛다 하면서 두통약을 내미는 시어머니와 그 약을 받아먹고 활짝 웃으며 두통이 사라졌음을 알리는 며느리. 어찌 안 그렇겠는가. 이 여자의 두통의 원인이 바로 시어머니의 배려 없음인 것을……. 내 마음을 배려해주는 시어머니의 그림과 일치하는 순간이 아닌가. 이즈음에는 그 반대로 두통을 호소하는 시어머니에게 두통약을 내미는 며느리의 광고가 인기를 끌고 있다. 아마도 적적한 마음을 배려해주기 바라는 힘없는 노인들의 그림책에 다정한 며느리의 그림이 들어가기 때문이 아닐까.

마음의 그림책에 비현실적이고 터무니없는 그림을 넣기 시작한 사람들의 삶은 고통스럽고 불만족스럽다. 충분히 건강하고 아름다운 몸매인데도 마음속의 그림은 슈퍼 모델이기 때문에 굶고 다이어트 약을 먹고 하다가 소화기 질환으로 병원 신세를 지게 되는 젊은 여자들이 있다. 상태가 더 악화되어서 신체가 더 이상 음식을 받아들이지 못하는 거식증이란 희한한 병에 걸려 심지어 목숨을 잃는 여자들도 있다. 사랑받는 여자가 어떤 여자인가에 대한 세상의 광고 그림을 그대로 마음속에 받아들이기만 한 경우이다.

전교 일등을 하는 아이의 그림이 그림책 속에 들어 있는 엄마는 그 그림과 맞는 아이를 만들려고 전력투구를 해 아이를 괴롭히고 자신도 괴로운 경우가 많다.

대화가 중요한 점은 서로 자기 그림책의 그림들을 상대방에게 보여주며 이야기를 나누는 데 있을 것이다. 우리가 함께 이야기를 나누고 싶은 사람은 네 그림은 틀려먹었다고 초전박살을 내는 사람이 아니다. 그렇다고 "네 그림만 맞아. 나는 왜 인간이 이런지 몰라." 하고 죽는 소리를 하는 사람도 아니다. 우리가 이야기를 나누고 싶은 사람은 "네 그림은 그러니? 내 그림은 이래." 하고 솔직하게 자기 그림을 보여주고 내 그림에 대한 의견도 비난 없이 말해주는 사람들일 것이다.

그 그림책을 새 차와 더 큰 냉장고, 좋은 옷, 넘쳐 나는 돈으로만 채우는 사람들이 있다. 그 사람들은 늘 그림책의 그림들을 새 모델로 바꿔 끼워야만 한다. 그뿐 아니라 그 그림들이 자신의 마음을 향하지 않고 타인들의 시선을 향해 있기 때문에 신화 속의 탄탈로스처럼 늘 괴로운 갈증에 시달리게 될 우려가 크다.

전에 사회에 경종을 울린 아버지 살해사건의 주인공은 자기 그림과 다르다고 내내 질책과 모욕을 퍼붓는 아버지의 그림과 맞추려고 애를 쓰다가 마침내 실패하고 감당할 수 없어 폭발해버린 경우이다. 자수성가한 집안의 자녀들이 힘들다는 이야기는 일리가 있다. 자수성가한 부모의 그림책 속에는 자기보다 훨씬 더 좋은 조건에서 성장하는 자녀들은 자신보다 더 큰 성취를 이루어야 한다는 강박적인 그림이 들어 있기 쉽기 때문이다.

사람마다 자신의 마음속에 원하는 것으로 가득 찬 그림책을 지니고 있고 현실과 그 그림책을 가만히 빗대어 보기도 한다. 현실과 그 그림책이 너무 크게 다를 때 우리 마음은 좌절을 느끼고 어느 쪽으로 가려고 움직이기 시작한다. 중요한 점은 그 그림책과 현실이 다를 때 우리가 어느 쪽으로 움직이기 시작하는가 하는 점이다. 나와 주위 사람들의 삶에 도움이 되는 쪽으로 움직이는가, 오히려 해를 끼치는 쪽으로 움직이는가.

그림책에 담긴 결혼한 여인 로테를 잊지 못해 연미복에 노란색 조끼를 입고 권총으로 머리를 쏘아 자살하는 젊은 베르테르의 이야기는 젊은 시절, 우리 가슴을 뭉클하게 한다. 열정적인 사랑의 강렬한 그림을 지니고 있는 사람들은 현실의 무게를 참지 못하고 비극으로 달려가는 경우가 많다. 그러나 과연 베르테르는 살아 있는 여인 로테를 사랑한 것인가. 그리고 그 자살이 사랑하는 여인의 삶에 행복을 주었는가. 아니면 자기도 파괴하고 그 여인의 마음의 행복의 뜰도 다 파괴하였는가. '진정한 사랑이란 무엇인가'가 숙제로 남는 대목이다.

우리도 정신없이 바쁜 생활을 접고 가끔 조용히 앉아 내 마음속의 그림책을 한 장씩 넘겨보면 어떨까. 어쩌면 잊어버리고 있었던 보석 같은 기억들이 우리 마음속을 훈훈하게 채워줄지 모른다.

박꽃이 피어나던 초가지붕, 투박한 손으로 옆에 들뜬 머리를 민져주던 어머니, 아버지에게 꾸중 듣고 울다 잠들었을 때 이불을 덮어주던 어린 누이, 라일락 꽃이 피어나던 교정과 친구들…….

나이 들어 동창들이 더 가깝게 느껴지는 이유도 근심없던 어린 시절의 그림들을 되살리게 해주기 때문이 아닐까. 자신을 사랑해주던 사람들의 소박한 그림이 그림책 속에 많이 담겨 있는 사람들에게 어려운 세상일에 더 견딜 힘이 있다는 말은 사실일 것이다.

내가 사랑하는 사람들의 그림책 속에는 과연 내가 담겨 있을까. 비난과 질책을 일삼았기 때문에 내 아이나, 배우자, 주위 사람들이 슬며시 내 그림을 자기 그림책 속에서 빼고 있는 중이 아닐까.

자기와 가까운 사람들의 마음속의 그림책에 자기가 어떤 그림으로 들어가 있을지 한번 곰곰이 생각해보는 것도 좋을 것이다. 누구에게 잊혀지지 않는 사람이 된다는 것은 그 사람의 그림책에 사랑해주는 사람으로 영원히 담겨진다는 것을 의미하기 때문이다.

아기 깡패 필립

완벽한 성품을 지니고 태어날 수는 없다.

―헨리 데이비드 소로

"얼른 저 깡패를 안아줘요. 또 다 깨우기 전에……."
 필립이 커다란 목소리로 울기 시작하면 간호사들은 질겁을 하고 서둘러 그 아기 곁으로 달려가고는 했다.
 미국에서 간호대학에 다닐 때 실습과정 중 하나로 신생아실에서 수습근무를 하는 몇 달 동안 아주 인상적이었던 아기가 필립이었다.
 아직 세상에 직접 부대껴본 것도 아닌데 신생아들이 보이는 태도가 판이하게 다른 정도는 놀랄 지경이었다.
 삼십 명 정도 아기가 한방에 모여 있다가 자기 엄마를 만나러 수유시간에 나가게 되는데, 한밤중에는 산모의 회복을 위해 데려다 주지 않는 미국 병원 시스템이라 밤중에 아기들이 다 울어젖히기 시작하면 아주 곤란한 일이 벌어졌다.
 배가 고프거나 기저귀가 축축하면 기를 쓰고 울어대는 아기도 있고 조금 울어보다가 기다려보다가 또 우는 아기들도 있고 약하게 울어보다가 단념하는 아기들도 있다. 가만히 자고 있다가 누가 울기만 하면 불에 덴 듯이 따라 우는 아기들도 있다. 태어나자마자 스토아 철학자가 되었는지 만사에 초연해서 곁에서 울거나 말거나 태연히 자는 아기들도 있다. 더구나 그 병원은 미시간 대학 캠퍼스 타운에 위치한 병원이라 아기 부모들의 국적이 다양해서 그런지 아기들의 생긴 모양새부터 하는 행동까지 천차만별이었다.
 필립이라는 신생아는 필리핀 엄마와 백인 아빠 사이에서 출생한 아이로 윤곽이 뚜렷한 얼굴을 검고 짙은 머리가 감싸고 있었다.
 이 아기는 어떻게 고집이 센지 자기가 원하는 그 무엇인가가 관철

되지 않으면 결사 무한하게 큰 소리로 울어대서 다른 아기들을 다 깨워놓는 통에 간호사들이 농담 삼아 그 아기에게 깡패라는 별명을 지어주었다. 별명은 어찌 되었든 그 아기는 원하는 것이 손에 들어온 다음에는 더 보채지 않았고 귀엽고 잘생긴 얼굴에 잘 짓는 배냇웃음 때문에 간호사들에게 톡톡히 귀염을 받았다.

이제 태어나 세상 사람들과 복잡한 인간관계 실습을 해본 적도 없고 강의를 들어본 적도 없는 아기가 벌써 사람들을 휘둘러대고 있는 셈이었다.

제왕절개를 한 산모의 아기라 일주일이 넘게 필립이 병원에 머물러 있는 동안 우리가 다 정이 들어 그 아기가 떠날 때 모두들 시원섭섭해했다. 아기를 품에 안고 휠체어에 앉아 행복한 표정으로 주차장으로 가던 엄마는 설마 자기 아들이 태어나자마자 깡패라는 별명을 얻어 가졌으리라고는 상상도 못했을 것이다.

우리가 살아가는 형태도 사실 천태만상이 아닌가. 자기 주장이 강한 사람, 내성적이라 혼자 속으로 삭이기만 하는 사람, 인정이 많아 작은 일에도 금세 눈물을 글썽거리는 사람, 냉정할 정도로 정확하게 사리판단을 하고 결정을 내리는 사람, 단정하게 정리정돈을 잘하고 계획성 있는 사람, 천방지축이지만 미워할 수 없는 사람, 그 종류를 일일이 다 열거할 수도 없을 지경이다.

심리학자들이 지대한 관심을 가지고 연구하고 있는 부분 중의 하나가 사람의 성격에 관한 것일 것이다.

오이디푸스는 자기 아버지를 죽이고 어머니와 결혼한다는 신탁을 받고 태어나 그 운명대로 살게 되었다는 그리스 신화의 주인공이다.

본의 아니게 프로이트의 오이디푸스 콤플렉스를 통해 더 유명해졌지만 오이디푸스 성격에 대한 연구도 심심치 않게 많이 있다.

'운명이 성격을 결정하는가, 성격이 운명을 결정하는가' 라는 논쟁이 벌어질 때 성급하고 격정적인 그는 우리에게 흥미 있는 한 표본을 보여주고 있다.

과연 인간은 어느 정도까지 자기 성격을 타고 태어나는 것일까. 학자들에 따라 여러 가지 이견이 있지만 융은 인간에게 타고난 선호도가 있다고 보는 입장이다.

갓 태어난 아기들도 상황에 적응하는 나름대로의 어떤 패턴은 지니고 있다는 것이다. 그렇지 않다면 모든 아기들이 태어날 때 일정한 반응 양식을 보이다가 간호사나 엄마의 태도에 따라 바뀌어야 하는데 어리고 고집 센 필립을 보고 있으면 누가 가르쳐주지도 않았는데 원하는 것을 추구하는 방법이 남과 달랐다. 그뿐인가. 아이들을 둘 이상 기르는 부모들이 탄식 삼아 궁금해하는 것이 어찌 한 뱃속에 태어난 아이들이 저렇게 다를까 하는 점이 아닌가.

마이어스와 브리그스라는 이름을 가진 모녀가 70년이 넘는 세월을 거쳐 융의 선호도에 관한 이론을 실로 검사해볼 수 있는 MBTI라는 도구를 개발해냈다.

이 검사를 통해 많은 사람들이 도움을 받고 있다. 예를 들자면 괄괄하고 적극적인 남편과 내성적이고 소심한 아내가 한집에 살게 될 때 서로 상대방이 왜 저렇게 행동하는지 몰라 답답한 경우에 이 검사가 좀 더 쉽고 설득력 있는 설명이 되어주기 때문이다.

"아니, 왜 도대체 모르는 사람하고 밥 먹는 자리에는 죽어도 안 가겠다는 거야. 그러니까 사람이 진보가 없지."

이렇게 주장하는 남편과 저렇게 뻘뻘거리고 돌아다니기나 하면서 사람들마다 다 사귀려고 드니 진실성이 없는 사람이라고 매도하는 아내가 싸우기 시작하면 불화가 표면으로 튀어나오게 마련이다. 외향형과 내향형이기 때문이다. 그뿐인가.

"아, 집을 그렇게 덜컥 계약을 하면 어떻게 해요? 화장실도 살펴보고, 등기부도 살펴보고, 보일러 시설도 살펴보고……."

"뭘 그래, 그 집에 장미도 피어 있고 분위기가 썩 좋던데 뭘, 주인 아주머니도 아주 인상이 좋고 한 번 딱 봤지만 누굴 속일 사람이 아니야……."

이런 아내와 남편. 감각형과 직관형으로 나뉘기 쉬운 부부다.

"얘, 학교 갔다 오면 손발부터 깨끗이 씻고 책상 앞에 앉아 예습 복습해야지. 책상 정돈하는 거 하며 애가 왜 그리 제멋대로냐?"

"엄마, 제발 숨 막히게 잔소리 좀 하지 마. 내 일은 내가 하고 싶을 때 할 거니까."

이런 엄마와 아들. 판단형과 인식형이다.

"언니, 그 사람 시간도 안 지키고 일도 엉망으로 하는데 병든 남편 혼자 먹여 살리는 사람이리 그만두라는 소리를 도저히 못하겠어."

"얼씨구, 여기 자선사업가 났네. 아, 파출부라면 저 할 일 딱딱 해 놓고 돈을 받아먹어야지 맡은 일도 안 하는 사람한테 인정은 무슨 인정이니. 그저 물러 터져 가지고……. 놔둬. 네가 말 못하면 내가 할 테니까."

이런 자매. 감정형과 사고형이다.

우리 주위를 둘러보면 세상 보는 안경을 제각각 쓴 사람들이 다 제가끔 자기 얘기를 하면서 살아가고 있다. 생긴 게 다른 사람들의 수

만큼 마음의 수도 다른 것이다.

누가 이 세상을 재미없다고 하는가. 나를 포함해서 모든 사람들이 왔다 갔다 하면서 세상을 열 내고 살아가고 있는 것을 가만히 보고 있으면 보통 재미있는 것이 아니다. 내가 이런 소리를 하고 앉아 있는 것도 다분히 내 기질 탓이다.

가끔 이런 질문을 받는다.

"선생님. 그러니까 자기와 기질이 같은 사람과 결혼하는 게 좋습니까, 기질이 다른 사람하고 결혼하는 게 좋습니까."

어려운 질문이다. 그렇지만 어떻게 보면 아주 간단히 대답할 수도 있는 질문이다.

"애정이 있으면 기질이 같은 사람은 편안하고 잘 이해가 되어서 좋고 기질이 다른 사람은 새롭고 신선해서 좋지요. 그런데 애정이 없으면 기질이 같은 사람은 답답해서 꼭 제 꼴을 보는 것 같아 싫고 기질이 다른 사람은 너무 이해가 안 가서 싫거든요."

'그럼 애정 없는 결혼을 한 게 문제였군요.' 하면서 시무룩하게 얼굴이 어두워지는 남편은 다시 묻기도 한다.

"그런데 어떻게 그 사람의 성격을 좀 바꿀 수 없을까요?"

어림도 없는 소리다.

상담을 하다 보면 우리나라 옛사람들의 혜안에 탄복하게 되는 경우도 많다. 할머니들이 덜렁거리는 손주를 매를 들고 질서정연하게 바로잡아보려는 며느리에게 던지는 말씀이 있지 않은가.

"내버려둬라. 생긴 게 그런 걸 어떻게 하니."

이건 정말 융의 성격선호도를 한마디로 꿰어낸 발언이 아닐 수 없다. 오죽하면 코미디에서 이런 말이 한동안 유행했을까.

"내비둬. 이대로 살다 죽을래."

물론 생긴 대로 뻔뻔하게 남에게 피해를 주면서까지 멋대로 살라는 이야기는 아니다. 문제는 자신을 잘 알고 취약한 부분을 보완하려는 자세가 필요한 것이지 성격 자체를 자동차 부품 바꾸듯이 바꿔 끼우는 일은 어렵다는 점이다.

자녀나 배우자의 성격을 마음에 드는 성격으로 개조해보려고 헛되이 애쓰는 사람들에게 나는 귀여운 아기 깡패 필립이 우리에게 하고 싶었을 이야기를 들려주고 싶다.

"나는 원하는 게 들어올 때까지 큰 소리로 울어젖힐 거예요. 그게 내 기본 성격이라고요. 그 대신 그것만 주면 조용히 하겠다는데 뭘들 그러세요."

양로원의 플레이보이

무엇보다 중요한 일은 작은 일에서도 기쁨을 찾아내는 일이다.

—다니엘 웹스터

"에릭, 오늘 새 할머니가 와요."

말을 건네자 에릭은 빙긋이 웃으며 고개를 조금 끄덕이고 건물 내부에 정방형 스페인 식으로 꾸며놓은 정원 쪽으로 걸어갔다. 언제나와 다름없이 정장을 차려입고 위 포켓에는 흰 손수건도 살짝 얼굴을 내밀고 있었다.

내가 미국 양로원에서 근무하고 있을 때, 그곳 간호사들은 에릭을 두고 여러 가지로 의견이 분분했다.

"노인네가 왜 그렇게 이 여자 저 여자 집적거리는 거야."

"할머니들이 무슨 여자야. 그래도 할머니들에게 너무나 잘 해주잖아."

"잘 해주려면 한 할머니한테만 잘 해줘야지. 뭐야, 지조 없이…… 자기들끼리 싸움이나 하게 하고."

에릭은 이 할머니 저 할머니하고 사귀는 바람에 양로원 직원들로부터 플레이보이라는 별명을 얻어 가지게 되었다.

흥미 있는 할아버지였다. 새벽에 출근해서 유니트를 점검하면서 보면 늘 단정하게 새옷을 갈아입고 정원에 나와 있거나 거실에 앉아 있거나 했다.

"굿 모닝. 에릭."

인사를 건네면 그는 한 손을 들며 부드러운 미소를 보냈다.

"굿 모닝. 오늘은 더 멋있어 보이는군요."

팔십이 다 되어가는 에릭이지만 여자들에게 보통 친절한 것이 아니었다. 백발의 머리를 단정하게 빗고 온화한 미소를 잃지 않는 그는 할머니들한테 대단한 인기가 있었다.

푹신한 카펫이 깔려 있고 두 사람이 한방에 묵게 되어 있는 양로원 시설은 금빛 벽지나 자줏빛 커튼과 어울려 장안의 일류 호텔 못지않았다. 커다란 식당에는 가운데 매달린 샹들리에를 중심으로 십여 개의 하얀색 원형 테이블이 놓여 있었다.

노인들은 시간에 맞추어 그곳에 와서 식사를 했다. 그러나 대부분의 노인들은 무표정하고 우울했고 죽음의 사신이 자기를 데리러 오기도 전에 이미 관 속에 들어 있는 것 같은 표정을 짓고 있었다.

노인들은 서로 바라보거나 이야기를 나누는 경우도 별로 없고 식사만 하고 자기 방에 틀어박히거나 응접실에 몇 명씩 짝지어 앉아서 서로 듣지도 않으면서 웅얼웅얼 자기 이야기만 중얼거리고는 했다.

근무하는 날이면 어떤 때는 하루에도 몇 번씩 실내 방송을 통해 유니트 책임자인 나를 부르는 소리가 들렸다. 사고 때문이었다. 갑자기 노인이 복도에서 쓰러지거나, 음식을 먹다가 기도에 걸려 호흡곤란을 일으키기도 했고 한방에 있는 두 사람이 싸움을 벌이기도 했다. 대개 그 이유라는 것이 우리가 상상하는 유치원 아이들의 싸움보다도 더 단순했다.

"여기 놔두었던 주스를 저 할망구가 한입 몰래 마셨단 말이야."

"아니, 내가 그걸 왜 마셔. 지 입이 닿았던 걸 내가 왜 더러워서 마시냐구."

"내가 봤어. 이 두 눈으로 똑똑히 보았다구."

"이 노친네야. 이 멍청아. 그걸 눈이라구 달고 다니냐. 떼어버려."

주스는 식당 냉장고에 있으니까 다시 가져다 주겠다고 해도 아무 소용이 없다. 그 할머니가 원하는 건 그 컵에 있는 그 주스일 뿐, 룸

메이트가 입을 대기 전의 바로 그 주스인 것이다. 곤란한 이야기다.

하기야 젊은 사람들이라고 안 그러는 것은 아니다.

"나는 삼 년 전에 다정하던 그 남편을 원해요. 나를 사랑해주고 뭐든지 잘 해주고 나만 알던 그 남편을요. 더러운 여자하고 바람을 피우기 전의 그 남편을 원해요."

이렇게 고집하며 온 집안에 불행의 그림자를 스스로 더 몰고 온 내담자가 있었다.

"삼 년 전에 이미 일어난 일을 없애버리는 것이 가능한 일인가요?"

물으면 그 여자는 열을 내고 대답했다.

"그래요. 가능하지 않지요. 이게 다 그 더러운 놈 때문이라고요. 그러니까 더 속이 터지고 밤에 잠도 오지 않고 애들을 돌보고 싶은 생각도 없어요."

나는 그 내담자를 보며 주스를 가지고 심각하게 싸우던 그 할머니 생각을 했다. 싸움은 어쨌든 진전된다.

"내가 목욕탕에서 나올 때 당신이 그걸 들고 마시는 걸 봤는데 무슨 딴소리야."

"그래. 그게 뭔가 싶어 들고 바라보기는 했어. 그렇지만 입도 대지 않았다구."

"저 봐. 저 봐. 아까는 컵 근처에 다가오지도 않았다고 화를 내더니 이제 사실이 나오는군. 이런 거짓말쟁이."

"아니, 이게 정말 참고 있으니까. 누구더러 거짓말쟁이라는 거야."

이 두 할머니를 진정시키기는 그리 쉬운 일이 아니다.

흥미 있는 일은 이 할머니들이 싸울 때는 아주 생기가 나고 살아 있는 사람다운 표정과 동작이 생기는 점이었다.

에릭 때문에 일어나는 싸움도 있었다.

"에릭에게 손대지 마. 그 사람은 내 애인이야."

"뭐라구? 당신 애인이라고 꼬리표를 달아놨어? 이야기하는 것 가지고 다 질투를 하게."

"당신이 꼬리를 치니까 그 사람이 마지못해 대꾸를 한 거지. 얼마나 점잖고 나만 아는 사람인데."

"얼씨구. 이제니 내 말을 하지만 그 사람은 나를 이 양로원에서 제일 좋아한다고 말했어. 벌써."

"이 할망구가 정말."

이제 거의 육탄전에 돌입하려는 할머니 둘을 말리면 둘 다 분노에 몸을 떨며 소리를 치고는 했다.

"가서 에릭을 불러와요. 그 사람에게 선택을 하게 하자고요."

근무하기 시작한 지 얼마 안 돼 그런 싸움에 접했을 때 사실 나는 어안이 벙벙했다. 혼자 거동하기 어려운 질환을 지니고 있고 나이도 거의 다 칠십을 훨씬 넘은 노인들끼리 무슨 선택에 무슨 애인이며 도대체 무얼 가지고 싸우는 건지 종잡을 수가 없어서였다.

따라 들어온 흑인 남자 간호보조사가 싱글거리며 웃다가 나를 가민히 밖으로 슬고 나가 웃음을 참지 못하고 양로원의 플레이보이 에릭에 관해 들려주었다.

"그 사람은 이 양로원 명물이에요. 누구든지 새 할머니가 들어오면 그 할머니를 졸졸 따라다니거든요. 그리고 전에 사귀던 할머니를 그만두는 거예요."

"뭘 따라다니고 뭘 그만둔다는 거예요."

나는 당혹스러웠다. 플레이보이라면 우리가 가지고 있는 이미지가 있다. 나이가 너무 많아서는 안 되고 너무 애송이 같아서도 안 되고 어느 정도 상당한 재력도 있고 잘생기고 매력도 있고…… 적어도 촛불이 켜지고 장미가 꽂혀 있는 흰 레이스 식탁보 앞에 앉혀놓아도 어울리는 사람이어야 하지 않는가. 말하자면 돈주앙 정도는 못되어도 〈귀여운 여인〉에 나오는 리처드 기어 정도는 되어야 하지 않는가 말이다.

이제 자기를 돌볼 기력도 없이 요양원에서 쓸쓸히 여생을 보내는 사람들이 사랑싸움을 한다는 것까지는 어느 정도 이해가 간다고 할 수도 있을지 모르지만 플레이보이라니…… 원.

내가 쓴웃음을 짓자 간호보조사는 두 손을 내저었다.

"정말이에요. 아주 골치 아프기도 하지만 에릭이 쓸모도 있어요. 되게 말썽을 부리던 할머니들도 에릭이 나타나면 아주 양순하고 조용해지거든요."

그 후 나는 에릭을 유심히 바라보게 되었다.

그는 아주 친절한 남자였다. 사람들에게 잘 대해야 한다는 의미로 보면 그가 잘못하는 일은 아무것도 없었다. 그는 그저 할머니의 손을 잡고 같이 복도를 걸어가기도 했고 정원의 나무 그늘 의자에 앉아 할머니가 중얼거리는 소리를 잘 들어주기도 했다. 식사시간에 감시를 뚫고 남겨두었던 레몬 푸딩이나 사과 파이를 들고 와 할머니들에게 주기도 했다.

간호보조사들이 이런 일에 질색을 하는 이유는 당뇨나 고혈압, 심장질환 때문에 각기 식단이 다른 노인들에게 그가 달콤한 음식들을 주는 점이었다.

"그렇게 오래 살 것도 아닌데 뭘 그래. 다이어트는 무슨. 먹고 싶은 거 먹고 사는 게 낫지."

이게 에릭의 대답이었다.

그러면 억척스러운 간호보조사들도 영양사 알면 자기가 야단맞을 거라는 둥 어쩌고 투덜거리기는 했지만 대체로 슬그머니 물러나고는 했다.

한번은 새로 들어온 할머니 한 사람이 데스크로 다가와 작은 몸집에 어디서 그런 힘이 나는지 차트를 집어던지면서 자기 돈을 내놓으라고 고래고래 고함을 질렀다. 그러고는 뭐라고 계속 말하는데 도무지 알아들을 수가 없었다.

"뭐라고 하는 거예요?"

내가 어리둥절해서 묻자 곁에 있던 간호사들이 박장대소를 했다.

"못 알아듣는 게 나아요. 너무너무 지독한 욕이라 그런 단어 외국 사람은 들어본 적이 없을 거야. 책에도 안 나오는 말들이에요."

치매 증상을 보이던 그 노인은 피해망상까지 있어서 사람들이 자기를 거기 가두고 자기가 받을 돈을 떼어먹었는데 당장 그 돈을 책임자인 나보고 내놓으라는 것이다.

그렇지 않다고 아무리 설명해도 소용이 없었다. 이런 할머니를 진정시키려면 진정제를 주사해서 재우는 수밖에 없다. 남자 간호보조사 둘이 붙잡아도 못 당할 만큼 기운이 세서 뿌리치고 난동을 부리기 때문이었다. 그런데 믿을 수 없는 일이 일어났다.

"쎄이라."

에릭이 다가온 것이다.

"진정해요."

그녀의 어깨에 손을 얹으며 에릭이 말하자 이 할머니가 거짓말처럼 양순해졌다.

"이리 와요. 나하고 이야기해요."

에릭이 그녀의 손을 잡자 그녀는 왕자가 입을 맞추자 깨어난 잠자던 공주처럼 다소곳하게 그를 따라가버렸다.

내가 하도 당혹스러워 그쪽만 바라보며 서 있자 모두들 웃느라고 허리를 쥐었다.

"이제 난동 부리는 할머니가 있으면 언제든지 에릭을 불러요. 그러면 그 사람이 웬만한 일은 다 해결해주니까."

그 사람은 늘 어느 할머니들한테나 친절하고 잘 대해주었다. 문제가 있다면 어느 할머니 한 사람하고 지속적인 관계를 갖지 않는다는 점과 어떤 할머니와 침대에 나란히 누워 있는 장면이 가끔 간호사들에게 발견되는 점이었다.

그는 우리가 말하는 키 크고 잘생긴 소위 멋진 남자는 아니었다. 그 나이에 멋지기는…… 이렇게 비웃는 사람이 있을지도 모르지만 아이나 노인이나 사람으로 지니는 기본 욕구는 전혀 다르지 않다. 사랑하고 싶고 존중받는 인간으로 자유롭고 즐겁게 지내고 싶고, 건강하게 살고 싶고…….

그런데 미국의 양로원이라는 곳은 이 욕구를 거의 다 분쇄하는 요새 같았다. 자본주의 국가의 산업 폐기물처럼 그 쓰임새가 없어져버리자 폐기해버린 사람들을 모아놓은 곳 같은 느낌도 주었다. 가족들은 의무적으로 한두 달에 한 번씩 왔다. 가족이 거의 방문하지 않는 사람들도 많았다. 아주 드물게 일주일에 두세 번씩 오는 가족도 있기는 했다. 자주 오는 사람들은 대개 딸이었다.

그곳에 들어오는 사람들은 질환 때문에 거동이 불편해서 혼자 살 수 없다는 의사의 판정을 받은 사람들이기 때문에 자유로운 출입이 금지되었다. 집 밖으로 나갈 때는 반드시 가족의 동의서와 의사의 허가서가 있어야 했다.

치매에 걸려 몰래 빠져나가는 사람들을 시설 내에 가두어두기 어려울 경우에는 침대에 묶어둘 때도 있었다. 그의 안전을 보장하기 위해서라지만 가슴 아픈 일이었다. 실제로 몰래 양로원을 빠져나간 사람들은 교통사고를 일으켜 병원으로 실려 가거나 문제를 일으켜 경찰의 보호를 받고 되돌아오거나 했다. 몇 년 전에는 빠져나간 할아버지가 근처의 작은 강에 빠져 사망한 일도 있었다고 했다. 그 후부터 사방으로 통하는 문마다 단추를 누르지 않고 열면 경보음이 나도록 장치를 했다.

찾아오지도 않던 가족일수록 사고가 나면 관리소홀이니 뭐니 하면서 고소하겠다고 덤비는 통에 슬며시 빠져나가는 노인을 자기 담당으로 맡은 간호보조사들이 노인들에게 거칠게 구는 경우도 없지 않았다.

비교적 몸과 정신이 건강한 사람은 데스크에 보고만 하면 통제 없이 집 밖으로 나갈 수 있는 허가를 받았다.

에릭이 그중 한 사람이었다. 그가 저지른 문제 중 하나는 치매나 다른 무거운 병에 걸린 할머니를 몰래 동반하고 밖으로 나가 근처의 햄버거 집이나 아이스크림 집에서 데이트를 하는 점이었다.

간호사들이 그런 일이 자꾸 생기면 당신의 출입권도 통제된다고 경고해도 마이동풍이었다. 실제로 에릭도 심장질환 경력이 심각해서 출입을 통제해야 하지 않느냐는 이야기가 직원회의에서 종종 거론되기도 했다.

"사람이 살려면 좀 즐거운 일도 있어야지."

에릭은 경고를 들을 때 이러고는 그만이었다.

즐거운 일도 사랑해주는 사람도 없이 부자유스럽고 불편한 육체를 이끌고 어제와 똑같은 오늘, 오늘과 똑같은 미래. 그리고 그 미래의 끝에 별로 슬퍼해주는 사람도 없는 죽음이 기다리고 있는 양로원에서 에릭의 존재는 사실 놀라운 일이었다.

내가 그를 감싸고돌자 간호보조사 한 사람이 놀리고는 했다.

"그 할아버지가 무슨 인도주의자인 줄 알지 마세요. 그렇게 친절할 거면 할아버지들한테도 친절해야지. 그리고 할머니들이 서로 싸움질 하지 않게 한 사람하고만 잘 사귀어야 할 거 아니에요."

그럴지도 몰랐다. 그러나 에릭은 한번도 누구를 비난하지 않았고 자기 가까이 있는 할머니들에게 성의를 다해 친절했다.

그는 몇 달 후 심장마비로 자는 듯 죽었다. 그의 시신이 장례식장으로 실려 나가는 날 여러 할머니들이 울고 식사하기를 거부했다.

쓸쓸한 해변가의 가엾은 과부나 노처녀들에게 다정하게 굴어 결혼한 후에 그들의 돈을 다 가지고 도망쳐버리고는 하던 서머싯 몸의 소설에 나오는 초라한 중년 사내는 부도덕하다는 세상의 비판에 대해 이렇게 항변한다.

"그들은 죽은 거나 마찬가지였습니다. 나는 그들에게 사랑을 주었습니다. 그처럼 메마른 인생에 약간의 행복을 던져준 것이 바로 나였던 것입니다. 아시겠습니까?"

한 사람의 초상

사람은 위기에 처할 때 사랑이 얼마나 소중한가를 알게 되며
그때에는 그 어느 것도 사랑만큼 중요하지 않다는 것을 알게 된다.

―마리안느 윌리엄슨

"깡패하고 앞 못 보는 사람하고 싸우면 누가 이기는지 아십니까?"
내가 대답을 못하자 그는 재미있어하며 말한다.
"그거야 앞 못 보는 사람이지요. 뵈는 게 없거든요."
이렇게 되면 따라 웃지 않을 수가 없다. 일 때문에 가끔 만나게 되는 그는 대체로 조용하고 담담하지만 가끔 파안대소를 하기도 한다.
"그 선생님하고 이야기를 나누고 있으면 이상하게 마음에 평화가 느껴져요."
학생들은 이렇게 말하기도 한다. 그는 상대방이 누구이든지 간에 귀 기울여 잘 듣고 자신이 하고 싶은 이야기를 명료하게 잘 표현한다. 그의 강의를 들으면서 학생들은 그가 지닌 따뜻한 유머 감각 때문에 거리낌 없이 잘 웃는다.
지난 5월에는 학교에 들렀다가 그의 방 앞을 지나는데 기타 소리와 노랫소리가 떠들썩했다.
"노래방이라도 개업하셨어요?"
문을 노크하고 들어서자 학생들이 모여 앉아 케이크와 마실 것을 앞에 두고 웃고 노래하고 있었다.
"글쎄, 학생들이 스승의 날이라고 선생님 대신 자기들이 떠들어야 하는 날이라는군요. 내가 그동안 이렇게 시끄럽게 떠들었나요?"
그와 학생들이 함께 앉아 있는 정경은 보기만 해도 정다웠다.
그는 많은 시간을 컴퓨터 앞에 앉아 보내는데 그가 가지고 있는 기기들 중 어떤 것은 디즈니랜드의 장난감처럼 신기하기까지 하다. 책을 넣으면 음성으로 들려주는 기계도 있다.

"문명의 발달이 나한테 기여한 것이 많지요."

그는 컴퓨터 키보드를 누르며 말한다.

그는 틈나는 대로 장애자들을 위해 일하고 학교 강의 이외에도 여러 곳의 강연으로 바쁘다. 그는 필요한 곳이라고 생각되면 거부하지 않고 가려고 애를 쓴다.

"아, 정말 곤란해요. 강연 요청이 들어오면 거절하기도 어렵고……. 시간이 겹쳐서 안 되겠는데요, 죄송합니다. 대개 이렇게 완곡하게 거절하기도 하지요. 내가 노는 시간하고 겹치는지, 뭐하고 겹치는지는 말 안 하지만 말이에요."

그는 큰 소리로 웃는다.

아내가 꼭 그를 대동해서 모르는 장소에 함께 간다. 그가 앞을 보지 못하기 때문이다. 그는 열한 살 때 실명했다.

"그 나라 장애복지의 수준은 장애자가 혼자 힘으로 몇 미터의 거리를 갈 수 있는가에 비례한다는 이야기 들어보셨어요?"

그 기준으로 하면 우리나라의 장애자 복지 수준은 대단히 낮다.

상담 관계 일 때문에 가끔 만나는 그는 전에 이런 이야기를 했다.

"눈이 안 보이기 시작할 때, 식구들이 함께 〈벤허〉를 구경 갔지요. 나는 방에 혼자 남아 있었습니다."

식구들은 돌아와 그에게 네 마리의 말이 끌고 달린 수레 이야기를 들려주었다. 흰빛 갈기가 아름다운 말과 죽음의 빛깔처럼 검은 말, 환호하는 군중들, 전차경기, 그곳에서 피어나는 인간의 애증의 축도를……. 그는 가까워오는 어둠 속에서 네 마리의 말이 끄는 수레가 달려와 자기를 넘어뜨리고 지나가는 환상을 보았을지 모른다.

다시는 상상 속에서가 아니면 바라보지 못할 이 세상의 이야기를 들으며 그는 마음속으로 울었을 것이다. 소년기에 덧씌워진 삶의 멍에는 물에 적신 죄수복처럼 그의 몸과 영혼을 옥죄고 들었다. 젊어서 만난 아내의 헌신적인 사랑은 그를 암흑 속에서 건져 올렸다. 그러나 그녀와 어머니의 사랑, 주위 사람들의 격려도 그가 스스로 마음의 불빛을 꺼버렸으면 크게 힘이 되지 못했을 것이다. 그 불씨를 끄지 않고 살려낸 것은 그 자신이었다.

이제 그는 각고의 미국 유학생활을 끝내고 돌아와 모교의 강단에 섰다. 대학 입학을 거절당하던 심정을 그는 이렇게 말한다.

"어떤 사람들은 완성된 인간의 모습에 장애인을 넣지 않고 있어요. 장애인들은 어느 부분에 장애를 겪고 있는 거지, 인간 전체가 장애를 겪고 있는 거 아닙니다."

상담기법을 배우는 워크숍에서 그의 곁에 앉았던 사람이 이런 이야기를 들려준다.

"사실 그의 평온 뒤에 숨겨진 방어가 있지 않을까 하고 생각했어요. 그런데 며칠 동안 그의 허심탄회한 모습을 가까이에서 보며 그 부인은 고생이 아니라 오히려 행운을 안은 사람이구나 하는 생각까지 들더라니까요."

참석했던 다른 사람들 중 몇 사람은 말한다.

"상담에 관해 배운 것도 많지만 그 선생님과 함께 지낸 것만으로도 여기서 보낸 시간이 큰 의미가 있어요."

강연할 때 그는 설교하지 않고 여러 가지 예화며 재미있는 이야기들을 들려준다.

고통을 딛고 일어선 나를 따르라고 외치지도 않는다. 그는 아이들처럼 잘 웃고, 이야기가 통하지 않아 답답한 사람을 보면 열이 나서 죽겠다고 말하고 아닌 게 아니라 열도 잘 낸다.

"부당한 일에도 가만히 있는 건 좋은 태도가 아닙니다."

그는 이렇게 딱 부러지게 말하기도 한다.

나는 그를 신비화해서 완성을 향해 가는 인간 구도자로 보고 싶지는 않다. 그는 다른 많은 사람들처럼 여전히 희로애락에 휘둘리며 우리와 함께 살아가고 있다.

시력을 잃어가는 어린 아들을 보며 어머니가 느꼈을 당혹과 비탄을 생각하며 나는 사람들이 그를 대리석 석상 위에 놓인 견본 모형처럼 미화하고 박제해서 바라보지 않기를 바란다.

독일 작가가 쓴 〈눈먼 제로니모와 그의 형〉이라는 글에 관해 그와 이야기를 나눈 적이 있다.

어렸을 때 실수로 동생을 실명하게 만든 형은 동생과 함께 살기로 결심하고 그와 함께 마을에서 마을로 떠도는 악사로 살아간다. 어느 날 짓궂은 손님 하나가 돈을 주지도 않고 제로니모에게 말한다.

"네 동료에게 큰돈을 주었지. 속지 마."

밝은 표정의 제로니모는 대답한다.

"손님. 그 사람은 속이지 않아요. 제 형이에요."

"사람을 너무 믿지 마. 누구건 간에."

그는 제로니모의 마음에 의심의 독을 부어 넣는다.

저녁 때 그는 형에게 말한다.

"형, 그 돈을 만져보게 해줘. 이즈음에는 그렇게 큰돈을 만져본 지도 오래 됐어."

형은 당황한다.

"무슨 돈? 그런 큰돈은 받은 적이 없어."

제로니모의 표정이 순식간에 어두워진다.

그는 늦게까지 안 마시던 술을 마시고 마음은 그의 형을 떠난다.

당황한 형은 그의 마음을 되돌려보려고 애쓰지만 제로니모의 마음은 돌아서지 않는다. 형은 어찌할 바를 모르다가 한밤중에 여관에 든 부자 손님의 방에 들어가 지갑에서 그 액수의 돈을 꺼낸다.

새벽에 동생을 채근해 여관을 나선 그는 벌판을 지나가며 돈을 내민다. 사실은 돈이 여기 있다. 그러나 제로니모는 표정 없이 심드렁하게 대꾸할 뿐이다.

"그럴 줄 알았어. 나도 언제나 바보는 아니니까."

형의 마음은 칼로 저미듯 쓰라리다. 이제 모든 것이 늦었다. 동생은 사랑과 신뢰를 잃어버린 것이다.

새벽길을 뒤따라 온 경찰에게 잡혀 형은 절도죄로 체포된다. 동생에게 아무 말도 하지 말아달라는 형의 간절한 몸짓 때문에 그들은 말 없이 형을 끌고 돌아선다. 갑자기 모든 것을 깨닫게 된 제로니모는 몸을 돌려 형을 포옹한다.

그는 이야기를 나누다가 한동안 목이 잠기며 침묵했다.

"어떤 형태로든지 다른 사람의 선의에 의존해야 살아갈 수 있게 된 중도 장애자의 비애와 충격을 다른 사람들이 어떻게 다 느낄 수가 있겠습니까."

운명의 수레바퀴가 밀고 지나갈 때 다시 우리를 일으켜 세워주는 내면의 빛과 다른 사람들의 사랑에 관해 그는 자신의 삶을 통해 말해준다. 그 소년시절처럼 그는 지금도 어떤 때 울고 싶고, 네 벽에 있는 힘을 다해 몸을 부딪히며 몸부림치고 싶기도 할 것이다.
우리 모두가 다 삶의 어느 고비에서 그러하듯이…….
강함과 약함을 함께 지녔지만 어느 쪽으로도 삶을 왜곡시키지 않고 자신의 내면을 깊이 바라본 그에게서 나는 아름답고 고독한 한 사람의 모습을 본다.

열두 사람의 열두 가지 세상인식

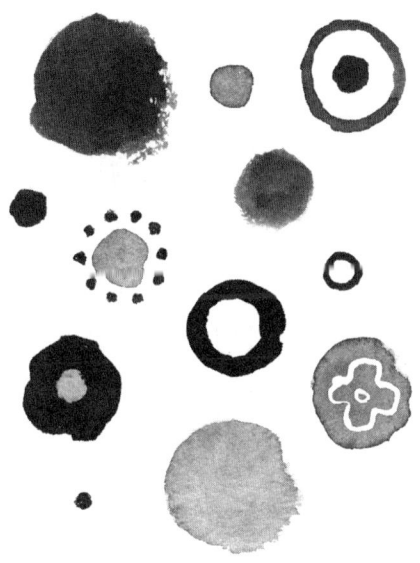

인간이 사랑하지 않고서 이해할 수 있는 것은 아무것도 없다.

—괴테

"우선 자기 마음에 드는 별칭을 생각해내서 뭐든지 좋으니까 이름표에 적어주시겠어요?"
열두 명의 여자가 8주간의 인간관계 집단훈련에 개별적으로 신청하고 참가했다.

첫째 주 집단이 시작될 때 사람들은 함께 이야기를 나누고 별칭을 짓기도 한다.
이 과정에서부터 사람들은 알게 모르게 자신의 원망을 드러내며 인생의 소망과 갈증을 이야기한다.
카톨릭 계통 병원에서 일한다는 수녀는 자신의 별칭을 사랑이라고 지었다. 마더 테레사처럼 사랑이 넘치는 사람이 되고 싶다고 했다.
"나는 샤론이라고 이름을 지었어요. 샤론 스톤처럼 아주 섹시한 여자가 되어서 대한민국 남성들 혼을 쏙 빼놓을게요."
사람들이 웃음을 터뜨린 건 그녀가 너무 선머슴처럼 마르고 껑충한 여자여서 의외였기 때문인 듯했다.
"사람들이 다 나를 관심 있게 봐주었으면 좋겠어요. 그래서 테레비라고 지었지요."
생글생글 웃는 인상의 참석자가 말했다.
"프로가 좋아야지, 뭐. 테레비면 다 보나."
누군가가 장난기 섞인 말을 던지자 금세 웃음바다가 되었다.
책임이라고 이름을 지은 사람은 잘 웃지 않고 말수도 적은 사람이었다.

"아이들을 책임지지 않는 사람들은 다 처벌하고 싶어요."

잠시 긴장이 흘렀다.

그 옆에 앉은 여자가 얼른 말을 돌렸다.

판도라의 상자에 남은 마지막 희망이 되고 싶어 희망이라고 이름을 지었다는 사람, 사람들이 쓸쓸할 때 빛을 보내주고 싶어 별이라고 지었다는 사람, 넓고 무한한 마음을 지니고 싶어 바다라고 지었다는 사람, 자유롭게 어디든지 훨훨 날아가고 싶어서 새라고 이름을 지었다는 사람.

"나는 돈이 엄청나게 많은 재벌이 되고 싶어요. 왜 재벌들은 서로 재벌 씨, 재벌 양, 이렇게 부르며 살지 않는가 몰라. 그러면 재미있을 텐데……."

재벌이라고 이름을 지은 사람이 말했다.

"저는요. 혼자 조용히 파도만 벗 삼아 살고 싶어요."

무인도라고 이름 지은 여자의 이야기였다.

"나는 귀염받으며 살고 싶어서 강아지라고 지었어요."

눈이 동그란 젊은 여자가 말했다.

"나는 큰 나무가 되어서 사람들에게 그늘을 만들어주고 싶어요."

몸집이 크고 숭글숭글해 보이는 여자가 말했다.

"어떻게 한자리에 답답하게 자리 잡고 서 있는 나무가 되고 싶을까."

새라고 이름 지은 몸피가 가는 여자가 혼잣말처럼 말했다.

"어떻게 하필이면 정처 없이 날아다니는 새가 되고 싶은지 나도 궁금했어요."

두 사람은 마주 보고 웃었다.

서로 다른 개개인의 역사에 밀려서 여기서 만나게 된 각양각색의 열두 사람의 여자와 나. 낯설었던 열세 사람이 지금 이 한 공간에 모이기까지 얼마나 다른 길들을 지나서 걸어왔을까.

세번째 주 모임에서 십오 년 전의 자기와 십오 년 후의 자기를 생각해보는 시간을 가졌을 때였다.

수녀는 눈을 반쯤 감고 추억 속으로 걸어 들어갔다.

"십오 년 전에 나는 열두 살이었어요. 공부라고는 해본 적이 없고 들로 산으로 다니며 엄청나게 놀던 기억만 나네요. 다른 마을로 가는 산길에서 해가 저물어 어둡도록 헤매며 놀았어요. 어두워지면 아는 집이나 친척 집에서 뒹굴어 자고 거기서 도시락을 싸서 그대로 학교에 가고는 했지요. 지금 생각해보면 이상해요. 집에서 나를 단속하지 않은 사실이요. 가끔 꿈을 꾸기도 해요. 시냇물이며 나무들이며 소나기, 눈 내리던 산길을요."

수녀는 그때 이미 자신은 하나님과 같이 있었던 것처럼 느낀다고 말했다.

"나는 십오 년 전 여학생일 때 커서 아주 유명한 사람이 되고 싶었어요. 지금은 별 볼일 없이 되었지만……"

테레비라고 이름 지은 참석자가 말했다.

"유명해지면 뭐가 더 좋아요?"

무인도라고 이름을 지은 여자가 힐난하는 어조로 물었다. 테레비는 아이처럼 씩 웃었다.

"좋잖아요. 모두 다 알아주고……"

"나는 내가 모르는 사람이 나를 안다는 건 생각만 해도 싫더라."

무인도의 말에 샤론이 물었다.

"그런 소리를 요새 애들이 뭐라고 하는지 아세요?"

무인도가 고개를 흔들자 그녀가 말했다.

"왕내숭이라고 하지요."

모두들 깔깔거리고 웃었다.

갑자기 재벌이라고 이름을 지은 참석자가 단도직입적으로 수녀에게 물었다.

"수녀님은 지금 행복하세요?"

수녀는 잠시 생각에 잠겼다가 천천히 말했다.

"글쎄, 불행하다고 생각하지는 않는데요. 신앙 속에서 살며 어떤 때는 행복하다고 느끼고 있어요. 다른 사람들 보기에는 어떨지 잘 모르지만요."

"정말 그런 삶이 행복하세요? 좋은 옷이며 새 차며 그런 데 아주아주 관심이 없어요? 아니면 그런 마음 안 가지려고 애쓰시는 거예요."

"글쎄 별 관심은 없어요. 정말로요."

수녀는 얼굴에 웃음을 띠며 말했다.

"프로이트니 뭐니 하면서 숨은 무의식이니 그런 소린 하지 마세요. 질색이거든요."

사람들은 다 제각각 자기들의 이야기를 했다.

이야기하고 듣고 하면서 사람들은 다른 사람의 세상 읽는 방법이 너무 다른 데 새삼 신기해하기도 하고 같은 의견이 나올 때면 고개를 끄덕거리며 동의를 표시하기도 했다.

"자, 우리들 중에서 누가 가장 행복해 보여요?"

내가 집단을 향해 묻자 샤론의 시선이 수녀에게 가서 멎었다.

"수녀님이요."

"어째서요?"

내 질문에 그녀는 조금 사이를 두었다가 대답했다.

"사실 전에는 수녀에 대해서 편견을 지니고 있었어요. 선량한 역할만 해야 하니까 몹시 위선적이거나 불행하리라고요. 그런데 수녀님의 어린 시절 이야기를 듣고 아이 같은 눈빛을 보니까 정말 동심이 그대로 남아 있는 거 같아서요."

갑자기 자기 차례가 와도 할 이야기가 없다고 건너뛰게 하던 책임이 억눌렸던 감정을 털어놓듯 빠른 어조로 끼어들었다.

"나는 십오 년 전에 우리 어머니가 목을 매단 지하실에 서 있었어요. 아버지가 딴 여자하고 집을 나간 후에요."

방 안이 갑자기 조용해졌다.

"열세 살이었지요. 학교에서 돌아와 어머니를 찾으러 다니다가 지하실로 들어가는 입구에서…… 희미한 속에 어머니의 빼물은 혀가 보였어요."

그녀의 얼굴은 창백해졌다. 그러나 멈출 기세가 아니었다.

"십오 년이 지난 지금도 어떤 때 목을 맨 어머니 앞에 서 있는 것 같은 느낌이 들어요."

옆에 앉았던 희망이 말없이 그녀의 무릎 위에 손을 얹었다.

책임의 어깨가 떨렸다. 울음이 목소리에 섞여 나왔다.

"어머니 생각을 하면 이상한 형태로 매달려 있던 모습만 떠올라요."

책임은 히스테리컬한 어조로 말했다.

"그 후 동생하고 나는 고아원을 떠돌며 말 못할 고생을 했어요."

한참 후에 책임이 흐느껴 울며 말했다.

"그런데…… 내가 남편 매에 못 이겨서…… 아이 둘을 두고 집을 나왔어요."

 한동안 아무도 입을 열지 않았다. 경직되어 보이는 책임의 곁에 가까이 가지 않으려던 사람들이 쉬는 시간이 되자 그녀에게 다가가 말을 걸거나 어깨를 안아주거나 했다.
 "이상한 느낌이에요. 사람들이 나를 미워하는 줄만 알았어요."
 책임은 눈물이 글썽한 얼굴로 나를 보며 말했다.

 집단을 운영하면서 어떤 때 몬드리안이 그린 나무들을 대상으로 한 연작 그림이 떠오른다.
 몇 년에 걸쳐 차례대로 그려진 붉은 나무, 푸른 나무, 회색 나무, 꽃피는 사과나무의 네 가지 그림들은 하나씩 그림이 진행될 때마다 나무의 잎이며 잔가지들이 사라진다.
 사람들도 성별, 나이, 학력, 출신지역, 과거의 경험 같은 개별적 속성을 배제하고 나면 거의 비슷한 욕구와 원망을 지닌 모습으로 나타난다.
 모든 사람들이 마음속 어딘가에 고독한 상처를 지니고 있다는 사실, 그리고 누구나 다 숨겨진 곳에 따뜻한 마음을 파묻어두고 있다는 사실을 사람들은 집단경험을 통해 깊이 체험하고 느낀다.
 집단 내에서 서로 성격이 달라 껄끄러워하던 사람들이 처음에는 마음에 들지 않았던 사람들에게 마음을 열기 시작하는 과정을 지켜보면서 용서나 이해의 의미를 새삼 생각해보게 된다.

 세번째 주 집단활동을 마치고 돌아오면서 마종기의 시 한 구절을 생각했다.

생시의 골목 길에서 혹은 어느 꿈에서
후회하고 산다는 사람 만나면 용서해주게.

2. 여성의 마음

베아트리체인가, 살로메인가
구원의 여인
마릴린 먼로와 샤론 스톤
사장님, 우리 사장님
월선이와 홍이엄마

베아트리체인가, 살로메인가

자신 안에서 행복을 구하라.

―카뮈

명절 같은 날 와그르르 모여드는 수많은 친척이며 손님들을 먹이고 또 먹이고 파김치가 된 몸으로 설거지를 하다가 "뭐해, 느리기는…… 여기 안주 좀 더 내오지 않고!" 하는 호통을 듣고 나면, "아이고, 이 다음에 맹세코 딸은 낳지 말아야지." 하는 한탄이 저절로 나온다는 것이 주부들의 고백이다. 고스톱을 치며 술판을 벌이고 있는 남자들에게 식혜며 과일들을 나를 때 좋은 아내나 며느리는 방실방실 웃기까지 해야 한다.

남성 내담자들과 이야기하다 보면 여자들은 워낙 다른 사람들을 돌보기 좋아하며 온순한 품성을 타고났기 때문에, 모욕받고 일에 치여도 온화하게 마음의 균형이 잡혀 있어야 한다고 믿는 사람들이 적지 않다.

전설에 나오는 바리공주처럼 온갖 고행을 겪고 자기를 버린 부모를 위해 약을 구하러 지옥까지 헤매면서도 착한 마음을 잃지 않는 여성의 이야기는 우리가 너무도 오랫동안 들어온 이야기이다.

전에 치매에 걸린 시아버지를 모시던 중년 여인을 상담한 일이 있다.

"정말 죽고 싶을 때가 한두 번이 아니에요. 조금만 틈이 나면 바깥으로 나가버려 찾을 수가 없고 얼마나 그럴듯하게 이야기를 꾸며대는지 한동안은 밥도 안 주고 학대하는 며느리로 동네에 소문이 퍼져 얼굴을 들고 다니지도 못했어요. 지금은 증세가 워낙 심해져서 그런 오해는 받지 않지만 그 괴로움은 이루 말로 다할 수가 없어요. 대소변을 그대로 방에서 하고 온 방에 칠해놓기도 하구요. 아이들 교과서를 다 쓰레기통에 내다 버리기도 하구요. 아무 택시나 타고 부산까지 가서 거기서 전화가 오기도 해요. 원래 교장선생님을 지내셨던 분이라 그냥 뵙기에는 멀쩡하시거든요."

애간장이 다 녹아내려 나이보다 십 년은 더 들어 보이는 그 내담자는 눈물을 손으로 닦으며 말을 이었다.

"남편은 아버지를 잘 모시지 못한다고 나만 닦달을 하지요. 아이들은 무슨 일이 벌어질 때마다 제게 짜증을 내지요. 집에 있기 싫다고 남편도 아이들도 밖에서 돌고 잘 안 들어와서 혼자만 일을 다 떠맡아 해야 해요. 친한 친구 한 사람은 중풍에 걸린 시어머니를 몇 년째 모시고 있는데 차라리 네가 부럽다고 이야기했다가 너무 화를 내는 통에 사이까지 나빠지고요. 이즈음에는 자다가도 벌떡 일어나서 찬물을 한 그릇씩 들이켜고 온 집안을 돌아다니고는 해요. 가슴속에 화기가 가라앉지 못해서요."

그 내담자는 상담하는 도중에 많이 울었다.

"어째서 이렇게 뭐든지 다 내 잘못이지요? 왜 모두 다 화풀이할 곳이 있는데 나만 없느냐고요. 내가 화를 내기라도 하면 다들 더 화를 내고 나를 나무라는 거 있지요. 일전에는 효부상 시상하는 걸 텔레비전에서 보면서 남편이 이러더라고요. 저거 좀 봐. 저런 거 좀 보고 배워라. 원 저렇게 어려운 환경에서도 저런 상을 받는 사람들까지 있는데 당신은 뭐가 그렇게 불만이고 죽는 소리만 하는 거야. 이러는 거 있지요. 그 와중에서도 밥하는 거며 집안일 하나 아무도 안 도와주는 거예요. 아이들도 자기 불평만 하지 내 이야기나 마음 따위는 아랑곳도 안 해요. 지 아버지를 닮아가지고요."

그 내담자의 남편은 보고 배우라고 했지만 중풍 든 시부모나 남편의 대소변 뒷수발을 오래 해온 효부상 수상자를 보면 얼굴에서 거의 감정 표현이 사라진 것을 보게 된다. 흐르는 물처럼 그들 속에 내재해 있던 부드러움과 관대함 같은 여성성이 거의 다 마모돼버린 것이다. 사회는 아무런 도움도 주지 않고 있다가 마치 그들의 삶의 고통에 대해 칭찬하고 시상하는 것 같은 느낌을 줄 때도 있다.

구타나 냉대 같은 비인간적인 대우에도 마음의 평정을 지닐 수 있는 도사 같은 인간성이 여성의 심리 속에 내재해 있다고 생각하는 것은 큰 오해가 아닐 수 없다. 그런 일에 부딪혀도 즐거운 심리라는 것은 어떤 인간에게도 존재하지 않는다.

그 내담자를 보면서 함께 마음이 아팠던 것은 일 자체가 힘드는 부분보다도 주위 사람들의 비난과 몰이해로 병든 부분 때문이었다.

그렇지만 내가 아는 여자는 이런 천사 같은 여자도 있다 하고 그 예를 대는 남자들도 있다. 상황의 불리함과 힘없음 때문에 아마 여자들이 좀 더 참고 견디는 힘이 있는지는 모른다.

여성의 심리는 참으로 이해하기 힘들다고 토로하는 남성 내담자들을 접할 때도 많다. 여성이라는 특수심리 구조 이전에 인간이라는 보편심리 구조가 똑같이 있다는 사실을 납득하는 데 오랜 시간이 걸리는 사람들도 있다.

"아, 그거야 남자들은 못하더라도 여자라면 참아야 하는 거 아닙니까?"

"남자들의 마음을 어루만질 부드러움을 여자라면 늘 지니고 있어야지요."

"남자가 바람을 좀 피웠기로 그 정도야 이해를 해야지요. 남자와 여자는 근본적으로 다른 거 아닙니까?"

남성들은 아직도 여성성의 어떤 신화를 믿고 있는 경향이 있고 안타까운 일은 많은 여성들이 그 신화를 따라가려고 너무도 애를 쓰고 있다는 사실이다.

단테에게 신곡을 쓸 영감을 주었다는 신비한 베아트리체나 요한의 목을 은쟁반에 담아 들고 죽은 그의 입술에 입 맞추었다는 요염한 살로메의 이야기들은 남성들에게 여성성에 관한 양 극단의 환상을 주고 있다.

현대에 이르러서도 여전히 여자들은 두 가지 신화로 양분되어 광고와 드라마에 등장한다. 정숙한 여자와 방탕한 여자, 지혜로운 여자와 모자라는 여자, 모성의 화신 같은 여자와 어린 딸처럼 자라지 않는 귀여운 여자.

그런 이유 때문에 여성의 심리를 묘사함에 있어 이런 피상적이고 편견에 가득 찬 이분법을 벗어난 영화나 소설을 대할 때 우리는 경탄을 금할 수 없다.

호주 영화감독인 제인 캠피온의 여성 심리에 관한 뿌리 깊은 탐구와 마주친 때나 오정희의 소설을 읽을 때, 언어 속에서 금빛 잉어치럼 튀어 오르는 여성 심리의 탁월한 묘사들을 보고 있으면 남성들이 도저히 유추해내거나 상상할 수 없는 날카로운 통찰에 숨을 들이쉬게 될 때도 있다.

한 인간이며 동시에 한 여성이고 또한 독특한 개체이기도 한 한 사람에 대한 묘사가 마음속 깊이 뚫고 들어오기 때문이다.

과격한 여성해방론자들이 초기에 현실에 근거한 주장을 내세웠지만 사람들에게 거센 반발을 불러일으켰던 이유 중의 하나도 너무 뚜렷한 이데올로기와 정답을 지닌 채 미묘한 여성 심리에 접근했기 때문이 아닐까.

물론 이 사회 각 분야에서 여성에 대한 체계적인 착취나 불평등이 만연되어 있는 것은 주지의 사실이다. 문제는 여성들 자신의 후천적 특성들도 그런 결과에 기여하고 있는 부분이 있다는 점이다.

여성 후보자에게 표를 주지 않는 여성 유권자들이나 과다한 혼수를 태연히 요구하는 시어머니, 유전자 검사를 통해 6개월이 지난 여성 태아를 말살시키는 임산부의 행위는 여성들의 자학적 성향을 짙게 풍긴다.

그것은 바로 열등한 인간이라고 믿어온 자신의 성에 관한 숙청이기 때문이다. 그런 행동에 대해 사회 때문이라고 책임을 미루는 것은 자기 선택의 회피이다. 여성 심리는 노예 같은 굴종도 아니고 같은 성에 대한 가학도 아니며 부당한 대우를 이유 없이 받아들이는 수동성도 아니다.

자기에게 부과된 삶의 짐을 지고 살아가야 하는 것이 성숙한 사람의 태도겠지만 여성들에게만 어떤 일에 대한 짐을 지우고 비난을 퍼붓는 것은 옳지 않은 일이다. 주위 사람들과 사회의 부당한 압력과 요구에 무조건 몸을 굽히지 않고 한 사람으로서 자기 정체감을 찾을 때 마음속에 깊이 자리 잡은 본질적인 여성 심리에 두레박을 드리우는 첫 작업이 시작되는 것이 아닐까.

그 우물에서 맑은 물을 길어 올리면서 여성들은 동성이나 이성과 화해를 시도할 수 있고 스스로 노예화하거나 남성화하려는 시도가 아닌 인간화의 탄탄한 걸음을 걸을 수 있을 것이다.

구원의 여인

남자는 모든 것을 다 바치는 여자를 요구한다.
그러나 여자가 그대로 생애를 다 바치면 남자는 그 짐에 힘겨워한다.

―시몬느 드 보바르

단테는 어린 소년이었을 때 처음 만난 소녀 베아트리체에게 순결한 사랑의 감정을 품었고, 그녀를 대작 《신곡》에서 구원의 여인으로 그리고 있다.

《죄와 벌》의 창녀 소냐는 세상에서 천대받는 창녀였지만 사랑하는 사람을 구원하는 지고한 여인의 모습으로 문학작품에서 나타난다.

술주정뱅이인 아버지와 계모, 동생들의 생계를 이어주기 위해 어느 날 밤 거리에 나가기 시작하는 창백한 얼굴의 말없는 소냐는 독자들의 마음을 아프게 한다. 그러나 그녀는 작품 속에서 구원을 이루는 사람의 상징으로 나타난다.

여성이 쓴 소설 속에 나오는 여인들이 그토록 환상적인 구원의 여인상으로 나타나는 경우는 많지 않다. 여성 심리에 대한 학문적인 고찰이 없이도 그들은 자기 자신 속에 숨어 있는 여성성의 착하지만은 않은 독특하고 복합적인 측면을 알고 있기 때문이 아닐까.

센나야 광장에 가서 그가 더럽힌 대지에 입 맞춘 후에 살인의 죄를 자복하라고 권유하는 소냐 앞에서 아무도 그 마음을 움직이지 못했던 라스콜리니코프는 신 앞에 자신의 죄를 참회하듯 무릎을 꿇는다. 세상의 고통을 말없이 무겁게 지고 가는 그녀를 보며 세상을 향해 얼어붙었던 라스콜리니코프의 마음은 녹아든다.

도스토예프스키는 그 여인을 통해 우리에게 이 세상의 모든 악과 고통으로부터의 구원을 암시하고 있다.

소냐는 희생과 헌신을 내세우며 타인들을 질타하지 않고 자신이 불행한 탓을 누구에게 귀인시켜 저주하지 않기 때문에 글을 읽는 독자에게 큰 감동을 준다.

문제는 우리가 마음속의 그림책에서 펼쳐보는 환상 속의 구원의 여인상이 과연 실제 세상에서도 존재하는 것일까 하는 점이다. 어떤 환경에 부딪혀서도 순결한 본래의 마음을 잃지 않는 여성은 과연 존재하는가, 아니면 남성 위주의 사회가 만들어낸 신화인가. 이 부분에 이르러 우리는 문학의 상징성과 현실 상황 사이의 괴리에 부딪혀 당혹스러움을 느끼게 된다.

중학교 시절 소풍을 다녀오던 길에 성폭행을 당하고 그 후유증 때문에 심각한 노이로제 현상을 겪다가 결혼한 후 마침내 이혼을 당한 내담자가 있었다.

그는 음성에 전혀 고저가 없고 아주 말을 하기도 싫어하며 그저 묵묵히 앉아 있고는 했다. 아무 감정 표시나 말을 하지 않던 내담자가 입을 열기 시작한 것은 두 차례의 만남이 있고 나서부터였다.

"내가 더럽게 느껴져서 아무하고도 이야기하고 싶지 않아요. 사람들마다 더러운 년이라고 나를 욕하는 것 같아 누구를 만나는 것도 싫고요."

부드러운 이목구비가 좋은 인상을 주는 여자였지만 무표정과 쭈뼛거리는 언동 때문에 사람들과 관계 유지를 잘 하지 못하고 있었다.

"결혼할 때 물론 그 사실을 말하지 않았지요. 그런데 어쩌다가 그 사실을 실토하게 되었어요. 모든 것을 다 이해할 수 있다며 달래는 통에 속은 거지요."

내담자는 울지도 않았다. 마치도 남의 이야기를 하듯 했다.

"그 다음부터 사사건건이 학대가 시작되었어요. 어떤 때는 내가 만든 반찬도 더럽다고 먹지 않고요. 그러다가 바람을 피우기 시작하더라고요. 어째서인지 아이도 없고요. 그래서 헤어졌지요. 남편이 위자료를 요구하더라고요. 친정 부모가 재산이 좀 있었거든요. 속여서 결혼시킨 데 대한 위자료가 필요하다나요."

그 내담자는 그 후 집에 있고 싶지 않아 이곳저곳을 떠다니며 아무 남자하고나 쉽게 관계를 맺고 헤어지고는 했다.

작은 술집을 경영하다가 그것도 오래 유지하지 못하고 그만두었다. 우울증에 빠져 두 차례 자살미수가 있은 후 친정 부모가 강제로 데려오다시피 했다.

어렸을 때 겪은 성폭행의 그림자는 그녀의 일생을 지배했고 다른 사람들이 자신을 보는 시각을 스스로 벗어나지 못해 함정에 빠진 경우였다.

그녀의 심정은 남성들에게 당한 거친 대접에 대한 보복감을 지닐 기운조차 없을 만큼 탈진해 있었다.

"살아야 될 이유를 아무것도 찾지 못하겠어요. 이렇게 벌레처럼 사느니 얼른 가는 게 낫지요."

몇 달에 걸친 상담 후에 그녀의 상태는 훨씬 호전을 보여 직장에 다니고 있다. 그러나 이성관계는 너무도 겁이 나서 시도를 하지 못하고 있다고 했다.

좀 더 시간이 지나면 바람직한 삶을 영위할 수 있는 자원을 많이 지니고 있는 내담자라 다른 사람을 진정한 의미로 사랑할 수 있으리라고 믿고 있다.

입센의 희곡 〈인형의 집〉에서 노라는 인간으로 대접받기를 원하며 행복한 종달새 역할을 거부하고 소냐와 비교도 할 수 없을 만큼 유복한 환경을 박차고 집을 떠나버린다.

노라가 자신을 구원하기 위해 움직이기 시작했을 때 사람들은 경악했다. 그 당시까지만 해도 사람들은 여성이 과감히 움직이는 경우는 누군가를 구원하기 위해서라고 믿고 있었기 때문이다. 스스로를 구원하겠다는 노라 이후의 여성들의 주장은 사회의 거센 반발에 부딪혔고 이에 대한 반작용으로 여성운동의 방향성은 한때 대단한 경직성과 호전성을 보이기도 했다.

현대 여성들은 누구를 구원하고 싶은 것일까. 과연 그들은 이제 자기 자신은 구원했는가. 자신의 삶이 끝을 알 수 없는 함정에 빠져 있다고 느낄 때 우리가 겪는 첫번째 강렬한 충동은 아마도 죽음의 유혹이기 쉽다. 어째서 살아야 하는가 하는 질문에 대해 사랑과 소속, 힘, 자유, 즐거움의 욕구가 박탈되고 단절된 사람은 그 대답을 찾기 어렵기 때문이다.

우리나라 교회가 해마다 점점 더 그 크기가 커지고 그 구성원들의 많은 부분이 어느 정도 나이 든 여성들로 이루어져 있다는 사실은 우리에게 시사하는 바가 적지 않다. 우리는 우리를 구원하는 무엇인가가 이 세상에 있다고 믿고 싶은 것이다.

삭막한 세상의 현실을 벗어나고 싶은 꿈은 세상의 죄와 고통을 녹이는 여성성의 신화를 남자의 꿈속에 심어놓게 되었다. 이제 자본주의와 산업화 때문에 이상적인 인간성의 신화가 사라져가면서 남성의 꿈도 여성의 꿈도 함께 퇴색해가고 있다.

그러나 퇴색한 꿈속에 잠겨 있는 희생과 인내의 삶이 도덕적으로 훌륭하고 타인에 대한 구원의 삶이라고 생각하는 것은 위험한 환상이다. 사랑의 마음이 없이 사회의 통념 때문에 강요된 헌신과 희생에는 고통과 괴로움과 원망이 뒤따르게 되기 때문이다. 이것은 다른 사람들을 위해 배려하고 양보하지 말라는 뜻과는 전혀 다르다.

스스로 풍성하고 건강한 가지와 잎을 드리우고 서 있는 나무라야 다른 사람들에게도 그늘과 열매를 줄 수 있기 때문에, 자기 자신을 진정한 의미로 사랑하는 사람이 주변에도 도움을 줄 수 있다. 깊이 병든 나무는 다른 사람들에게 나누어줄 그늘이나 열매를 만들어낼 자원이 고갈되어 있기 때문이다.

이제 열이 사십 도에 가까워도 일어나 쓰러져가며 밥을 하는 여자가 바람직한 여자라고 감탄을 하거나 어떤 환경에서도 천사 같은 마음씨를 잃지 않아야 하는 여자가 진짜 여자라는 이야기는 우리가 그만 사절하는 게 좋을 것이다.

상담을 하면서 느끼는 바는 너무도 많은 여성들이 사회의 신화라는 작은 화분에 스스로 몸을 굽히고 심겨져 더 이상 자라지 못하는 분재로 자신을 만들고 있다는 점이다.

착한 여자가 훌륭한 여자라는 말은 문학작품의 상징성과는 구분되어야 한다.

이제 그 말은 타인에 대한 배려와 함께 자기에 대한 배려를 할 줄 아는 여성이 진정으로 건강하고 바람직한 여성이라는 말로 바뀌어야 할 것이다.

마릴린 먼로와 샤론 스톤

꿈꾸지 않는 자는 결코 절망하지도 않는다.

―조지 버나드 쇼

일곱 베일의 춤을 춘 후에 무엇이든지 상으로 주겠다고 하는 헤롯 왕에게 살로메는 자신의 사랑을 거절한 세례 요한의 목을 달라고 청한다. 은쟁반에 담겨 온 피 묻은 요한의 목을 안고 그 입술에 입 맞추는 살로메의 모습은 오스카 와일드의 작품 속에서 유감없는 요부의 전형적인 모습으로 다가온다.

이런 살로메의 환상은 실제 사회에서 여배우 마릴린 먼로나 샤론 스톤 같은 성적 매력의 대상을 탄생시킨다.

야전 파카를 입고 한국전쟁 때 위문공연을 와 '더 한 번'이라는 성적 암시가 가득한 노래를 부르던 마릴린은 미국 남성들의 여신으로 부각되고 일찍이 그 유례를 본 적이 없을 만큼 인기를 불러일으켰다.

'다이아몬드는 여자의 제일 좋은 친구'라거나 '바이바이 베이비'를 부르는 요염하고 순진해 보이는 그녀는 남성들의 성적인 환상을 불러일으키는 데 부족함이 없었다. 그녀는 한 곡을 부르기 위해 수백 시간을 연습하는 성실성이 있었고 완벽에 가까울 정도의 감정을 집어넣을 줄 아는 감성도 있었다.

실제로 마릴린은 총명하고 아름다운 여성이었다. 그러나 사람들은 거의 다 그녀의 약점 찾기에 급했고 고전음악이나 문학작품에 관한 어려운 질문을 던져 대답을 잘 못하는 경우에 신문 잡지에 대서특필을 했다. 그러고는 '그러나 우리는 여전히 그녀를 사랑한다'는 기사를 실었다.

영화를 촬영할 때 그녀는 심각하게 성격 연기를 해보고 싶어 했으나 대부분의 감독들은 그녀에게 치마를 더 위로 걷어올리게 하거나 반쯤 감은 눈과 갈망하듯이 벌어진 입술의 포즈만을 강요했다.

여신처럼 풍만하고 아름다운 몸매에 순결한 소녀의 얼굴을 지닌 마릴린은 바라보는 사람들에게 찬탄의 감정을 불러일으켰지만 어마어마한 인기 속에서도 그녀는 견디기 어려울 만큼 고독했다.

어린 시절의 지독하게 불우했던 환경과 대비되는 너무도 갑작스러운 인기. 그리고 성적인 도구로만 바라보고 얕보면서도 좋아하는 남성들의 양면 감정의 대상이 된다는 일은 그녀에게 너무도 어려운 과제였다. 그녀가 점점 더 불안해지고 정서적 안정을 찾지 못해 닥치는 대로 아무에게나 정도에 넘칠 정도로 의존적이 되어간 것도 무리는 아니었다.

곁에서 진정으로 그녀를 걱정해주었던 사람들은 그녀가 매우 정열적이고 탁월한 배우가 될 소질이 있었지만 자신을 지탱할 수 있는 자신감이 약했기 때문에 심리적인 압박감을 받으면 말로 할 수 없으리만큼 위축돼버리곤 했다고 회고한다.

마릴린은 드디어 수면제에 의지하지 않고는 잠들지 못하는 상태에 이르렀고 여러 번 수면제 과용 경력을 지녀 자살미수가 아닌가 하는 구설수에 휘말렸다.

실상 그녀의 꿈은 존경받는 여배우가 되어 예술가로 평가받는 것이었다. 그러나 그녀의 꿈은 여러 가지 방해 때문에 무산되었다. 사람들은 그녀가 심각한 역으로 나오겠다는 결심을 비추기만 해도 웃음을 터뜨렸다.

그녀가 수면제 과용으로 넓은 침대 위에서 유서도 없이 혼자 쓸쓸히 죽어간 것은 놀라운 일이 아니다.

"그렇게 인기와 사랑과 돈을 한 손에 쥐고도 무엇이 부족했을까."

사람들은 의아해하고 한탄했지만 그녀의 시리고 추운 고독감을 이해하지 못했다.
   그녀가 받고 싶었던 사랑은 인간에 대한 존중과 존경이 섞인 사랑이었다. 감정이 없는 물체 같은 대상으로, 성적인 이미지로 있을 때만 사랑받는 것이 아니었다. 그렇기 때문에 그녀의 소속감의 욕구와 힘의 욕구, 자유의 욕구는 바닥으로 가라앉을 정도로밖에 채워지지 않았던 것이다.

   〈원초적 본능〉에서 관능적이고 요염한 연기로 폭발적인 인기를 얻은 여배우 샤론 스톤은 그런 의미에서 흥미를 끌 만하다.
   그녀는 마릴린의 전철을 밟지 않으려고 단단히 결심하고 있는 것처럼 보인다. 아름다운 자태 뒤로 그녀의 자아가 화면 곳곳에 보인다. 옷을 벗기를 거부하고 분장도 의상도 없이 과감하게 서부극의 총잡이로 나와 먼지 묻은 얼굴에 머리를 흩날리며 서 있는 그녀를 보면 남성들의 성적인 환상의 희생물로 자신을 제단 위에 올려놓을 생각은 조금도 없어 보인다. 그런 이유로 옷을 입었거나 벗었거나 화면에서 그녀를 보는 일은 아주 즐겁다.
   어두운 색조의 옷과 화장하지 않은 얼굴이 우리를 인격을 지닌 인간답게 만들어주는 것이라는 생각도 편견일지 모른다. 안면이 있는 여성학 교수 한 분은 묶고 있는 생머리에 집시 퍼머를 하면 아주 근사하겠다는 내 성화를 일고의 가치도 두지 않고 묵살해버린다. 머리가 모자란 여자가 몸치장에만 신경을 쓴다는 것이 그분의 생각인 듯싶다.
   그러나 여성으로서 아름답다는 것이 곧 자신을 남성 앞에 굴종시키는 도구로 만든다는 생각은 너무 경직된 것이 아닐까. 전에 여성단체에서 강의를 할 때 화장기 없고 옷차림에 도무지 관심을 두지 않는 듯이 보이는 젊은 여성 청중들에게 어째서 화장을 하지 않느냐고 묻자 금세 단호한 대답이 돌아왔다.

"그런 건 자신을 도구로 남들 앞에 전시하고 파는 행위예요."

과연 그럴까.

자신의 의견이 그럴 수도 있고 그렇게 살아가는 게 문제되는 것도 없을 것이다. 그러나 자신을 여성적인 매력을 지니도록 가꾸는 다른 여자들이 어딘가 덜 인간적이라는 생각은 사실이 아니다.

여성을 양분하려고 드는 사람들의 고정적인 편견이 있다.

미스 코리아 대회에 나온 여성과 여성학 강좌를 들으러 온 여성 사이에 건너지 못하는 강이 있을 정도로 두 사람이 다른 부류의 여성이라는 인식이다. 그러나 가끔 슈퍼 모델이 무색할 정도로 키도 크고 아름다운 여성이 보기 좋게 화장을 하고 여성심리학 강의실 앞자리에 앉아 있거나, 총명하고 논리적인 여성이 미스 코리아에 출전하는 것을 보는 일도 이제는 드물지 않다.

기분 좋은 일이다.

문제가 되는 여성이 있다면, 마음의 그림책에 성적인 대상으로서만 자신을 꾸미는 그림을 간직하고 있어 요부 살로메처럼 인간성을 상실한 채 그림자 같은 인생만을 꿈꾸며 살아가려 드는 여성일 것이다.

사장님, 우리 사장님

마음이 너그럽고 두터운 사람은
봄바람이 만물을 따뜻하게 기르는 것과 같이
모든 것이 그를 만나면 살아난다.

― 채근담

"그저 직원들을 다 내 자식이라고 생각하고 살고 있지요."

사십여 명이 넘는 직원들이 다 자신을 엄마라고 생각하고 있다면서 그녀는 크게 웃었다.

이야기가 진행되어감에 따라서 사회자가 묻는 질문에 대답하는 그녀에게서 진솔한 삶과 인간의 향취가 스며 나오는 것이 느껴졌다.

"방송에 나와서 직원들을 이렇게 부르는 게 좀 어떨지 모르겠지만 우리 아이들과 함께 동고동락하면서 이삼십 년이 지나니까 모두 친자식처럼 느껴집니다. 서로 원하는 것도 잘 알겠구요. 외로운 독신이다가 결혼해서 아들 딸 낳고 잘 사는 것 보면 정말 마음이 흐뭇하지요."

"혹시 직원 부인이나 그런 사람들이 부부싸움한 후 어떻게 하면 좋을까요 하고 상담해 오거나 그러지는 않습니까?"

사회자가 묻자 그녀는 대답했다.

"뭐, 주의들을 하느라고 그런지 그런 일로 내 마음을 상하지 않게 하려고 많이 배려하는 게 느껴져요. 그렇지만 어떤 때 느낌으로 아 하, 이 친구가 무슨 걱정거리가 있구나 싶으면 집으로 슬쩍 전화를 넣어서 물어보기도 하지요. 부부간에 문제가 있다 싶으면 특별 휴가도 보내주고 휴가비도 주지요. 그러면 새 기운이 나서 돌아옵니다."

사회자가 그러면 나도 매일 부부싸움하고 싶어지겠다고 말하자 그녀는 잠자코 웃었다.

화장기 없는 얼굴에 머리는 기본 퍼머를 해서 뒤로 넘긴 적당한 몸집의 인상은 별다른 특징 없이 검소했다. 방송 프로그램이 진행될수록 점점 더 소박한 근면함과 넓은 마음씨가 전해져 오는 여자였다. 온갖 곡식을 영글게 하도록 비를 내리고 대지를 보살펴주는 대지의 여신 데메테르처럼 그녀는 푸근했다. 건설업체의 대모로 알려지고 자기 분야에서 일가를 이룬 여사장답게 대범하고 통이 큰 풍모와 함께 어머니처럼 자상하고 따뜻한 면도 함께 보여주는 사람이었다.

"우리 직원들 중에 남자고 여자고 아마 나한테 뺨에 뽀뽀 한번 안 당해본 사람이 없을 겁니다. 아무나 잘 안아주고 그럽니다."

크게 웃으며 하는 소리를 들으면서 이 사장님이 여자인 게 참 다행스럽게 느껴졌다. 어찌 그렇지 않겠는가. 만약에 남자 사장님이 이런 일을 저질렀다가는 아마 지금쯤 성희롱죄에 걸려 법정에 서서 삼천만 원이나 하는 벌금을 내느니 못 내느니 하고 누군가처럼 죽자고 실랑이를 벌이고 있을 것이 뻔하기 때문이다.

사회자가 몰래 구해 왔다며 들고 나온 편지 바구니에는 직원들의 진심이 담긴 사연들이 하나 가득했다.

그중 어떤 사연은 다음과 같았다.

"이 세상에서 가장 사랑하는 이에게…… 선물로 이 빤쯔를 드립니다. 딸 아무개."

모두들 웃음을 터뜨리자 그녀가 해명을 했다.

"아, 그 아이가 우리 회사에서 일하는 아이지요. 내가 직원들에게 팬티며 런닝 같은 속옷들을 예사롭게 한 뭉텅이씩 사주고는 하거든요. 이 아이가 그걸 보고 배웠는지…… 우리 직원들끼리 다 함께 여행도 잘 갑니다. 국내도 가도, 국외도 가고 그러지요. 그러면 늘 가지각색이지요. 배 처음 타본 친구, 비행기 처음 타본 친구, 바다라고는 생전 처음 본 아이들, 그렇게 새 세상을 보면서 우리는 또 그걸 극기

훈련이라고 부르고 좋아하지요."

　여행지의 재미있는 에피소드를 이야기해달라고 하자 그녀는 씩 웃으면서 말했다.

　"한번은 파도 소리가 시끄러운 바닷가에서 우리가 목청껏 자기가 제일 사랑하고 좋아하는 애인이나 가족, 친구들의 이름을 부르자고 했는데 글쎄 삼분의 일이 넘는 사람이 큰 소리로 영숙아, 영숙아 하고 부르더라구요. 사실은 저도 뜻밖이라 너무나 깜짝 놀랐어요. 가슴이 뭉클하기도 했구요."

　그 사장님 이름이 영숙이였다.

　새삼 인간의 마음속에 진심이 통하는 길은 따로 있구나 하는 생각이 떠오르는 프로그램이었다.

　나이는 오십 중반이 다 되었고 결혼도 하지 않고 자녀도 없는 여자가 그토록 넉넉한 풍모를 지닌 것이 보기에 좋았다. 새삼스럽게 여성적인 심리 중에 섬세하고 예민한 부분 말고 어머니다운 넉넉하고 푸근한 점도 많이 있어 그 점이 그녀에게 그대로 담겨 있음을 실감하게 했다. 그렇게 배포 큰 어조로 말하는데도 남자 같다는 느낌은 전혀 들지 않았다. 정다운 큰누이나 고향의 어머니 같은 느낌만 들었다.

　왜 결혼 안 하셨느냐는 말에 그녀는 실쭉 웃었다.

　"글쎄, 내 별명이 삼각형이었거든요. 집, 현장, 사무실, 이 세 군데만 왔다 갔다 한다구요. 이 삼각형에 뭐가 하나 더 들어갔으면 어려웠을지도 모르겠구……. 함께 지내는 사람들과 성심껏 살다 보니까 뭐 달리 부족한 것도 없었구요."

　짓궂은 사회자가 물었다.

　"그렇지만 삼십대부터 이 일에 종사하셨다는데 현장에서 남자들이

웃통도 벗고 러닝셔츠 바람에 근육을 다 드러내고 움직이고 이런 일들을 볼 때는 새삼 남자가 그리워지거나 뭐, 좀 이상한 느낌이 들지 않으셨습니까."

그녀는 파안대소했다.

"글쎄 그런 근육질의 남자를 보면 저 친구한테 세멘트 한 포대 더 지워도 되겠구만, 그런 생각밖에 안 들던데요."

청중들 사이에서 폭소가 터졌다.

"그리고 직원들 말고 사회에서 내가 대하는 사람들이 거의 다 남자들인데 그 사람들이 나를 아주 퍽 좋아하고 아껴줍니다. 그래서 달리 결혼할 생각을 할 필요가 없었던 것 같습니다."

"혹시 요즘 여자들이 잘 걸리는, 남자들이 다 나를 좋아해 점 찍고 있다고 믿는 바로 그 병에 걸리신 거 아닙니까?"

그녀는 크고 괄괄한 목소리로 웃었다.

"글쎄, 그러구 보니까 그 병에 걸려 있는 것 같기도 한데요. 뭐, 어떻습니까. 그 병이 아예 안 나으면 괴로울 일도 없지요."

정말 무더운 칠팔월에 한줄기 소나기를 만난 것처럼 시원스러운 여자였다. 그 여자를 보고 있는 것만으로도 즐거웠다. 사회자나 청중들 모두 그렇게 느끼고 있는 것이 한눈에 들어왔다.

"사업을 하시면서 어려운 고비도 많으셨을 텐데요."

"이거 뭐, 자랑 같습니다만 내가 일절 빚을 얻어 쓰지 않아요. 대출도 받지 않습니다. 백 원이 있으면 육칠십 원 정도만 쓰는 여유를 가지고 일하고 있어요. 이런 불황에서도 큰 어려움 없이 아파트 짓는 일이며 분양 등이 순조롭게 이루어지고 있습니다. 책임질 수 없는 허황한 욕심은 내지 않고 착실하게 기반을 다지려고 해왔지요."

그녀를 바라보는 청중들의 시선이 처음에는 여자가 건설업체의 사장이라니까 뭔가 경직되어 있으리라는 선입감을 가지는 것 같았는데, 점차 정다운 탄복의 시선으로 바뀌는 것이 그대로 느껴졌다. 이 여자는 정말 사랑받으며 살고 있구나, 모든 사람들이 이렇게 공감하는 것 같았다.

가족이 있어야만 여자는 행복할 수 있고 여자답고 온순하게 굴어야만 다른 사람들에게서 호감을 얻을 수 있다고 믿어온 사람들의 편견이 줄어드는 순간이기도 했다. 인간은 누구나 다양한 삶을 누릴 수 있고 자기가 전력투구를 하는 한 어떤 삶에도 생생한 아름다움이 있다는 사실이 실감이 났다.

"혹시 노후 걱정을 해보신 적은 없습니까?"

사회자가 묻자 그저 이런저런 생각을 해보기는 했노라고 하면서 덧붙였다.

"지금 생각에는 내 아이들이 사십 명이 넘으니까 대개 다 떠나도 몇 명은 남지 않을까 하는 생각이구요. 하루는 이 친구 집에 가서 먹고 아이들하고도 놀고, 다음 날은 다른 아이 집에 가서 놀고 잘 지내고, 또 다음 날은 내 생일이니까 다들 오너라, 이렇게 해서 노후를 이렁저렁 지낼까, 이런 생각 중입니다."

앞으로의 계획을 묻자 노인들끼리 모여 사는 실버타운을 구상해보고 있다면서 그렇게 되면 사회자가 걱정해주는 노후문제도 자체적으로 해결될 것 같고 사회에도 기여할 수 있지 않을까 생각하고 있다고 말했다.

"물론 나도 허전하고 애매한 심정이 들 때가 없다고는 못하지요. 그렇지만 사람들과 일하며 금세 잊어버립니다."

그녀는 자신의 감정 표현에 솔직했다.
"어떤 타입의 남자들을 좋아하십니까."
사회자의 질문에 그녀는 희고 정갈한 이를 드러내며 웃었다.
"연하의 남자도 아주 좋아합니다."
젊은 사회자가 머리를 싸안았다.
"저는 이미 임자가 있는 몸이라 안 되겠습니다."
"괜찮습니다. 다른 사람이라도 좋습니다."
모두들 폭소를 터뜨렸다.

일에 열심이면서도 권위주의적인 사고방식을 지니고 있지 않고 아주 솔직하고 유머 감각도 있는 그녀를 직원들이 왜 그렇게 따르고 좋아하는지 알 수 있을 것 같았다.

그녀를 TV에서 본 후 며칠 동안 우리 주위에 다른 방식으로 자신의 삶을 책임지고 사람들을 사랑하며 살고 있는 모성적이고 훌륭한 여자가 있다는 사실이 아주 흐뭇했다. 여성의 심리적 성향이 좁고 예민하기만 하리라는 어떤 사람들의 편견을 한 번의 만남으로 깨부수는 자기 나름대로 아름답고 매력 있는 통쾌한 여자였다.

직원들이 모두 어머니처럼 사랑하는 여성적이고 관대한 영숙이 사장님이 행복한 노후와 완성된 삶을 누리리라는 것을 믿어 조금도 의심하지 않는다.

월선이와 홍이엄마

마음도 한자리 못 앉아 있는 마음일 때
친구의 서러운 사랑 이야기를
가을 햇볕으로나 동무 삼아 따라가면
어느새 등성이에 이르러 눈물 나고나.

—박재삼의 시 〈울음이 타는 가을강〉에서

무당의 딸이라 용이와 맺어지지 못했던 월선이의 애틋한 사랑의 정서는 《토지》에 나오는 사람들의 다양한 사랑 중에서도 가장 감동적이다. 그에 반해 돈과 물질에 대한 탐욕 때문에 남편이나 자식까지도 거래할 듯한 태도를 취하는 홍이엄마는 이와 아주 대조적이다. 여성의 심리를 논할 때 신파극에 나오는 대표적인 대사로 인구에 회자되는 '돈이냐, 사랑이냐'라는 말이 있다. 이 두 여인은 그 극단적 심성을 이 작품에서 그대로 드러내고 있다.

과연 여자는 사람들이 믿고 있듯이 남자보다 훨씬 더 사랑을 위해 살고 사랑을 위해 죽는 존재인가. 아니면 현실적인 문제에 집착하기 시작하면 오히려 남자보다도 더 탐욕스러워질 수 있는 존재인가. 월선이는 우리에게 사랑에 관해 믿게 만드는 단서를 주지만 홍이엄마는 더 탐욕스러워질 수도 있다는 단서를 주는 성격으로 나온다. 과연 어느 쪽이 여성의 보편 심성에 더 가까울 것인가.

문학작품에 나타나는 주인공들의 사랑에서 오히려 남자의 사랑이 더욱 격렬하게 묘사되는 경우도 많다. 《폭풍의 언덕》의 '히스크리프'가 그렇고 《카르멘》의 '돈 호세'가 그렇다.

내가 아는 어떤 여자는 어떤 남자를 죽도록 사랑해서 그 남자에게 깊이 사랑하는 약혼녀가 있지만 그 사랑을 포기하지 않았다. 무슨 인연인지 우연히도 그 약혼녀는 급작스러운 병으로 죽고 그 빈자리에 이 여자는 들어섰다. 그 약혼녀의 추억과 그 남자의 사랑에 대해서 사진 한 장, 말 한마디도 건드리지 않기로 약속하고 이루어진 결혼이었다.

남자는 마음의 안정을 얻지 못해 결혼한 후에도 그치지 않고 방황하며 다른 여자를 사귀었고, 이 여자가 사랑의 상처를 이미 알고도 그에게 왔기 때문에 오히려 자신에게 마음의 큰 빚을 진 것처럼 행동했다. 물론 성인 남녀 두 사람이 만날 때 상대방이 하늘에서 그날 내려온 첫눈처럼 몸과 마음이 순결하기만을 바라는 것은 무리일 것이다. 두 사람 다 자신의 인생이 있었을 것이고 그 가운데서 누군가를 약하거나 강하게 사랑한 적도 있었을 것이다.

그러나 그 남자의 거친 행동은 여자의 마음에 너무도 큰 상처를 주었고 마침내 그녀의 불길 같던 사랑을 서서히 내리는 비처럼 잠재워 버렸다. 그 남자는 자신이 받을 수 있었던 귀한 사랑을 가치 없이 버렸다. 인생에 지쳐 그 남자가 그 여자에게 돌아오고 싶어했을 때 이미 그 여자의 사랑은 다 소진되었다. 그 여자는 종교에 귀의해 독실한 신자가 되어 하나님에게 자신의 사랑의 모든 부분을 다 바쳐버린 것이다.

홍이엄마는 애정을 받지 못했기 때문에 점점 비어가는 자신의 마음을 채워줄 대상으로 돈을 필요로 했던 것일까.

여성은 정말 남자의 따뜻하고 지극한 사랑을 받으면 다른 인생의 성취가 남자들처럼 필요하지 않은 것일까. 현대 사회에서도 보수적인 남자들은 자신의 사랑만으로 채워지지 않는 허전함이 아내의 마음속에 있어서 무엇인가를 스스로 추구하려고 할 때 당혹스러움을 느낀다. 재벌이나 권력자들은 결혼할 때 아내 될 사람이 무언가 자기가 할 일을 하겠다고 하면, 애교로 보아주는 성향도 있고 관대하게 취미생활쯤으로 어느 정도 자기세계를 갖도록 놓아두는 경우도 있다. 그러나 본질적으로 자기 일을 꼭 해야 한다는 생각을 하고 있는 것 같지는 않다.

　정말 여성의 심리 속에는 어느 여가수의 책 제목처럼 '사랑밖에 난 몰라' 라는 심성이 남자와 달리 들어 있는 것일까. 현대 여성들은 이미 그렇게 생각하지 않는 듯한 조짐을 여기저기서 보이고 있다. 지적인 능력이나 창의력이 강한 여자가 그 능력을 사용하지 못하면 병이 들 정도로 괴로운 경우가 많이 생기기 때문이다.

　전에 부부동반 모임에서 만난 남자 한 사람이 농담 섞어 물었다.

　"아니, 그거 마누라라는 게 오죽 행복하지 않으면 글을 쓰겠다고 합니까. 그저 여자라는 건 남편 품에 안겨 두 눈을 떴다 감았다 하면서 행복에 잠겨 있어야 하는 거 아닙니까."

　그러나 남자와 여자를 기하학의 이분법으로 나누기는 이제 좀 어렵다. 남자도 이루지 못한 사랑의 정서에 매달려 인생을 파멸로 몰고 갈 수 있고, 여자도 사랑의 상처를 딛고 일어서 훌륭한 자기 삶의 성취를 이룰 수 있기 때문이다. 여자 팔자는 뒤웅박 팔자라고 한탄하던 옛 여인들의 정서는 실상 이즈음에 많이 변하기 시작하는 조짐을 보이고 있다.

　물론 변함없이 사랑해주는 좋은 남편을 만나 가정을 꾸리고 그 안에서 안정되고 사랑에 찬 가정을 꾸려나가는 것은 좋은 일일 것이다. 그러나 모든 여성이 그런 정서를 가지고 있으리라고 집착하는 정도를 넘어 모든 여성이 그래야만 한다고 주장하는 사람들은 이제 많지 않다. 우리나라에서도 큰 도시에 살고 있는 사람들은 더 이상 아들과 딸의 상급학교 진학에 큰 차별을 두지 않는 경우가 많다.

　체호프가 〈귀여운 여인〉에서 묘사했던 올렌카처럼 누군가를 사랑할 수만 있으면 그 남자의 사고와 감정 체계에 묻혀 들어가 그와 같이 생각하고 느끼면서 행복하게 살아가는 여인의 초상이 여성 심리의 원전이라고 믿는 사람들도 줄어들고 있다. 그렇지 않은 여성들의 예가 늘어나고 있기 때문이다.

전에 어떤 대학원 졸업생의 전화를 받았다.
"요즘 너무 지나치게 우울하고 괴로운데 좀 상담을 해주실 수가 있겠어요?"
지금은 그럴 여가가 없어 다른 사람을 소개해주겠다고 하자, 그 학생은 깊은 한숨을 쉬더니 잠깐 전화로라도 이야기를 나누고 싶다고 말했다.
자기가 공부를 하는 초기부터 남편의 반대가 많았는데 이제 졸업한 후에도 아무런 진로가 보이지 않자 사사건건 폭언을 퍼부으며 너무 못살게 군다는 것이었다.
돈 한 푼 벌어 오지 못할 주제에 돈만 갖다 퍼붓고 이제 아무 공도 없이 되었으니 아기도 팽개치고 나가 싸돌아다닌 결과가 대체 무엇이냐고 다그치는 남편 이야기를 하면서 그 여자는 울었다. 이제 부업이라도 하라고 남편은 이야기하는데, 자신은 정말 돈 버는 데는 취미가 없고 보람이 있다고 생각하는 일에만 종사하고 싶다며 물었다.
"정말 제가 허황되고 잘난 척하는 나쁜 여자인가요?"
사람이 자기가 원하는 것을 추구하는 것 자체는 나쁜 일이 아닌데 주위 사람들의 욕구와 어떻게 조화를 이루는가 하는 점이 중요할 것이라는 이야기를 들으며 그녀는 결심한 듯 말했다.
"그럼 일단 일을 하면서 더 공부할 수 있는 길을 찾아보지요."
잠시 멈추었다가 그녀는 조심스럽게 말을 이었다.

"그런데 실상, 더 괴로운 일은……."
잠시 후에 그녀는 더듬더듬 말했다.
"이제는 이 남자와 헤어지고 싶은 마음밖에 안 남은 거예요. 그렇게 한 사람이 다른 사람에게 모욕적인 언사를 써도 좋은 건지 모르겠어요. 자기와 생각이 다르다는 이유만으로요."
감정이 극도로 격앙되었을 때 한 이야기를 두고두고 잊지 않고 다시 꺼내기보다는 지금 현재의 심정 상태를 함께 이야기해보는 게 어떻겠느냐는 조심스러운 권유를 그녀는 받아들였다.
그녀는 한참 이야기를 나눈 후에 마음의 평정이 좀 생겼다며 전화를 끊었다.
사랑이 사막처럼 메마른 곳에서 살게 될 때 우리가 그곳을 벗어나서 다른 곳에 가면 어딘가에 사랑이 충만한 삶이 있으리라는 생각은 실제로는 오산일 경우가 많다.

이런 옛이야기가 있다.
어느 마을 어귀에 노인 한 사람이 앉아 있었다.
불만에 가득 차 보이는 젊은 청년이 그곳에 와서 물었다.
"제가 살던 마을을 떠나 이곳에 살려고 왔는데 이 마을 사람들은 어떤 사람들인가요?"
"젊은이가 전에 살던 마을 사람들은 어땠는가."
"아, 아주 말로 다 할 수 없이 형편없는 사람들이었습니다. 인정머리없고 자기만 알고 사람들을 사랑하는 마음이 없고요."
"그런가. 그렇다면 여기서 살고 있는 사람들도 거의 그렇다네."
그 청년은 낙담을 하고 돌아갔다.

얼마 후 다른 젊은이가 이곳으로 와서 노인에게 말을 물었다.

"할아버지, 이곳에 사는 사람들의 인심이 어떻습니까."

"자네가 전에 살던 곳은 어땠는가."

"어떤 사정 때문에 할 수 없이 떠나기는 했지만 참 인정 많고 사랑이 많은 사람들이었습니다."

"그래, 그렇다면 이 마을에도 바로 그런 사람들이 살고 있다네."

노인은 청년을 인도해 마을로 들어갔다.

나를 사랑해주는 사람을 찾아 천리를 헤매도 내가 사랑하는 마음이 없으면 그를 찾기 힘들다는 설화와 비슷한 이야기이다.

남편이 나를 사랑해주면 행복하게 살겠다는 태도도 나쁘지 않겠지만, 내가 상대방을 사랑하는 마음과 행동을 기르는 태도도 그에 못지않게 중요하지 않을까.

월선이는 어려운 환경 속에서 여러 가지 핍박을 받으면서도 자기 내부에 흐르는 사랑의 강이 메마르지 않았기에 행복한 여자였다고도 볼 수 있다. 홍이엄마는 마음속의 사랑의 샘을 돈으로 메우려고 했지만 그 꿈도 뜻대로 이루지 못하고 가까운 사람에게 사랑을 받지도 주지도 못하는 가엾은 생애를 보냈다.

그동안 널 볼 수 있었기에 나는 행복하다고 말하는 노래 가사가 새삼 깊은 울림으로 다가오게 하는 두 여자의 대조되는 삶이다.

3. 결혼의 초상

소유냐 자유냐

사랑의 삼각형

신혼여행과 결혼생활의 예감

가치관과 독선

성격 수정은 가능한가

철학자의 아내

소유냐 자유냐

상대방의 인격을 존중하지 않으면 진실한 사랑이라고 하기 어렵다.

―앙드레 지드

결혼의 어려운 점은 우리가 고른 것은 배우자 한 사람뿐인데 결혼과 더불어 한 꾸러미의 다양한 문제들이 새로 파생하는 데 있다.

비유하자면 어느 책방에서 마음에 드는 책을 한 권 골라 돈을 치르고 사려고 하자 책방 주인이 이렇게 말하는 셈이다.

"그 책은 부록과 함께 팔게 되어 있는데요."

"부록이라니요?"

"예절 지키기라든가, 시부모 모시는 법이라든가, 시누이 대접하기, 음식 상하지 않게 보관하는 법 같은 것이지요."

"그런 건 지금 필요없어요. 제가 원하는 것은 바로 이 '어떻게 사랑하는가'라는 책 한 권뿐이라고요."

"그러시다면 안 되겠습니다. 그 책만 팔 수는 없습니다."

"참 말이 안 통하시네. 내가 이 책 값을 딱 지불하고 이 책만 사가겠다는데 어째서 못 팔겠다는 거예요?"

"이 부록하고 함께 읽지 않으면 그 책을 도저히 이해하실 수가 없다, 이 말입니다."

"이해는 내가 할 일이니까 걱정 마세요."

"아니 뭘 잘못 알아들으시는 것 같은데요. 이 부록은 따로 돈 내는 것이 아닙니다. 그냥 함께 가지고 가시기만 하면 됩니다."

"글쎄, 돈 때문이 아니라 아무튼 싫다니까요."

"싫다고 하시면 안 됩니다. '어떻게 사랑하는가'보다 실상 더 중요한 책은 이 부록인지도 모른다 이겁니다."

"알았어요, 그럼 이리 주세요. 갖다가 버리든지 말든지 내 마음대로 할 테니까요."

"버리면 아마 그 후유증이 심각하지 않을까 싶은데요."

"걱정 마세요. 걱정도 팔자셔."

그러나 이 아가씨는 부록을 버리자마자 걱정도 팔자가 아닌 걸 알게 될 것이다.

외국의 재미있는 표현 중에 '다락방의 해골'이라는 말이 있다. 꼭꼭 숨겨둔 어떤 개인이나 집안의 비밀을 일컫는 말이다. 어떤 남자나 여자 하나만 택했는데 거기에 따라오는 양가의 수많은 부록과 가족사에 얽힌 다락방의 해골들을 상상해보라.

숯불에 그을린 듯한 붉은 머리 스타일을 하고 있는 장모나 오 년 내에 웃어본 일이 없는 것처럼 찡그리고 있는 시어머니의 경우는 그래도 나은 편이다. 세 번이나 마누라가 도망간 오촌 당숙이며 한 번 신혼집에 들르면 한 달씩 내려가려고 들지 않는 육촌 오빠에 이르기까지 고구마처럼 주렁주렁 달려 나오는 관계는 가히 디즈니월드의 깜짝 쇼를 무색하게 한다.

결혼하면 금세 장미꽃밭이 눈앞에 펼쳐지는 것도 아니고 자기가 살면서 겪어온 신산스러운 삶의 고통이 솜사탕처럼 녹아내리는 것도 아니다. 우리는 다만 어려운 때 곁에 서서 자기 편을 들어줄 진실한 반려자를 만나기를 바랄 뿐이다.

그렇다면 자신의 배우자를 내 것으로 소유할 것인가, 자유로운 인격체로 놓아둘 것인가 하는 것을 결혼 초에 심각하게 생각해볼 일이다. 배우자를 인격체로 대하는 사람은 항상 강한 우군을 지닐 수 있다는 이점이 있다. 반면에 배우자를 소유물 정도로 여기는 사람은 인생이란 전투에 임할 때 허약한 외국인 용병을 고용하고 있는 것과 마찬가지이다.

배우자를 소유물로 여기는 성향이 강한 사람과 만나는 것은 불행의 전조이기 쉽다. 자기 소유물이 이곳저곳 나돌아다니면서 제 마음대로 군다면 누군들 기분이 좋을 수는 없는 노릇이기 때문이다.

한번 상상해보라. 내가 오늘 베이지색 구두를 신고 나가려고 작정을 하고 있는데 아무리 찾아도 없다고 해보자. 그럴 때 밖에서 전화가 걸려 오는 것이다.

"나 베이지색 구둔데요. 어쩐지 기분이 울적해서 밖으로 나왔거든요. 그러니 더 이상 나를 찾지 말고 다른 색 구두 신고 나가세요. 검정이나 흰 걸로요."

이 구두가 아무 말없이 밖으로 나가 한술 더 떠 전화까지 하지 않는다면 우리가 속이 편할 리가 없다.

"아, 그럴 수가 있습니까? 아니 그 구두는 내 거 아닙니까? 그렇게 내 허락 없이 제멋대로 돌아다녀도 되는 겁니까? 예?"

"잠깐 나가고 싶었던 게지요."

"나가고 싶다니요. 아, 자기들의 본분이 뭡니까. 가만히 제자리에 깨끗하게 앉아 있다가 내가 필요하면 얼른 내게 와서 내 발에 신겨야 하는 거 아닙니까. 이즈음에 들자니 뭐 구두의 자유니, 권리니 이런 소리를 구두들이 모여서 주고받는다는데 이거 사실입니까?"

여기서 구두와 아내의 이름을 살짝 바꿔보면 상당히 유사한 상황이 여기저기서 연출되고 있는 것을 상상하기 어렵지 않다.

실상 알고 보면 소유는 일생에서 우리에게 짐을 더 줄 뿐이다. 집이며 차며 비디오 같은 재산들이 우리에게 즐거움도 주겠지만 그것들을 잠깐 사용하려고 우리가 무는 관리세는 음으로 양으로 상상을 웃도는 경우가 많다. 하물며 사람을 소유하려고 들면 별 성과도 없이 그 세금이 엄청난 지경에 이른다. 가능하지 않은 일이기 때문이다. 사람들은 독자적인 마음이라는 괴상한 것을 누구나 지니고 있어서 그 마음은 강압적인 방법으로는 결코 누구에게도 소유되지 않는다.

한창 사랑에 빠졌을 때는 '당신은 내 거야. 나는 당신 거야' 하는 소리를 들으며 소속의 욕구를 채울 수도 있겠지만, 외출에서 늦어졌다고 비난과 폭언을 듣게 되면 '내가 뭐, 지 소유물인가.' 하는 생각이 안 들 수 없는 것이다. 완전한 소유도 완전한 자유도 인간간의 관계에서 이루어질 수 없다는 점은 애석한 일이다.

남편의 의처증 증세와 구타에 시달리다 못해 집을 나와 쉼터에 오게 된 여자는 이렇게 하소연한다.

"대학 다닐 때 그 사람을 처음 만났어요. 사귈 때는 그렇게 다정하게 모든 것을 챙겨주는 게 지극한 애정의 표시로 보여서 좋기만 했어요. 집에 도착하자마자 집에 잘 들어갔느냐는 전화가 꼭 오고는 했거든요. 그런데 결혼을 해보니까 그게 애정의 표시가 아니라 소유물에 대한 집착이더라고요. 한 시간이라도 설명할 수 없는 시간이 비면 난리가 나는 거예요. 거의 한 시간마다 집으로 전화를 걸고요. 숨이 막혀서 질식할 것만 같았어요. 한번은 전화가 오리라는 걸 알면서도 밖에 나가서 돌아다니다 왔어요. 하도 오래 그러고 사니까 친구, 친척도 끊어지고 갈 데도 없더라고요. 그래서 좌석버스를 타고 이 끝에서 저 끝까지 두 번 왔다 갔다 했어요. 그날 처음으로 매를 맞았어요. 아무리 말해도 사실을 대라고 다그치는 거예요. 어떤 놈하고 어디서 만나서 무슨 짓을 하다 왔느냐구요. 그 후로는 걸핏하면 목욕탕에 가두고 때리는 거예요."

여자는 몸을 부르르 떨며 진저리를 쳤다.

"그렇게 관심을 가지는 걸 애정의 표시로 보았던 게 큰 실책이었어요. 애정의 표시로 보였던 모든 것이 그 남자의 병적인 집착과 소유욕을 그대로 드러내고 있었는데, 내 눈에 그게 안 보였던 거예요. 지금도 그 사람 주장은 간단해요. 내 비위만 건드리지 않으면 그렇게 잘해주는데 뭐가 불만이라 그걸 따르지 않느냐는 거예요. 나를 집에서 기르는 강아지 취급을 하는 거예요."

가정폭력의 희생자들을 돕는 기관에서는 폭력을 행사할 가능성이 높은 사람들을 알아보는 경고를 내보낸다. 이 가운데 어떤 상태 몇 개가 중복되어 있으면 일단 소유욕이 강하고 폭력을 행사할 가능성이 있다고 생각하고서 경계하라는 것이다.

우선, 이런 성향이 있는 사람들은 너무 급격하게 성적인 관계를 맺자고 몰아붙이는 경향이 있다. 이렇게 누군가를 사랑해본 적은 처음이라고 주장하며 여자의 정서적인 상태에는 아랑곳없이 다그친다. 또한 질투가 심하고 소유욕이 강하다. 끊임없이 전화를 걸어대고 느닷없이 방문하기도 한다. 여자가 직장을 갖는 것을 극도로 싫어하며 거기서 누군가 다른 남자들을 만나게 되는 것이 싫어서라고 말한다. 전화를 자기가 받았을 때 말없이 끊어지면 미친 듯이 화를 낸다. 그리고 어디에 가는지 무엇을 하러 가는지 일일이 보고하기 원한다. 당신이 완벽한 여자이기를 원하고 비현실적인 요구를 하는 경우가 많다. 당신이 친구나 친정식구들과 가까이 지내는 것을 병적으로 싫어한다. 무슨 일이 잘못되면 누군가 다른 사람의 잘못으로 몰아붙이고 자기 자신의 잘못으로 인지하는 경우는 거의 없다. 그의 감정에 대해 누군가가 책임을 져야만 한다고 주장한다.

"나 화났어"라고 말하지 않는다.

"당신이 나를 화나게 해."

"당신은 내 말을 듣지 않아 내 마음에 상처를 주었어."

이런 식으로 자신의 부정적 감정이 상대방 때문에 일어났다고 우기는 경우가 많다. 또한 쉽게 모욕을 느끼고, 인생의 당연한 부분인 사소한 일에도 사회의 온갖 부조리와 부정의를 들먹이며 끊임없이 화를 낸다.

동물이나 아이들에게 잔인하다. 성관계를 맺을 때 힘으로 밀어붙이는 성향이 있고 끊임없이 당신을 비난하고 기분 상할 소리를 예사로 한다. 당신이 복종하고 봉사하며 집에 그가 있을 때 반드시 머물러 있기를 원한다. 부드럽고 다정한 무드에서 난폭하고 폭발적인 정서로 일순간에 돌변하는 성향이 있다.

전에 여자를 구타한 사실이 있지만, 그건 그 여자가 올바로 행동하지 않아서라고 이야기한다. 폭행이 있기 전에 그에 관련된 언어 구사를 자주 한다.

"죽여버릴 거야."

"나를 건드리면 내가 어떻게 될지 모르는 거 알지?"

그리고는 그 말을 금세 취소한다.

"화났을 때 그렇게 말하지 않는 사람이 어디 있어."

"그런 뜻으로 말한 건 아니야."

라고 대수롭지 않게 말한다.

위에 열거한 사례 중에 상당히 많은 부분이 중복되어서 나타난다면, 그 사람은 결혼의 대상자를 인격체보다 소유물로 여기는 성향이 있다고 보아도 틀리지 않는다.

수틀리면 고장 난 자판기가 커피를 제대로 쏟아내지 않는다고 기계를 발로 걷어차듯이 당신을 걷어찰 우려가 다분히 있다는 것이다.

매 맞는 여성의 비참함은 겪어보지 않은 사람들이 짐작하기 어렵다.

'맞을 만하니까 맞겠지.'

'오죽 사나이의 귀한 자존심을 긁었으면 그렇게 됐겠어.'

이렇게 생각하는 사람들은 멍든 얼굴에 피가 내비치는 찢긴 옷을 입고 맨발로 달려 나와 겁에 질려 울지도 못하는 여자를 보면 마음이 바뀔 것이다.

우리가 이삼십 년씩 다른 환경에서 살다가 만나서 한집에 살면 뭔가 실수도 있고 약점도 드러내게 될 것은 사실이다. 그러니 만약 실수에 대해서 맞아야만 한다면 남자나 여자나 맞을 일이 서로 생길 것이다. 그런데 대개 여자만 매를 맞는 것을 보면 구타를 잘못에 대한 응징이라고 보는 것은 궤변이다. 그것은 오로지 힘없는 자를 소유하고 있다고 믿는 사람의 잔인한 폭행일 뿐이다.

아주 완곡하고 부드러운 결혼 상담자도 지속적으로 극심한 구타를 하는 사람과 함께 참고 살 것을 권유하지는 않는다.

인간은 끈에 매인 개나 구두처럼 누군가의 소유물이 되어 그토록 혹독한 대접을 받아서는 안 되는 귀중한 존재이기 때문이다.

사랑의 삼각형

서로 사랑하는 사람과 결혼을 하고
다른 어떤 사람과는 결혼하지 않는 것이
사랑하는 사람의 의무이다.

―엥겔스

젊은 사람들이 상담을 청해 오는 상당히 많은 고민 중의 하나가 사랑의 고민이다.
고민의 유형은 내담자들의 숫자만큼이나 다양하다.

나는 너무 매력이 없다.
너무 키가 작다.
너무 뚱뚱하다.
눈이 너무 작다.
코가 너무 낮다.

이런 신체적 특성에 관한 고민에서부터 너무 소심하다, 활발하지 못하다, 지도력이 없다, 발표력이 없다는 등의 심리적인 문제도 젊은 이들에게는 큰 걱정거리이다.
마음속의 그림책에 이상적이고 아름다운 자기상의 바람을 가득 담고 있어 현실 속의 자신을 마주 보며 낙담하고 있는 것이다. 이 젊은이들을 붙잡고 젊음 그 자체가 얼마나 아름다운 것인가를 이야기 하는 것은 부질없는 짓이다. 인생은 참으로 미묘한 시간표로 짜여져 있어 젊음을 상실한 다음에라야 그 귀중함을 깨닫게 되어 있으니 말이다.
어떤 젊은이들은 결혼을 결심하기 전에 자신의 감정이 정말 사랑인가 아닌가 하는 문제로 고심하기도 한다. 결혼을 앞두고 이런 문제들을 던져 온 내담자들이 있었다.

"좋긴 좋은데요. 편하고요. 근데 손을 잡거나 몸이 닿아도 전기가 안 오르는 거 있지요. 상대방이 이성으로 보이지 않는다는 말이에요. 이것도 사랑인가요?"

"멀리서 그 남자가 보이기만 해도 가슴이 뛰고 숨이 가빠지는데 막상 마주 앉으면 한마디도 할 이야기가 없어요. 너무 취미나 생각도 다르고요."

"그 여자하고 친하고 애정도 있다고 생각해요. 그런데 다른 남자들하고는 그저 재미로 만나는 건데, 그런 것까지 간섭하는 버릇을 없애지 않으면 그나마도 안 만나주겠다고 위협하는 거예요."

고민은 고민일 것이다. 결혼은 인생에서 가장 큰 선택 중의 하나이기 때문이다.

젊은 남녀의 고민은 나이 든 부모들을 다른 의미로 고민하게 한다. 부모들의 걱정은 미사여구로 뭉쳐 있지만 그 핵심은 아주 간단하다. 여러 의미로 어울리지 않거나 성격적으로 크게 문제가 있는 사람과 자기 자녀가 너무 깊은 관계로까지 진전되어서 장차 인생의 방향성에 큰 문제가 생길까봐 두려운 것이다.

사춘기 시절에는 한 인간이 전체로서 파악되기가 어렵다. 그저 웃는 모습이나 어떤 재능이나 신체적인 매력 같은 데 무작정 열정을 느끼고 끌리기 쉬운 나이이다. 사춘기의 고비를 넘긴 후에도 젊어서 이성을 만나게 될 때 정확하고 냉철한 판단을 내리기는 어렵다. 거기에다 사랑이라는 결정작용까지 가세하면 상대방을 전체적으로 잘 파악한다는 것은 그리 쉬운 일이 아니다.

이즈음 심리학자들이 큰 관심을 두고 연구하는 분야 중의 하나가 사랑에 관한 심리학이다. 정말 이성 간의 사랑은 시인들이 노래하듯 어느 날 별빛처럼, 아니면 라일락꽃처럼 저항할 수 없는 특별한 감정으로 다가오는 것일까. 아니면 사랑도 다른 인간관계와 마찬가지로 물을 주고 가꾸는 노력과 인내가 필요한 어떤 것인가.

과연 어떤 것이 진정한 사랑일까. 결혼을 앞둔 젊은 사람들이나 결혼생활에 회의를 느끼는 부부에게 가끔씩 이 질문은 아주 심각한 것일 수 있다.

스턴버그라는 학자는 사랑에 세 가지 중심적 요소가 있다고 본다. 친근감과 열정과 약속, 이 세 가지이다.

사람들이 경험하는 사랑의 양은 이 세 가지 요소에 의해서 경험된다고 그는 본다. 이 요소들이 상호작용을 일으켜 우리가 여러 가지 다른 형태의 사랑의 느낌을 갖게 된다는 것이 주장의 핵심이다.

첫 번째, 친근감은 서로 가깝게 느끼는 감정과 소속감, 연결성 등이다. 이 감정은 서로 간에 따뜻한 정서를 불러일으킨다.

두 번째, 열정은 낭만적인 어떤 느낌, 육체적인 매력, 성적인 자극성 등으로 인해 상대방을 향해 일어나는 정서다.

세 번째, 약속이나 결심은 상대방을 사랑한다는 느낌을 지니고 어떤 형태로든지 이루어지는 약속을 의미한다.

사랑을 이 이론에 따라 분석한다면 몇 가지 유형으로 나누어볼 수 있다.

하나는 이 세 가지가 다 없는 이성 간의 상태다. 우리가 보통 이웃이나 학교 친구, 직장 동료인 이성에게 별다른 느낌 없이 대하는 경우이다.

다른 하나는 좋아하는 상태다. 친근감은 상당히 있지만 열정은 안

느껴지는 이성이 여기에 속한다. 물론 이 우정 같은 감정이 어떤 계기로 인해 열정을 불러일으키지 않으리라는 보장은 없다. 남녀 공학의 대학생들이 특정한 이성과 연애 감정은 아니지만 더 친하게 느껴지는 감정이 대개 여기에 속한다고 보겠다. 손이 닿아도 전기가 안 오르는 상태다. 이성을 보기만 하면 눈에서 반짝 빛이 나면서 사랑에 빠진다고 믿는 건 사실이 아니다.

다른 하나는 첫눈에 반하는 사랑이다. 로미오와 줄리엣의 사랑이다. 문자 그대로 가슴이 뛰고 정서가 완전히 바뀌는 상태로, 다른 사람들 눈에 이상하게 보일 정도로 감정이 통제가 안 되는 상태로 들어간다.

또 다른 경우는 약속은 남아 있어 결혼이나 애인 상태는 유지하고 있지만, 친근감이나 열정은 이미 다 소진되거나 아예 처음부터 없는 사랑도 있다. 대화도 통하지 않고 매력도 느끼지 않으면서 습관이나 사회적 편리성 때문에 함께 사는 경우이다. 서로 사랑이나 즐거움 등의 욕구가 잘 채워지지 않기 때문에 권태와 우울에 빠질 확률이 높다.

다른 경우는 친근감과 열정은 함께 있지만 어떤 형태로도 약속은 하지 않은 낭만적인 사랑도 있다. 별달리 사랑을 고백하지도 않고 두 사람이 특별한 관계라는 사실을 외부에 알리지 않고 있는 상태라고도 볼 수 있겠다.

또 다른 사랑은 친근감과 약속은 있지만 열정은 사라진 동반자적인 사랑이다. 나이 들면 저절로 이런 형태의 부부관계로 들어가는 것이 바람직하다고 주장하는 학자들도 있다. 늦바람이 무섭다는 건 이 동반자적인 사랑을 뒤집어엎을 만큼 강렬한 열정을 불러일으키는 상대가 나타나는 경우이다.

  열정과 약속이 어우러진 할리우드 식 사랑도 있다. 사랑의 열정은 맹렬하나 우정의 감정은 별로 없다. 배우들이 함께 공연하면서 열정에 이끌려 쉽게 결혼하고 쉽게 이혼하는 경우이다.

  마지막으로 가장 바람직한 형태의 사랑은 설명할 필요도 없이 친근감과 열정과 약속이 함께 있는 경우일 것이다. 행복할 가능성이 원칙적으로는 가장 높은 사랑이다.

  학교 다닐 때처럼 삼각형을 그려놓고 기하문제만 풀 것이 아니라 자기 사랑의 문제를 한번 도입해서 곰곰이 생각해보면 어떨까.

  이 세 가지 요소 중의 어느 한 부분이 치명적으로 결핍되어 있으면 취약점을 안고 있는 사랑이라고 보아도 될 것이다. 앞에서 문제를 제기하고 있는 세 사람의 고민이 어느 부분의 취약점 때문인지 한번 생각해보는 것도 좋을 것이다. 그리고 만약 내가 그런 경우에 부딪힌다면 어떤 결정을 내릴 것인지 공상도 해볼 수 있을 것이다.

  물론 인간의 감정은 어떤 이론이나 수학적인 도식으로 쉽게 설명되는 것은 아니다. 그렇지만 결혼을 결심하기 어려운 갈등을 느끼고 있을 때 자신의 감정을 검토해보는 방법으로 스턴버그의 사랑의 삼각형을 활용해보면 어떨까. 바람직한 결혼을 위해 권해보고 싶은 방법이다.

신혼여행과 결혼생활의 예감

사랑은 이상한 안경을 끼고 있다.
구리를 황금으로, 가난함을 풍족함으로
보이게 하는 안경을 끼고 있다.

―세르반테스

결혼해서 가장 행복할 때가 언제인가.

신혼여행 때다.

보통 이렇게 생각하는 경우가 많다. 그러나 역설적으로 말하자면 가장 스트레스를 많이 받을 가능성이 있는 시기도 바로 이때가 아닌가 싶다. 중매해서 사귀는 동안 몇 번밖에 안 만나고 풍차에 돌진하는 돈키호테처럼 용감무쌍하게 결혼하는 사람도 있고, 몇 년씩 사귀면서 상대방을 속속들이 잘 아는 상태에서 결혼하는 사람도 있다.

문제는 낯설거나 속속들이 잘 안다고 생각했던 그 사람이 실한 김장 배추처럼 신혼여행지에서 새로운 속잎을 계속 내보이는 경우이다. 그 속잎이 근사하고 그럴듯하다면 당신은 운 좋게도 뜻 아니한 횡재를 한 것이다. 겉으로 보기에 제법 통통하고 싱싱하던 배추가 속잎을 열어보니까 속대가 뻣뻣하게 차 있거나 속잎이 짓물러 있는 경우도 드물지 않기 때문이다. 문제는 그 속잎이 이 사람이 정말 그 동안 점잖던 그 사람인가 싶을 정도로 다른 색깔을 띠고 있는 경우이다.

살림에 노련한 주부들이 배추 장수의 지청구를 무릅쓰고 배추포기 잎사귀마다 슬그머니 펴보는 이유가 바로 거기에 있다. 신혼여행이라는 작업이 바로 이 배추잎을 펴 그 속잎을 보기 시작하는 첫번째 관문인 셈이다.

이제야말로 '마음 좋은 박 서방, 알고 보니 간첩'이라는 옛날 포스터가 기억에 떠오르느냐 마느냐의 시기가 온 것이다. 그 포스터의 유래도 슬프기만 하다. 하도 뿔 달린 괴물을 그리면서 공산주의자들이나 간첩을 매도하는 포스터만 나붙으니까 그 상징성이라는 것을 이해할 리 없는 아이들이 보통 우리같이 생긴 사람들은 공산주의자나 간첩이 아닌 것으로 인지하기 시작해 신고율이 떨어졌기 때문이었다.

혼수며 예단이며 결혼식 준비며 폐백이며 이런 모든 일들이 끝나고 드디어 단둘이 비행기나 기차에 남게 되었을 때 신랑이나 신부가 잘 던지는 말이 있다.

"자, 이제 겨우 우리 둘만 남았어."

이 말을 들으면서 행복하기만 하다면 당신은 행복한 신랑이나 신부다. 그런데 어쩐지 이 말을 들으면서 두렵고 불안한 생각이 들기 시작하면, 당신의 레이더가 무엇인가 설명하기 어려운 어떤 것을 감지하기 시작한 것이다.

창밖을 내다보는 신랑의 얼굴이 심각하고 쓸쓸해 보여 신부가 살며시 묻는다.

"무슨 생각하세요?"

신부의 마음의 그림책에는 신랑이 얼른 만면에 미소를 지으면서,

"응, 당신 생각……"이라고 말해주거나,

"생각은 무슨 생각, 너무 기쁘기만 한데……." 하고 말해주는 그림이 들어 있다.

대개 그렇게 말하는 경우가 많을 것이다. 그러나 가슴에 쿵 소리가 나게 돌이 떨어지는 소리를 하는 신랑도 있다.

"우리가 결혼했다고 해서 내가 뭘 생각하고 있는가 하는 것까지 간섭하지는 말아줘."

신혼여행 가는 자리에서 정색을 하고 이런 삼일 독립선언문을 낭

독하는 신랑도 있다. 이런 소리를 들으면 신부의 마음이 어떠하리라는 것은 짐작도 못하는 독립만세 사나이다. 더구나 지금은 일제치하도 아니지 않은가.

첫날밤부터 전화통에 매달려 어머니나 친구에게 시시콜콜 뭐든지 보고하는 신랑이나 신부도 있다.

"무슨 전화가 그렇게 길어."

"할 이야기가 많으니까 그렇지, 뭐. 둘이만 있으니까 자기가 무서워 죽겠어. 이제부터 날 어떻게 할 거야?"

눈에 눈물까지 글썽해지는 어린아이 같은 신부는 그래도 귀엽게 보아줄 데나 있다.

"어머니, 지금 방에 도착했습니다. 방의 크기는 제 방의 두 배쯤 되고 티크 원목으로 짠 옷장이 오른쪽에 있습니다. 안락의자 두 개가 놓여 있고 텔레비전은 사십 인치짜리입니다. 비디오를 보려면 돈을 따로 내라고 하는군요. 저녁은 어머니 생각을 하며 어머니가 늘 해주시던 비빔밥을 먹었습니다. 어머니가 해주시던 음식과는 비교도 되지 않습니다. 앞으로 어머니가 해주시는 음식을 먹지 못하고 살아갈 일이 너무도 가슴 아픕니다. 제가 늘 들러서 저녁을 먹겠다고 해도 저를 뿌리치지는 않으시겠지요. 샤워는 저녁을 먹은 지 얼마 안 되어서 지금부터 한 시간 후에 하려고 합니다. 잠옷은 어머니가 골라서 사주신 하늘색 '빛나라' 표를 입으려고 하고요. 아, 어머니의 손길이 그립습니다. 예? 색시요? 색시는 지금 샤워를 마치고 나와서 저를 물끄러미 보고 있습니다. 예? 신혼여행 와서 이렇게 전화가 길면 색시가 싫어하지 않느냐고요? 어머니. 만약에 그렇게 아들의 마음을 이해하지 못하는 답답하고 속이 좁은 여자라면 당장 헤어져도 좋습니다. 예? 내 아들답다고요? 감사합니다. 어머니. 감사합니다. 전화로라도 칭찬을 들으니 날아갈 것만 같습니다. 그럼요. 저도 어머니를 사랑합니다. 제 마음은 항상 어머니뿐입니다. 전화를 끊어야 하지 않느냐고요? 어머니. 지금 같이 못 있는 것만도 가슴 아픈데 전화를 끊다니요……"

이 신랑 친구는 자기를 운동경기 중계방송하는 아나운서로 착각을 하고 있다. 문제가 되는 점은 중계방송을 해야 한다면 옆에 있는 신부에게 해야 하는데, 방송 송출 대상이 너무도 마마보이답게 자기 어머니라는 점이다.

삼십 분에 걸친 신화를 낳고 나서도 사모곡에 목이 멘 신랑은 마침내 이런 선언을 한다.

"있지. 나 오늘, 그 뭐야. 오해하지 말아줬으면 좋겠는데…… 첫날밤의 그, 있잖아. 남자하고 여자하고…… 나 지금 뭐 그럴 기분이 아니야. 나만 생각하고 살아오신 어머니 생각만 하면 도저히…… 알아듣겠지?"

이 신랑은 자기를 물끄러미 바라보고 있는 신부의 마음을 짐작도 못한다.

"알겠어요."

한숨 섞어 신부가 대답한다.

그러나 오해는 금물이다. 어떤 남자와 살게 되는 제비를 뽑았는지 알게 되었다는 뜻이지, 그 남자의 효심을 이해하게 되었다는 소리는 아니다.

신부는 빛나라 하늘색 잠옷을 입고 지가 무슨 아기라고 새근새근 잠든 신랑 곁에 누워 왜 신혼여행지에서 이혼을 결심하고 혼자 비행기를 타는 신부가 있는지 남의 이야기가 아님을 실감하면서 잠들지 못한다.

이 장면은 효도의 장면이 아니다.

우리에게 부모로서의 자아, 어른으로서의 자아, 아이로서의 자아가 있다면 결혼식이 끝나고 두 어른이 만나서 보여야 하는 자아는 어른으로서의 자아다. 철없이 응석 부리는 아이로서의 자아를 혼자 마구 전시하며 그 행동을 부모답게 신랑이나 신부보고 이해해달라고 하는 것은 무리다.

이런 신랑도 있다.

"아까 호텔 방에 들어오다 보니까 저쪽 모퉁이에 얼음 기계가 있던데 가서 얼음 좀 가져와."

"내가 어떻게……"

"무슨 소리야. 우리 가문이 어떤 가문인데, 나는 어려서부터 지금까지 먹는 문제 때문에 내가 움직여본 적은 없어."

가끔 먹는 문제 때문에 움직이는 건 입밖에 없었던 신랑을 만나게 되는 신부도 있다.

"도착지까지 얼마나 남았나요?"

이렇게 남자 승무원에게 물었다가 왜 남편을 두고 여자가 나대느냐고, 더구나 여자 승무원도 있는데 왜 하필 남자 승무원에게 말을 거느냐고 훈계를 듣고 입을 꼭 다물어버리는 신부도 있다.

"어머, 어머 저기 저 남자 좀 봐. 핸섬하지? 당신도 저런 머리 스타일 해봐요. 응? 저 여자 옷 입은 거 촌스러운 것 좀 봐. 그래도 분수도 모르고 명품 옷만 입었네."

쓸데 있는 소리라고는 한마디도 하지 않기로 결심한 듯이 재재거리고 떠들어대기만 하는 신부.

여행지로 떠나는 첫날부터 불길한 먹구름이 머리 위로 묵시록의 사기사처럼 점점 커지며 지나가는 경험을 하는 신랑신부들이 있다. 그동안 절제하고 보이지 않았거나 참아왔던 기질들이 상대방이 내 손에 들어왔다고 느끼는 순간부터 전시되는 경우가 많기 때문이다.

신혼여행 때 지니게 되는 예감이 결혼생활의 전주로서 우리에게 시사하는 바가 많이 있다. 지나치게 권위주의 형인 배우자, 수다스럽기만 한 배우자, 전화통의 어머니에게 매달려 고아가 된 것처럼 울부짖는 배우자, 여자의 역할에 대해 드디어 강습을 시작한 배우자, 남의 마음을 전혀 배려하지 않는 냉담한 배우자, 그 유형은 한두 가지로 설명하기 어렵다.

신혼여행에서 상대방이 친한 친구처럼 느껴지고 더 깊은 애정을 느끼게 되면 당신의 결혼은 시작부터 행복할 승산이 아주 높다. 미래의 꿈에 대해서, 자기가 지닌 진솔한 마음에 대해서 서로 이야기하고 사랑하며 상대방을 자기 인생 속으로 받아들이는 대화를 나눌 수 있으면, 당신은 이제부터 어려운 인생에 든든한 원군을 얻었다고 기뻐해도 좋다.

그렇지 못한 경우라도 있는 그대로의 배우자를 이해하려는 마음을 지니고 있으면 결혼이라는 긴 항해는 일단 순조롭게 시작될 수 있을 것이다.

가치관과 독선

당신의 마음을 밝고 즐겁게 하려면
함께 생활하는 사람의 장점을 생각하라.

―마르쿠스 아우렐리우스

"뭐라고? 쌍꺼풀 수술을 하겠다고? 아니, 걔 제정신이야?"

"그게 아니라 요즘 애들은 다 그런 게 유행이라 전혀 이상한 일이 아니에요."

"아니긴 뭐가 아니야. 내 이제니 말이지만 당신이 쌍꺼풀 수술한 거 결혼한 후 처음 알았을 때 심각하게 이혼까지 생각해본 적도 있어. 알아?"

"아니, 뭐라고요? 그런 게 뭐 그렇게 대수예요. 쌍꺼풀 수술하는 거나 화장하는 거나 뭐가 달라요?"

"어째 다를 게 없어? 성형수술하는 것들 치고 제정신이 옳게 배긴 것들을 내 본 적이 없어. 쌍꺼풀 수술 하기만 해봐라. 내, 그대로 두나. 당신도 정신차려."

"다 큰 것들이 저 하고 싶은 대로 하겠다는데 나보고 어떻게 하라는 거예요."

"에미가 오죽 좋은 본을 보이지 못했으면 딸년이 그 모양일까."

중년 부부 두 사람이 다투는 것을 가만히 듣고 있노라면 두 사람의 서로 다른 가치관이 극명하게 드러난다.

당연한 이야기지만 사람들마다 믿고 생각하는 것이 조금씩 다르다. 같은 한강을 바라보아도 물결이 은빛으로 반짝거리는 아름다운 강으로만 보이는 사람이 있고, 그 밑바닥에 오염물질이 가득한 더러운 강으로만 보이는 사람도 있다. 서울을 번화하고 편리한 살 만한 도시로 보는 사람도 있고, 아예 사람 살 곳이 못 된다고 생각하는 사람도 있다.

앞이 안 보이는 몇 사람이 모여서 코끼리란 무엇인가에 대해 손으로 만져보고 각각 제 나름의 결론을 내리는 식이다.

귀를 만져본 사람은 코끼리란 일종의 부채같이 생긴 동물이라고 이야기를 한다. 몸통을 쓸어본 사람은 무슨 소리냐, 코끼리는 일종의 담벼락 같은 것이다. 이렇게 말한다. 기다란 코만 만져본 사람은 코끼리란 가운데 구멍이 뚫린 커다란 뱀같이 생겼다고 주장한다.

이럴 때 서로 의견들을 잘 듣고 종합해보면 전체 코끼리의 그림이 저절로 나타날 텐데, 싸우느라고 의만 상하고 코끼리의 모습도 떠오르지 않아서야 누구에게도 도움이 안 되는 노릇이다.

이상하게도 사람들은 결혼을 하면 나하고 생각이 다를 때 상대방을 비난해도 좋은 면허를 취득한 것으로 여기는 경향이 조금씩은 있다. 성공적인 결혼생활을 유지하고 있는 부부들을 가만히 관찰해보면 이들은 배우자의 생각이나 태도에 대해 서로 비난을 거의 하지 않는 것을 발견할 수 있다.

소를 팔러 나갔다가 우여곡절 끝에 썩은 사과 한 보따리를 자랑스럽게 가지고 들어온 영감님과 할머니의 이야기는 너무도 유명하다.

"어떻게 된 거유?"

"응, 처음에 그 소를 염소하고 바꾸자고 그러길래 바꿨다가, 또 닭하고 바꾸자고 하길래, 또 뭐, 어떻게 하나씩 바꾸다 보니까 그렇게 되었어."

"아유, 잘했수. 그렇지 않아도 사과 파이를 구우려는데 사과가 떨어져서 옆집에 빌리러 갔더니 우리 집에는 썩은 사과 한 톨도 없다고 하던데 우리는 이젠 썩은 사과는 많이 생겼네요."

술집에서 만난 영감님이 자랑스럽게 소 한 마리가 썩은 사과로 바

3. 결혼의 초상 • 125

뀐 이야기를 하며 할머니가 자기보고 아주 잘했다고 할 거라는 말을 듣고 내기를 걸었던 부자는, 자기가 진 것을 인정하고 어마어마한 금돈을 내어놓았다.

　이 구절에 이르면 이성적이고 비판적인 사람은 더 이상 참기 어려울 것이다.

　"그게 무슨 교훈이라고…… 아무리 부부간이라도 잘잘못은 딱딱 가려야 하는 것 아뇨."

　이런 분들은 하녀들 간의 싸움을 중재하던 무던한 황정승의 이야기를 들어보는 것도 좋을 것이다.

　황정승에게 한 하녀가 이러고저러고 고해바치자, "그래, 네 말이 옳다." 하고 내보내자 다른 하녀가 "그게 아니라 사실은 이만저만합니다." 하고 호소하자 "그래, 네 말도 옳다." 이렇게 대답하고 내보냈다.

　총명한 아랫사람이 곁에서 참지 못하고 왜 시시비비를 정확히 가리지 않고 그렇게 하느냐고 하자, 황정승이 껄껄 웃으며 "그래, 듣고 보니 네 말도 옳구나." 하고 말했다지 않은가.

　물론 본질적인 삶의 가치나 목표가 아무래도 좋은 것은 아니다. 그러나 지엽적인 여러 가치관들을 강물에 비교한다면 세상은 흐르는 강물처럼 계속 변하고 바뀌는 것이 아닌가. 내 몸이 담겨 있었던 물만 그 강물이라고 우긴다면 독선이 되기 쉽다.

　전에는 아들이 퍼머를 하면 그 집안은 완전히 조상의 산소를 잘못 쓴 집으로 소문이 나고 어머니며 고모들은 머리를 싸매고 드러눕고는 했다. 다리를 다 드러낸 핫팬츠를 입고 나타난 딸을 둔 집안도 마찬가지였다.

　그러나 지금 세상은 얼마나 많이 바뀌었는가.

아들들은 태연히 미용실에 앉아 여기를 죽여라, 저기를 살려라(서부극의 총잡이들 이야기가 아니다) 하면서 머리를 미용사에게 내맡기고 있고, 딸들은 사슴 같은 다리를 시원스럽게 다 드러내고 거리를 활보하고 있지 않은가.

살면서 우리들은 세상과 사람을 바라보는 독특한 자기만의 렌즈를 지니게 된다.

포장마차에서 처음 만난 사람이 자기가 지지하는 후보를 좋아하지 않는다고 두들겨 패다가 경찰서 신세를 지는 사람이 있는 것도 다 그 렌즈 때문이다. 내가 어떤 사물이나 장소, 사람을 좋아하거나 싫어하는 렌즈를 지니고 있는 건 내 자유다.

이 렌즈가 문제가 되는 경우는 자기 생각만 옳다고 주장하고 행동에 옮기려고 들어 상대방의 욕구를 부숴뜨리고 인간관계나 사회규범을 훼손시키게 되는 경우다.

사람들의 가치관이 똑같을 수 없다는 관점에서 본다면 결혼이란 실로 엄청나게 어려운 과제가 아닐 수 없다. 보신탕을 먹는 사람은 인간도 아니라는 생각을 가진 여자와, 사람들을 만나기만 하면 보신탕 먹으러 가자고 권하는 남자가 만나서 한집에서 살게 되는 일이니 말이다.

일전에 젊은 후배 부부와 아주 초현대적인 카페에 들른 적이 있다. 야구모자를 시원스럽게 돌려쓰고 마이클 조던이 그려진 티셔츠와 청바지를 입은 종업원에게 후배 남편이 어이 총각, 하고 불렀다가 낭패를 보았다.

"총각 아니에요."

볼멘소리가 나오는 걸 듣고 다시 자세히 바라보니 여자아이였다. 우리는 아연실색했다. 전부 다 그 아이를 소년으로 보았기 때문이다. 그 통에 주방 쪽에서 갈색머리로 염색한 긴 머리 아이가 귀 한쪽에 이어링을 달고 나타났다. 여자아이처럼 보이는데 남자아이였다. 지리산 청학동의 노인들이 본다면 장탄식과 말세론이 나올 판이었다.

후배 남편이 얼굴을 찡그리며 아내에게 말했다.

"저게 무슨 멋이라고…… 무슨 짓들인지 모르겠네. 우리 아이는 절대로 저렇게 기르지 않을 거야."

"왜요. 풋풋하고 좋지 않아?"

"남자는 남자답고 여자는 여자다워야지, 무슨 소리야."

"어머나. 이 남자 구식인 거 봐. 무슨 호랑이 담배 먹던 소리하고 있어."

"이거 봐. 하느님이 남녀를 다르게 만든 건 다 이유가 있어서네. 아, 동물들 생긴 그대로 암수 구별이 딱 되는 거 못 봤어?"

"이이가. 이렇게 고물인 줄 몰랐네. 아니 그럼 우리가 딸을 낳으면 레이스가 치렁치렁 달린 치마만 입히겠단 말이야?"

"이 여자 억지 쓰는 것 좀 봐. 내가 언제 그런댔어?"

"아니면 그럼 대체 무슨 소리야? 그러고 보니까 결혼한 다음에 당신이 여자 차별하는 소리를 한두 번 한 게 아냐."

"내가 언제?"

"안 그랬어? 독선적이기는…… 얼마 전에는 이왕이면 꼭 아들 낳았으면 좋겠다고 안 그랬어?"

"아니, 그럼 내 집에서 내가 뭘 원하는지 얘기도 못한단 말이야? 아니, 당신이 더 우스운 거지, 딸을 원할 수도 있고 아들을 원할 수도 있지, 그런 게 그렇게 대단한 의미로 들리는 거 보면 당신이야말로 성 차별주의자 아니야, 이거?"

"정말 같이 못 살 사람이네. 그걸 말이라고 해?"

두 사람은 학교가 떠들썩하도록 연애를 하고 친하다고 소문이 났던 캠퍼스 커플이었다.

두 사람이 딱 부러지게 반말을 한다고 집안 어른들한테 꾸지람도 많이 들었다고 했다. 그런데 그렇게 친했다고 소문났던 두 사람이 꼭 유치원 아이들 같은 어조로 그것도 아직 태어나지도 않은 아이의 양육문제에 대해 싸우고 있는 것이다.

하기야 젊은 부부들은 아이가 태어나기 전에 많이 싸워두는 것도 나쁘지 않을지 모른다. 긍정적인 쪽으로 보자면, 그래야 아이가 태어나기 전에 두 사람의 가치관 차이를 어느 정도 조율해볼 여지가 있으리라는 기대 때문이다. 비관적인 쪽으로 보자면, 서로 칼날같이 비난만 하다가 부부가 가치관이 본질적으로 다르다는 결론에 이르러 이혼도 불사할 가능성도 아주 없다고 보기는 어렵다.

그러니 결혼해서 노력할 일 가운데 하나가 상대방이 나와 가치관이 다르다고 해서 틀렸거니 나쁜 것이 아님을 이해하려는 일일 것이다.

결혼하기 전에는 두 눈을 다 뜨고 세세하게 상대방을 살피고, 결혼한 후에는 한 눈을 감고 대강 살펴보라는 옛말도 있지 않은가. 그런 의미에서 우리가 어떻게 믿고 생각하고 행동해야 하는가에 관한 단 하나의 절대적인 진리는 없다는 문화적 상대성의 이론을 한번 음미해볼 만하다.

성격 수정은 가능한가

자신을 있는 그대로 받아들이라는 말은 언뜻 단순하게 들릴지 모른다.
하지만 단순한 일이란 언제나 가장 어려운 일인 법이다.

―카를 융

'내가 배우자를 잘못 선택한 것이 아닌가 하고 어느 순간 가슴이 덜컥 내려앉는 경험을 해본 적이 있는가.'

이런 설문을 내보면, 믿고 있었던 배우자에게서도 여러 번 그런 적이 있었다는 의외의 답이 나올지 모른다. 상당히 많은 유명한 부부들이 파경을 경험하면서 성격차이 때문에 헤어진다고 발표하는데 흥미 있는 일이다. 두 사람이 바로 그 성격차이 때문에 서로에게 매혹을 느껴 결혼했을 가능성도 적지 않기 때문이다.

누군들 집에 돌아가 아내가 철판 위의 붕어빵 두 개처럼 자기와 똑같은 생각을 하고 앉아 기다리기만을 바라지는 않을 것이다. 제육과 새우젓, 냉면과 동치미, 불고기와 상추쌈, 생선회와 초고추장 등은 너무도 다른 재료지만 듣기만 해도 은근히 군침이 도는 찰떡궁합 메뉴. 다른 성격의 부부도 이 음식들처럼 잘 만나서 서로 도움을 주기만 한다면 혼자 힘보다 몇 배의 성취를 이룰 수 있다.

얼마 전 미국에서 졸업한 지 한 세대나 지난 여고 동창회에 참석한 일이 있었다.

만찬회장에서 키도 크고 미남인 중년 남자가 정장을 한 채 카메라를 들고 테이블에 앉아 웃고 이야기하는 중년 여자들 사이를 누비며 사진도 찍고 여러 가지 자질구레한 일을 돕는 것이 눈에 띄었다.

"누구야, 저 사람?"

친구들의 호기심 섞인 목소리들이 은근히 퍼져 나갔다. 만찬회장에 소속된 고용인이라고 보기에는 너무도 멋있고 즐거워 보였기 때문이었다. 하도 오랜만에 만난 동창들이라 전부 이름표를 하나씩 달고 옛날 기억을 더듬고 있었는데 그 남자도 이름표를 달고 있었다. 이름표에는 '오빠' 라고 커다랗게 검정 매직펜으로 쓰여 있었다.

수런거리고 웃음이 일어나는 가운데 곧 그 오빠가 누구의 영원한 오빠인가 하는 것이 밝혀졌다. 그 지역 동창회장의 남편이었다. 활발하고 쾌활한 그 동창은 학교 시절 아주 유명한 인물이었고 춘향전 공연 때는 이 도령으로 나와 한창 때 여학생들 가슴을 설레게 했던 장본인이었다. 부부 두 사람 다 자기 일을 열심히 하면서 인생의 성취를 이룬 사람들이었다.

마침 같은 식탁에 앉았던 그녀는 자기 유학 시절 신혼생활에 관해 재미있는 이야기를 들려주었다.

"내가 그래봬도 똑같은 메뉴를 지루하게 매일 짜지는 않았어. 변화를 주기는 했다고…… 예를 들면 아침에는 핫도그, 점심에는 햄버거, 그리고 저녁에는 먹다 남은 걸 뭐든지 먹고 그 다음 날은 전날과 다르게 순서를 바꿔 아침에는 햄버거, 점심에는 핫도그, 그 다음 날에는 아침에 전날 남은 거부터 먹고……."

모두들 그녀의 장난스러운 어조에 허리를 쥐고 웃었다.

"너 그러고도 쫓겨나지 않았니?"

한 친구가 묻자 그녀는 웃으며 대답했다.

"그래, 얼마 지나니까 나도 슬슬 양심이 켕기더라. 그런데 이 양반이 핫도그 만드는 게 힘들겠다고 옆에 앉아 자기가 빵도 쪼개주고 그랬어. 내가 음식을 잘 못해서 너무 미안하다고 하니까 그게 무슨 소리냐고 하더라. 사람마다 다 자기가 잘하는 게 있고 못하는 게 있는데, 당신이 잘하는 건 부엌일이 아니고 다른 일이라는 거야. 그거 잘하면 충분하다는 거야. 게다가 나하고 같이 살아주고 같이 잠도 자고 또 나를 위해 그렇게 애쓰는데 뭐가 필요하냐는 거야. 그러니까 고마워서 살림도 더 잘 해보려고 오히려 애쓰게 되더라, 얘."

몇 해 전 그녀가 생사의 고비를 헤매는 중병에 걸렸을 때 그 남편이 온 정성을 다해 간병을 해 의사까지 포기했던 그녀를 소생시킨 이야기는 다들 알고 있었다.

그녀는 말을 이었다.

"그이 주장은 우리가 다 생긴 대로 살아야 한다는 거야. 우리나라 남자들 재교육시켜야 한다고 얼마나 열을 내는지 아니? 한국 아내들처럼 애쓰고 사는 여자들도 없는데 그걸 가지고 이래라, 저래라, 성격을 바꿔라, 그런다고 말이야. 너네들 남편 때문에 힘들면 우리 남편한테 재교육 여행 보내라 응?"

"그런데 우리 남편이 가라고 하면 갈까?"

한 친구가 근심스러운 표정으로 말하자 폭소가 터졌다.

그 오빠가 사진을 찍으러 우리 테이블로 왔다.

"생긴 대로 살아야 한다는 이야기 정말 공감이 가요."

누군가가 말하자 그는 씩 웃었다.

"그거 제일 중요한 겁니다. 장미는 장미처럼 호박은 호박처럼 제각기 개성대로 자라나야 하는 거 아닙니까. 그래야 자기도 살 만하고 남 보기에도 좋고요."

드물게 보는 유쾌한 부부였다. 인생의 즐거움을 누릴 자격이 있는 사람들이라는 생각이 들었다. 양쪽이 다 쾌활한 성품이거나 한쪽이 쾌활한 성품인 경우에 결혼이 성공적일 가능성이 더 높아진다는 것을 잘 보여주는 한 쌍이었다.

회피할 수 없는 문제에 부딪혔을 때 두 사람 사이의 알력이 커지지만, 좋은 부부는 문제를 더 왜곡시키지 않고 적어도 둘 사이의 문제가 무엇인가에 대해서는 합의를 보는 성향이 있다. 그 합의도 이루어지지 않을 때는 서로 이해하려고 노력하는 것이 중요함을 그들은 알고 있는 것 같았다. 싸우기도 잘 했다는 걸 보면 말이다. 자기가 잘못할 수도 있다는 것을 솔직히 시인하는 남자나 여자는 얼마나 보기 좋은가. 하물며 한집에 같이 사는 배우자가 그런 태도를 보인다면 얼마나 근사한 일인가.

부부간의 바람직한 의사소통을 가로막는 오해나 논쟁의 근원을 살펴보면 우리가 흔히 말하는 성격차이가 드러나는데, 이 이야기는 곧 우리가 사람이나 세상을 보는 방법에 차이가 있다는 뜻에 다름아니다. 부부간에 갈등이 일어나는 흔한 요인 중의 하나가 상대방도 내 마음 같으려니 하고 무심코 대처하는 것이다. 우리는 흔히 사람들은 다 생각이 같다는 착각에 빠지기 쉽고, 특히 사랑하는 사람들의 마음은 한마음 한뜻이라고 믿기 쉽다.

그러나 실상 우리가 상대방의 마음과 완전히 일치한다고 느끼는 순간은 문자 그대로 사랑의 결정이 이루어질 때 드물게 일어나는 현상이다. 우리가 누구를 사랑한다고 갑자기 채식주의자가 고기를 좋아하게 되거나 좋아하지 않던 레게 음악이 가슴속으로 스며들어오는 것은 아니다.

"글쎄, 눈이 온다고 창문을 열고 아이처럼 기뻐했더니 운전할 생각에 걱정이 돼 죽겠는데 이 마누라가 어디다 초를 치고 있느냐고 짜증을 내는 거 있지요."

이런 하소연처럼 남도 나와 같은 마음이거니 하고 너무 믿는 것이 문제가 되는 상황은 같이 사노라면 종종 일어난다.

예를 들어 어느 사람이 초대를 했는데 자기 남편도 좋아하려니 하고 응낙을 한다. 그러나 남편은 들어와서 펄펄 뛴다. 남편에게 묻지도 않고 그런 일을 승낙하는 건 방자한 태도라는 것이다.

상담하러 온 아내는 그 충격적이었던 순간을 울면서 말한다.

"글쎄, 눈앞이 캄캄하더라고요. 방자한 태도라니요. 나는 남편이 그 사람을 만나려고 전부터 애쓰길래 자기에게 조금이라도 도움이 될까 하고 응낙했던 건데요."

문제는 나한테 아주 당연하고 괜찮은 것이 상대방에게는 그렇지 않을 수 있다는 데 있다. 한마음 한뜻이라는 것이 마음의 그림책 속에 확고하게 들어가 있으면, 아내나 남편이 자기와 다른 의견을 가진 다른 인격체라는 사실이 잘 들어오지 않을 수도 있다. 그런 사람들은 배우자가 나와 다른 생각을 하는 것을 알게 되면 마음의 상처를 받아 상대방을 원망하고 심지어 증오의 마음까지 품는 경우도 있다.

내 배우자와 나는 유전자 복사를 한 복제 인간이 아니다. 이 세상에서 맺은 인간관계 중에 가장 가까운 관계인 것은 사실이지만 그 사람이 곧 나와 똑같은 사람은 아니다. 이 사실을 깨닫는 것은 처음에는 고통스러운 작업일지 모르지만 오히려 성숙하고 좋은 인간관계를 맺는 첫걸음이 되어줄 수도 있다.

앙드레 지드의 《아내의 학교》에 나오는 남편 로베르는 결혼 후 이상적인 남자로 보았던 자기에게서 속물기질을 발견하고 지극히 실망하고 경멸하게 된 아내에 맞서 자기 자신을 변호한다.

"내가 변한 건 없습니다. 그 여자는 자기의 환상 속에서만 처음부터 나를 보았고 그게 자기 혼자서 깨졌다고 내가 지탄을 받아야 하는 건 부당합니다."

성격에 관한 학자들의 견해는 서로 차이점을 보이지만, 융 같은 사람은 인간은 성격상의 선호도를 지니고 태어난다고 보는 입장이다.

가령 문학을 좋아하는 두 사람이 만나서 이야기를 시작한다고 해 보자. 처음에는 두 사람 다 취미가 같은 것을 반가워하겠지만 점점 더 이야기가 진행되면서 의견이 갈리기 시작할 수가 있다.

외향형의 사람은 작가의 경력이나 유명도, 평론가의 견해 등에 관해 더 이야기하는 성향이 있고, 내향형의 사람들은 주로 그 사람의 글을 읽은 느낌에 관해 이야기하기 좋아한다. 외향형의 사람은 사회적 평가를 중시하는 성향이 있고, 내향형인 사람은 객관적인 평가가 좋아도 자기가 싫으면 싫다고 생각하고 유명하지 않더라도 자기가 좋으면 그 사람이 좋은 작가라고 생각한다.

그래서 외향형의 작가는 "안 팔려도 좋아. 좋은 글만 쓸 수 있다면 하는 게 내 꿈이야." 하는 사람을 보면 내숭을 떠는 것 같아 두드러기가 나려고 한다. 반면에 내향형은 유명한 평론가의 좋은 평을 신문에 실어보려고 동분서주하는 외향형을 보면 저 사람은 순수하게 문학에 뜻이 있는 것이 아니라고 환멸을 느낄 수도 있다.

사람들의 몇 가지 상반되는 성향들이 과연 환경이나 학습 때문에 이루어지는 것일까. 물론 교육이나 환경의 영향은 지대할 것이다.

그러나 한 형제들의 성격도 내향형과 외향형이나 다른 성향들로 두드러지게 갈라지는 것을 보면 양육의 영향이 제일 크다고 보기는 어렵다.

이번 동창회에서 만난 스무 살 전후에 헤어졌던 동창들도 결혼하고 아이들을 낳고 나이가 들었는데도 어쩌면 그렇게 성격이 변하지 않았는지 놀라울 정도였다. 학교 때 모양내고 새침데기이던 친구들은 여전히 정성 들여 자기를 가꾸고 새침했다. 괄괄하고 거침없이 자기 감정을 털어놓던 친구들은 여전히 그랬고, 차분차분 논리적으로 자신을 설명하던 친구는 변함없는 그 태도로 말하고 있었다. 조용하고 사람들 뒤로 자기를 숨기던 친구들은 여전히 앞으로 나서지 않았다.

모두들 이구동성으로 어쩌면 그렇게 하나도 변하지 않았는가 하고 서로 탄복했다.

"넌 정말 그렇게 늘 행복하니?"

하고 어느 날 쉬는 시간에 물었던 기억이 있을 정도로 행복해 보이던 친구는 지금도 종달새처럼 즐거웠다.

중년의 나이를 넘어선 여자들이 모여서 손들을 마주 잡고 "어머, 기집애. 어쩌면 그렇게 그대로 있니?" 하고 이야기하는 모습들을 처음 보는 사람들은 '그대로 있다니 그렇다면 우리나라에 중년 여자들만 다니는 고등학교도 있었나.' 하고 의아해했을 것이다. 이삼십 년이 지나 어린 시절을 공유하던 동창들을 만나자 우리들은 산에서 내려온 립 밴 윙클처럼 자기가 나이 든 것을 망각하고 시간의 흐름을 잊어버렸던 것이다.

오래 산 부부들에게 가끔 물을 때가 있다.

"그래, 남편이나 아내의 마음에 들지 않는 성격을 그동안 한 가지라도 고쳐보신 적 있으세요?"

모두 고개를 절레절레 흔든다.

"말씀 마십시오. 고대롭니다. 고대로……"

그렇지만 그런대로 표정들이 느긋해서 성격차이를 현실로 받아들이는 지혜를 터득한 것처럼 보인다. 그러나 심각할 정도로 성격차이를 받아들이지 못한 사람들은 쓰디쓴 상처를 안고 헤어지기도 한다.

결혼문제의 이면에는 성격차이가 아니라 성적차이가 있을 뿐이라고 주장하는 사람들도 있다. 그러나 배우자가 비인간적인 취급을 하고 자기를 꺾어 누르려고 들어 모욕감을 느끼고 있을 때 지극한 애정의 표시여야 할 성적인 관계도 잘 이루어지지 않을 것은 자명한 사실이다.

물론 상대방의 성격을 꺾어 눌러 일시적으로 이길 수는 있을 것이다. 그러나 가정이 어디 천하장사를 뽑는 설날 씨름판인가.

상대방의 성격을 꺾어 자기 마음에 드는 성격으로 개조해보려는 최악의 방법이 아마도 손찌검일 것이다. 그 다음이 상대방을 비하하는 언어폭력일 것이다. 이런 방법을 쓰는 사람들을 주위에서 살펴보면 상대방의 인생을 가장 불행한 상태로 밀어넣을 뿐 아니라 자기도 불행하다. 인간적인 대우를 받지 못한 사람이 상대방에게 진정한 의미의 애정을 품기는 어렵기 때문이다.

압력과 두려움 때문에 타고난 성격에 반해 살아가야만 할 때 그 사람은 불균형한 정서를 보이며 인생 자체에 심한 피로감을 느끼는 우울증 상태로 들어가기 쉽다.

우리 모두 오늘부터라도 배우자 성격의 좋은 측면에 렌즈를 맞추고 칭찬과 격려를 해주면 어떨까. 그렇게 되면 우리는 내 친구와 그녀의 영원한 오빠처럼 각자 자기 성격대로 살면서도 서로 깊이 사랑할 수 있어 행복한 인생을 누릴 수 있을 것이다.

철학자의 아내

결혼이란 여하간에 무엇인가 소득을 가져온다.
양처를 얻게 된 자는 행복을 얻을 것이요
악처를 얻은 자는 철학자가 될 것이기 때문이다.

―소크라테스

얼마 전 어느 철학도로부터 프러포즈를 받은 후배가 어떻게 하면 좋겠느냐고 의논을 해온 적이 있다.

나는 이미 철학자와 결혼해서 세 아이를 두고 있으니, 나이도 적지 않은 이 후배가 어느 쪽에 호의적인 대답을 듣고 싶은가 하는 것은 미루어 짐작할 수 있는 노릇이었다.

나는 후배의 심정을 어느 정도는 알 수 있을 것 같았다. 결혼하기 전에 남편이 "우리는 개체가 다르되 이미 타자가 아닙니다"라는 논문 같은 연애 편지를 보내와 당혹스러웠던 기억이 떠올랐기 때문이었다.

옛날부터 사람들은 다른 별에서 온 사람을 대하듯 철학자에게 독특한 호기심과 애정을 보이기도 하지만, 어렵고 복잡한 논리의 집만 짓고 앉아 현실에 잘 적응하지 못하는 그들에게 연민과 비웃음을 보내기도 해왔다.

인간과 존재의 세계를 꿰뚫어 관통할 수 있는 원리를 찾던 그리스 철학자들의 기준으로 본다면 제한된 삶의 틀을 따라가야 하는 현대 사회에서 철학자라고 불릴 수 있는 사람이 과연 있을까 하는 의문이 들지 않는 바도 아니다. 철학자라기보다는 철학을 전공하는 사람이라고 지칭해야 하지 않을까 싶기도 하다.

어쨌든 인류 역사를 통해 가장 첨예한 추상적 사고를 필요로 하는 철학은 대개 남성의 전유물처럼 인식되어왔다. 그 원인이 여성학자들이 주장하는 것처럼 구조적인 학습의 결과인지 성별 특성 때문인지는 논란의 여지가 있겠지만, 별처럼 빛나는 여성 철학자들의 이야기를 철학사에서 찾아보기 힘든 것은 사실이다.

철학자들이 주로 남성이었다면 그 사람들의 훌륭한 아내들도 많았을 텐데 그런 이야기가 인구에 회자되는 경우는 별로 없다. 유감스럽게도 일반 사람들이 상상하는 철학자의 아내 원형은 아마도 저 유명한 크산티페일 것이다. 청년들과 담론을 나누고 있는 소크라테스에게 잔소리 끝에 물을 끼얹었다는 크산티페의 이야기는 상당히 많은 사람들을 재미있게 해주는 요소를 지니고 있다. 물세례를 맞은 소크라테스는 별로 탓하는 기색도 없이 청년들에게 천둥이 치면 비가 오기 마련이라고 이야기하고 옷을 툭툭 털고 그 자리를 떠났다는 것이 아닌가.

하기야 소크라테스의 아들도 어머니의 잔소리는 누구도 참기 어렵다고 실토하고 있고 다른 사람도 크산티페가 과거, 미래, 현재에 걸쳐 가장 시끄러운 여자일 것이라고 평했다는 것을 보면, 그녀에 대한 악처론이 과장되어 있을지는 몰라도 전혀 사실무근만은 아닐지도 모른다.

그러나 여성을 비교적 열등하게 여겼던 그리스 사람들이 순종하고 온순하며 조용한 여성을 가장 이상적으로 보았다는 점을 감안한다면, 자기 주장을 당당하게 내세우는 크산티페가 뒤집어쓴 악명은 조금쯤 억울한 것일 수도 있겠다. 그 당시 남성들과 대등하게 음악과 논리에 대한 이야기를 나누었다는 헤타이라들은 다행히도 남편이 없었던 탓인지 시끄럽다기보다는 대단히 지적이고 그럴듯한 여성으로 묘사되고 있지 않은가.

완벽한 수사학자라고 칭송받았던 아스파시아 같은 뛰어난 헤타이라의 이야기를 일반화하기는 어렵겠지만 당대의 정치가, 철학자들이

기꺼이 대화의 상대로 삼을 만한 지적인 헤타이라도 상당히 많았다고 한다. 하지만 젊고 아름다운 이성을 뒤쫓는 인간의 속성으로 미루어볼 때 그들의 평가가 실상은 대화의 내용보다 신체적인 매력에 더 큰 빚을 지고 있지 않았을까 하는 의구심이 들지 않는 바도 아니다.

아무튼 어느 누구에게도 격의 없이 다가가 이야기를 나누었던 소크라테스가 기꺼이 헤타이라와 담소했다는 것은 즐거운 이야기이다.

그러나 가족을 위해 빵과 생선을 구하러 동분서주하던 크산티페의 눈에 비친 소크라테스의 모습은 참으로 한심했을 것이다. 젊고 세속적인 크산티페가 바라본 소크라테스는 처자식에게 무관심한 채 아버지에게 전수받은 석공 일도 하지 않고 아무짝에도 쓸모없는 무익한 대화를 나누며 젊은 청년들과 건들거리는 게으름뱅이였을 것이다.

그가 한 마리의 등에처럼 잠든 아테네 시민들을 깨우려고 물어뜯고 다니는 동안 크산티페는 자기 나름대로 그를 깨우려고 시끄럽게 들볶았을지도 모른다. 그러니 크산티페가 '너 자신을 알라'고 절규하는 그를 보며 얼마나 제 주제에 맞는 소리인가 하고 분개했을 가능성도 적지는 않다. 역사에 알려진 인간 중에서 가장 아름답고 매력 있는 사람들 중의 하나였던 그가 아내로부터 그런 평가밖에 얻어내지 못한 것이 사실이라면 흥미 있는 이야기이다.

소크라테스는 아내의 관점을 바꾸어보려고 대화를 시도한 일이 었었을까. 대화를 시도해보고도 실패했다면 그가 그토록 명료하게 다른 사람들과 나누었던 그 유명한 산파술인가 무엇인가 한 대화도 아내라는 벽에 부딪혀서는 무용지물이었음에 틀림없다. 아마도 그는 몇 마디의 문답을 나눈 후에 거위와 이야기하는 편이 차라리 낫겠다고 생각해서 더 이상 이야기를 나누기를 포기했을지도 모른다.

소크라테스는 아내에게 다정다감하고 상냥한 남편이었다고 한다. 그가 아내 때문에 철학적인 사고를 하는 데 지장이 있다고 투덜대었다는 이야기는 어디에도 없다. 아내가 생활의 어려움 때문에 곧잘 바가지를 긁어대었지만 그는 잘 참고 웃어넘겼다. 아내의 속마음이 착하다는 것을 알고 있었기 때문이다. 그러고 보면 그녀가 악처라고 떠들어댄 사람들은 그가 아니라 주위 사람들이었던 것 같다.

소크라테스 자신이 크산티페 같은 사람과 잘 지낼 수 있으면 모든 사람과 잘 지낼 만한 덕을 지닐 수 있다고 말했다고 전해지는 걸 보면, 그에게 인간관계 훈련을 기초부터 시켜준 크산티페의 공로는 어떻든 작지는 않을 것이다. 하기야 크산티페의 입장에서 사태를 바라볼 경우 저 영감과 잘 지낼 수 있으면 아테네의 제일 덜 떨어진 건달과도 잘 지낼 수 있으리라고 주장했을 수도 있겠다.

니체는 크산티페야말로 소크라테스가 필요로 했던 여성이며 그녀가 비록 의도하지는 않았더라도 그로 하여금 자신의 고유한 천직에 더욱더 매진하도록 기여했다고 주장한다. 그녀가 계속 질책을 퍼부어 평화롭지 못한 가정에서 그를 자주 떠나게 함으로써 아테네의 광장으로 내보내어 철학의 완성을 이루도록 했다는 것이다.

자, 그렇다면 철학자의 아내는 마땅히 악처가 되어 남편을 거리로 내모는 것이 큰 의무의 하나가 된 것으로 보이는데, 그리 나쁘지 않은 이야기이다. 그런 일쯤이야 삼종지도를 지키거나 칠거지악에 걸리지 않으려고 몸을 사리고 숨도 못 쉬고 지내는 것보다야 훨씬 수월하겠기 때문이다.

얼마 전에는 세배를 하러 온 대학원 학생으로부터 부디 악처가 되어주셔서 우리 선생님이 더욱 철학에 정진할 수 있게 해달라는 덕담(?)까지 들은 적이 있다. 그 학생은 그 후에도 가끔 전화를 걸어 선생님이 시골에 가 있다거나 한밤에도 학교에 남아 있다고 이야기하면 은근히 내가 자신의 충고를 받아들인 것으로 여기고 회심의 미소를 짓는 모양이다. 이런 여러 가지 징후들로 미루어 볼 때 아마 악처 노릇을 하고도 위대한 사상의 탄생에 기여했다는 칭송을 들을 기회가 오는 것은 철학자의 아내들뿐이리라.

여기서 제기될 수 있는 질문은 양처를 만나서 행복한 위에다가 또 훌륭한 철학자가 될 수도 있는 가능성은 완전히 배제되는가 하는 점이다.

흔히 사람들은 만족한 돼지가 되는 것보다 불만의 소크라테스가 되는게 낫다는 이야기를 경구 삼아 하기도 하지만, 이즈음에도 그런 소망을 지닌 사람들이 존재하는지 미심쩍기는 하다.

어떤 사람들은 철학자들이란 정신세계를 고결하게 여겨서 그 귀한 보석을 담는 헌 포대 자루처럼 마지못해 육체를 끌고 다녀야만 한다고 믿기도 한다. 하지만 아무리 정신세계의 우위를 역설해도 인간은 최소한의 일용할 양식과 비를 피할 지붕을 필요로 하는 약한 육신을 지닌 존재가 아닌가.

그러니 가족들의 정신을 담아둘 육신을 보살피기 위해 고군분투하던 크산티페인들 어찌 하고 싶은 이야기가 없을 것인가. 그리스에서 여자의 지성을 인정하고 학문을 닦을 수 있는 기회를 여자들에게도 본격적으로 허용했더라면, 크산티페도 실질적인 삶의 지혜와 인생관을 피력하며 많은 여성 추종자들을 만들어낼 수 있었을지도 모른다. 그렇게 되었으면 그녀의 추종자들은 플라톤이 자기 스승을 위해서 했듯이 정성을 기울여 《크산티페의 변명》을 저술했을 것이다.

"아테네의 시민 여러분, 내게 주어진 악처라는 죄명은 사실 공정하지 않습니다."

이렇게 시작되었을 이 책이 현대에 이르러서 여성학의 고전이 되었으리라는 점은 믿어 의심하기 어렵다.

여러 가지 이야기를 나누다가 나는 그 후배에게 말했다.

아마도 사랑에 빠져 잠시 이성을 잃은 듯한 그 철학자가 제정신이 들기 전에 그와 결혼을 하는 것은 좋은 일일 것이다.

당신은 멩긴 내도 살기만 하면 저절로 인류에게 기여할 수 있게 된다. 양처가 되어 행복한 시민 하나를 더 세상에 보태든지(불행감에 빠져 지나가는 다른 운전자들에게 고래고래 악을 쓰며 자학하는 사람보다야 낫지 않은가), 아니면 시끄러운 악처가 되어 위대한 철학자 한 사람을 더 탄생시킬 수 있기 때문이다.

나는 한 가지 경고를 덧붙이는 것을 잊지는 않았다. 주의할 점이 있다면 남편이 악처에 시달려 철학자가 되기는 고사하고 노이로제 증상을 보여 신경정신과에 찾아가게 되는 경우인데, 이것은 신선한 생선을 잘 고르듯 튼튼한 신경을 지닌 철학자를 골라내는 당신의 안목에 의지하는 수밖에 없을 것이다.

운이 좋으면 달관한 철학자와 함께 살면서 덧없는 살림살이를 대강 해치워도 그가 물질적인 부분에 집착하지 않도록 도와준다는 대의명분 아래 그의 전공에 기여하는 바가 더 커질 수도 있겠다.

게다가 더 운이 좋을 양이면 철학하는 남편의 비현실성 때문에 빚쟁이에 쫓겨 숨어 있는 어두운 다락 속에서, 인생의 의미와 자신의 존재에 대해 깊이 있는 질문을 던져보다가 당신 스스로 불현듯 깨달음을 얻는 철학자가 될 수도 있을 것이다.

4. 자녀의 마음

왜 당근이 싫은 거야?
한 문제에 관한 열 가지 답
효도도 손발이 맞아야
사춘기 선언
세대차이

왜 당근이 싫은 거야?

자녀를 기르는 원동력은 연애감정이 아니다.
자녀가 부모에 대해 전혀 애정을 갖지 않는다면
그 부모는 자녀를 어떤 쪽으로든지 상처를 입히게 된다.

―에렌 게이

식탁에 앉아 카레라이스에서 당근을 열심히 골라내서 한쪽 곁으로 모아두는 여덟 살 난 아들을 바라보던 아버지가 엄격하게 묻는다.

"왜 그러는 거지?"

아들은 쭈뼛쭈뼛하면서 기어들어가는 목소리로 말한다.

"싫어서요."

"어째서……?"

"……."

옆에서 보던 어머니가 어물어물 중재를 하려 든다.

"걔가 다른 건 다 잘 먹는데 어렸을 때 당근 먹고 체하더니……."

아버지는 들은 척도 하지 않는다. 그의 표정과 몸짓에 스파르타쿠스 노예 전사들과 마주 선 로마 병사 같은 단호함과 긴장이 흐른다.

아들은 힐끗 눈을 들어 아버지를 재빨리 살펴보고 눈을 내리깐다. 이제는 틀렸구나 하는 절망감이 표정에 스친다.

아내는 두 손을 비틀면서 모처럼 아버지와 마주 앉는 자리에 아들이 싫어하는 당근을 넣은 자신의 불찰에 머리를 두들기고 싶은 심정이다.

"여보, 그 애가 편식하는 게 아니라……."

"시끄러워. 당신은 가만히 있어. 아이 식성 하나 컨트롤하지 못하면서 무슨 어머니 자격이 있다고……."

열한 살 난 딸은 아무 표정 없이 카레라이스를 입에 한 숟갈 퍼넣고 자근자근 씹는다.

아버지는 손을 내밀어 아들의 접시를 빙그르르 돌려놓는다.

당근은 아들에게 제일 가까운 쪽 접시 한켠에 놓여 있다.

"당근부터 먹어!"

아버지의 명령이 떨어진다.

이제 아버지의 주장은 철회될 리가 없다. 아버지는 마치도 피라미드 작업을 지시한 이집트의 파라오 같다. 그렇게 말해졌으면 그렇게 행해져야만 한다.

아들의 눈에 눈물이 핑 돌며 고개가 푹 꺾인다. 어깨가 내려앉으며 손이 수저로 가지 않는다.

"여보. 제가 다 잘못했어요. 다시는……."

아내는 사색이 되어 남편 쪽을 바라본다.

딸애는 여전히 입에 넣은 카레라이스를 자근자근 씹으며 우주 공간에 혼자 앉아 있는 것처럼 무표정하다. 아무 일도 일어나지 않았고 아무것도 보이지 않는 것처럼 딸은 행동한다.

아버지에게는 이 가련한 두 여자가 보이지도 않는다. 오로지 제왕의 권위를 보여야 할 시녀들이 배석한 것으로만 여기는 가운데 정의의 심판을 내릴 모양이다.

"빨리…… 그따위로 편식을 하니까 그렇게 비리비리하지."

아버지의 목소리가 차라리 차분해진다.

위험성을 감지한 아들의 손이 머뭇머뭇 젓가락을 들어 깍두기 모양으로 썰린 작은 당근 한 토막을 집어 입에 넣는다. 그러고는 노지심이 개고기를 강제로 입에 넣어준 스님처럼 차마 씹지 못하고 이리저리 입안에서 굴려보다가 꿀꺽 삼킨다.

눈에 눈물이 그렁그렁해진다.

"깨작거리지 말고 당근만 숟갈로 푹푹!"

아버지의 엄명이 떨어진다.

아들은 숟갈을 들어 당근을 떠올린 후 입안에 넣는다. 우물우물하다가 그냥 삼키려는 아들에게 아버지는 다시 명령한다.

"꼭꼭 씹어……."

아들은 이제 체념한 표정으로 꼭꼭 씹는다. 그리고 꿀꺽 삼킨 후에 얼른 물컵을 들어 물을 마신다. 아이 마음속의 그림책에서 당근과 아버지가 함께 사라지는 순간이다. 사랑과 힘과 자유와 즐거움의 욕구가 다 사라지고 생존의 욕구도 좌절되는 순간이기 때문이다. 몇 숟가락에 당근을 다 씹어 삼키고 물을 마신 아이는 일어서서 식탁을 떠나려고 한다.

"무슨 버르장머리야. 식탁 예절이 그게 뭐야. 나머지 밥도 다 안 먹고……."

아들은 앉아서 자포자기한 표정으로 밥을 푹푹 떠서 마구 삼킨다. 이제 눈물도 사라진다.

아무 말도 없이 기묘하고 조용한 식사가 종교 예식처럼 진행된다. 드디어 아버지가 마무리를 장식한다.

"당신은 집에서 애를 대체 어떻게 기르는 거야. 공부를 제대로 못 가르치면 예절이라도 제대로 가르쳐야 할 것 아냐."

한 많고 죄 많은 아내는 남편의 성질을 더 건드리지 않으려고 애쓴다.

"다 제 잘못이에요. 어서 식사하세요."

저녁 후에 아들은 화장실에 들어가 물을 틀어놓고 소리 내지 않으려고 애쓰면서 먹은 것을 다 토한다. 아마 그 아이가 토하고 싶은 것은 지겨운 인생 그 자체일지도 모른다.

며칠 후 출장에서 일찍 돌아온 아버지가 무뚝뚝한 어조로 말한다.
"일이 잘 풀렸어. 우리 나가서 외식이라도 하지."
어머니와 아들과 딸의 절망적인 시선이 교차하지만 아무도 싫다고는 하지 못한다.
네 사람은 번듯한 고급 레스토랑의 방을 얻어 식탁에 둘러앉는다.
"이 과장 부인이 나처럼 가정적인 사람도 없을 거라고 너무나 부러워한대. 당신 생각은 어때?"
아내는 조용한 미소로 대답을 대신한다.
아버지는 시험관의 표정으로 아들에게 고개를 돌린다.
"그동안 공부 열심히 했는지 어디 아버지하고 테스트 좀 해볼까."
아들의 표정은 두려움으로 굳어진다.
"식사가 올 동안 심심한데 너 구구단 좀 외워봐라."
아들의 얼굴에 안도감이 스치더니 구구단을 외우기 시작한다.
"이일은 이, 이이는 사, 이삼은 육, 이사 팔……"
"아니, 그렇게 쉬운 거 말고 거꾸로……"
아이의 얼굴이 사색이 된다.
"얼른……"
"여보, 이제 곧 식사가 올 시간인데요."
그러나 무정한 웨이터는 아무 소식도 없다.
아들은 더듬더듬 시작한다.
"구구 팔십일, 구팔 칠십이, 구칠은, 구칠은……"
"육십삼."
딸이 작은 소리로 말한다.
"넌 가만 있거라."

아버지는 엄격하지만 자애 어린 표정으로 공부 잘하는 딸을 본다.

"구칠은 육십삼, 구육은 오십사, 구오는, 구오는······."

겁에 질린 아이의 기억력이 제대로 가동할 리가 없다. 기계도 기름을 치지 않으면 뻑뻑거리고 제 기능을 하지 않는데 하물며 감정을 지니고 있는 사람에 관해 말해 무엇하랴.

식탁이 조용해진다.

웨이터가 수프를 날라온다.

구원병의 등장에 어머니가 반색을 한다.

"이제 식사합시다. 식기 전에······."

"구오는?"

아버지는 아들에게 묻는다.

"구오는, 구오는······."

"아버지가 출장 가기 전에 구구단 거꾸로 백 번 이상 외우라고 이야기했지?"

"했어요. 저 애가 백 번 이상 했어요. 내 앞에서는 아주 잘했어요. 믿어주세요."

아버지는 전직 대통령 같은 아내의 말에 대꾸도 않는다.

"너, 일어서."

아들이 머뭇머뭇하며 엄마를 바라본다.

"내 말했지? 이 세상이 얼마나 험난한 곳인가. 자기 책임을 다하지 않는 사람은 먹을 자격도 없다. 네 본분은 공부 하나뿐인데 그 쉬운 걸 안 하려고 드니 너는 나쁜 놈이야······."

아들의 여위고 파리한 안색에 일순 홍조가 감돈다.

"일어서서 의자 뒤로 물러서. 그리고 거기 그대로 서 있어."

"여보, 벌세울 거면 그만 집으로 갑시다."

아내는 허둥지둥 일어선다.

"안 돼. 당신이 그 모양이니 애가 늘 저 모양이지. 당신은 앉아. 너만 일어서."

딸애는 말없이 무표정하게 수프를 다 먹고 빵을 손으로 잘라 싹싹 접시를 닦고 또 닦아 입에 밀어넣는다.

"잘못했어요. 아버지……."

아들이 모기만 한 소리로 사죄한다.

"아버지는 행동으로 보여주지 않고 말로만 하는 사과는 싫다. 구구단을 처음부터 거꾸로 다 외우든지 아니면 우리가 식사하는 동안 그 의자 뒤에 서 있어."

아들은 모기만 한 소리로 다시 필사적으로 외운다.

"구구는 팔십일, 구팔은 칠십이, 구칠은, 구칠은……."

아들이 눈에서 눈물이 뚝 떨어진다.

아버지가 팔을 뻗어 아이 앞의 포크며 나이프를 한쪽으로 소리가 나게 밀어붙인다.

"여보, 밥이라도 먹게 히고……."

아들은 단념한 듯 일어서서 의자 뒤에 선다.

"거기 서 있어. 인생에 좋은 교훈이 될 게다."

아버지가 냅킨을 펴서 무릎 위에 얹고 수프를 떠서 입에 넣더니 예사로운 듯 한마디한다.

"이 집 수프가 아주 괜찮은데그래."

그 순간 아내가 물컵을 들어 남편의 얼굴에 끼얹는다. 아내는 완전히 이성을 잃고 부들부들 떨고 경련을 일으키며 소리친다.

"인간도 아니야. 인간도 아니야. 인간도 아니야."

이게 이정숙이라는 여자가 남편에게 이끌려 상담받으러 오게 된 전말이다.

정말 상담받아야 할 사람이 누구인지는 우리 모두 다 알고 있다.

한 문제에 관한 열가지 답

어머니의 어린아이에 대한 사랑에는 아름답고 위대한 것이 있다.
그러나 본능적인 사랑만으로는 자녀를 잘 키울 수 없다.

―페스탈로치

초등학교 선생님이 산수 문제를 내었다. 평소에 산수를 싫어하던 아이가 열심히 계산을 하고 답을 제출했다.

"선생님 제가 이번에는 이 문제를 열 번이나 계산했어요."
"그래, 착하구나. 이번에는 답이 틀릴 리 없겠지."
"그런데 선생님. 여기 열 번 계산해서 나온 열 가지 답이 있어요."

이 이야기를 듣고 순순히 웃음이 나온다면 당신은 여유가 있는 부모다.

자녀가 태어나서 제일 처음에 만나는 가장 중요한 사람이 바로 어머니와 아버지다. 자녀와의 좋은 관계는 모든 인간관계 중에서도 가장 중요하고 우리 인생의 진정한 행복의 잣대가 되어준다.

우리가 살아가면서 원하지 않거나 싫은 인간관계는 어떤 형태로든지 청산할 수 있다. 단골가게 사람이 상한 물건을 팔아 속이 상하면 그 가게에 안 가면 되고, 애인과 의견이 결정적으로 갈라지면 안 만날 수도 있다. 이웃이 싫으면 이사 갈 수도 있고 배우자가 정 싫으면 헤어질 수도 있다. 우리나라 사람이라면 도저히 누구라도 참을 수 없게 거국적으로 인간관계에 싫증이 나면 이민을 가버릴 수도 있다. 학교 다니기가 싫으면 자퇴할 수도 있고 직장이 싫으면 그만둘 수도 있다.

물론 우리가 모든 관계들을 그렇게 시원스럽게 정리하기 어렵기 때문에 인생에 늘 갈등이라는 괴물을 데리고 다니면서 살아가고 있기는 하다.

어찌 되었든 자녀와의 관계는 우리가 어떻게도 청산할 도리가 없다. 홧김에 너는 내 자식이 아니라고 소리를 지르거나 더 극단적인 언사로 아주 호적을 빼서 나가버리라고 호통을 쳐볼 수도 있을지 모르지만 그 아이가 나와 피와 살을 나눈 내 자녀라는 사실은 청산되지 않는다.

부득이한 사정 때문에 자녀와 몇 년씩 만나지 못하는 경우가 생기더라도, 우리가 치매 노인처럼 자기 자식을 보고 어디서 뵌 분 같은데 누구시더라 하고 기억 속에서 지워버릴 수는 도저히 없는 일이다. 노인들이 "부부야 헤어지면 남남이지만 새끼덜은 그런 게 아니여. 잘 델 길더." 하고 낭부하는 게 다 이유 있는 발언이다.

그렇다면 자녀와의 관계에 남은 해결책이란 단 한 가지뿐이다. 그토록 끊을 수 없는 관계라면 임전무퇴의 화랑정신으로 잘 지내는 수밖에 다른 도리가 없다.

어떤 식으로든지 자기 자녀를 사랑하지 않는 사람은 없을 것이다. 아이러니컬한 일은 바로 그 내 나름대로의 사랑하는 방법 때문에 자녀와의 관계에 큰 문제가 생기는 경우가 많다는 점이다.

중국 고사에 어떤 사람이 희귀한 식물을 얻어다가 땅에 심은 후 그 식물만 들여다보고 또 들여다보다가 자라는 기색이 보이지 않기에 도와주느라고 조금씩 조금씩 그 잎을 당겨주어서 마침내 식물을 말라 죽게 만드는 이야기가 나온다.

우리가 다른 일을 전폐하고 자녀만 턱을 받치고 들여다보고 앉아 내가 원하는 잎을 내는가 안 내는가, 하루에 얼마씩 자라는가 안 자라는가 하고 바라보기 시작하면 문제가 시작될 확률이 높다.

아이들에게 필요한 것은 식물과 거의 비슷하다는 생각이 든다. 적절한 관심과 적절한 무관심이 함께 필요하다. 좋은 토양과 햇빛, 온도, 알맞은 수분 공급…….

이 정도의 배려만 있으면 식물은 제가 지닌 힘을 다해 가지와 잎을 길러내며 건강하게 자라난다. 화분을 아파트에서 길러본 사람들은 잘 알 것이다.

"왜 내가 기르기만 하면 화초들이 다 시들시들하지요."

이런 하소연을 하는 사람들도 많다. 아파트 내부가 건조하고 직접 햇빛을 받을 기회가 적어서 남다른 배려가 필요하기 때문이다. 식물마다 원하는 것이 조금씩 다르다.

매일 조금씩 물을 주어야 하는 것이 있고 며칠씩 그대로 두었다가 한꺼번에 듬뿍 물을 주어야 하는 것도 있다. 찬 곳에 놓아두어야 다음 해에 꽃을 피우는 식물도 있고 찬바람에 한번만 부딪히면 맥을 잃고 시들어버리는 식물도 있다. 아이들도 마찬가지이다.

부모역할 훈련에 관여하면서 느끼는 것은 다른 모든 분야와 마찬가지로 이즈음 부모들이 정보결핍이 아니라 정보과잉 때문에 일어나는 부적응 증상을 보이고 있다는 점이다.

수많은 전문가와 매스컴이 쏟아놓는 올바른 자녀교육 이야기의 홍수 속에서 표류하는 부모들이 많다. 게다가 그들에게 제공되는 정보 자체가 상반되는 경우도 드물지 않다.

아기가 울면 원하는 대로 수유를 해야 아기가 긍정적인 성격으로 자라난다고 말하는 전문가가 있는가 하면, 다른 전문가는 아이가 울고 보채더라도 정확히 시간을 맞추어 먹여 버릇해야 발육에도 좋고 성격 형성에도 좋다고 말한다.

사춘기 자녀의 방에 들어가지 말고 혼자만의 프라이버시를 존중하라는 전문가의 글이 아침 신문에 나는가 하면, 저녁 신문에는 자기 자녀의 방에 들어갈 권리를 포기한 부모는 이미 부모 자격이 없다는 다른 전문가의 글이 실린다.

전문가가 제공하는 각종 정보 중에서 냉철한 이성으로 도움이 되는 부분만 받아들여야 한다. 그렇지 않으면 우리는 당나귀를 팔러 길을 떠났던 부자와 비슷한 입장에 부딪히게 된다. 남들의 이야기만 듣고 혼자 탔다가 둘 다 탔다가 하다가 마침내 아버지와 아들이 함께 당나귀를 메고 가려는 바람에 놀란 당나귀만 물에 떠내려가버린 꼴이 되고 마는 것이다.

우리는 여러 전문가들의 등쌀에 못 이겨 자칫 훌륭한 어머니가 되지 못하는 콤플렉스에 빠지기 쉽다. 그러나 아이들을 낳아서 고아원에 갖다 주지도 않고 이렇게 열심히 길렀으면 정말 훌륭한 어머니다. 어찌 안 그렇겠는가. 우리가 만약에 아이들에게 해주는 정성의 반만 다른 사람에게 기울였다면 시장님이나 도지사님께 시민 선행상 받는 것은 떼어놓은 당상일 것이다.

어머니들이 항상 자신감을 가지고 생각해야 되는 것은 내 아이의 전문가는 나라는 사실이다. 어려서부터 가장 가까운 곳에서 그 아이가 커가는 것을 지켜보았고 그 아이의 성품, 특성들을 아주 잘 알고 있는 사람은 다른 사람 아닌 어머니 자신이다.

전문가가 들려주는 이야기는 보편적인 이야기의 함수이고, 어디에다 초점을 맞추고 있는지 시각에 따라서 나하고 견해가 다를 수도 있다.

전문가가 도움이 되는 경우도 물론 많다. 우선 자기 아이가 전체

아이들의 인구와 비교해볼 때 어느 정도의 정서적 문제를 지니고 있는 것인지, 아니면 자라는 과정에서 으레 발생할 수 있는 당연한 문제인지 부모들이 당혹스러운 경우도 많기 때문이다.

그런 의미에서 치료보다 예방에 초점을 맞추는 건강한 부모역할 훈련 프로그램 같은 모임에 한번 참석해보는 것도 권장할 만하다. 그런 모임에서는 일률적으로 어떻게 기르라는 교훈을 내리지 않기 때문이다. 여기서는 한 가지 정답이 또박또박 나오는 산수와는 달리 자녀 양육의 문제에는 한 가지 문제에 열 가지 답이 나올 수도 있다는 것을 체험해볼 수 있다. 또한 다른 부모들과 어울려 이야기를 나누며 자기 아이들의 긍정적인 측면을 새로운 시각에서 바라볼 수 있는 힘이 더 늘어나고, 아이의 행동에 대한 이해도도 저절로 폭이 넓어진다.

자기 아이가 바뀌었으면 하고 바라는 점에 관해 질문해보면, 여러 가지 이야기들이 쏟아져 나오기 시작한다.

"너무 산만해요."

"책임감이 없어요."

"성격이 나빠요."

"참을성이 없어요."

이런 경우에는 어떤 행동 때문에 그런 의견을 갖게 되었는지 세세하게 다시 묻는다.

"자기 방에 진득이 앉아서 공부하는 법이 없고 밖에서 벨 소리가 나거나 전화 소리만 들리면 뛰어나오는 거 있지요."

"숙제를 알아서 하지 않고 밤에 자라고 하면 그때 가서야, 아 참, 숙제가 있는데 하는 거예요."

"자기 동생한테 아무것도 양보하지 않으려고 들어요."

"밥 같은 걸 얼른 주지 않으면 화내는 거예요."

대개의 경우 다른 어머니들이 우리 애도 그래요 하고 동조하는 경우가 많다. 그래서 이야기를 나누어보면 자기 아이만 특별히 문제가 있는 것이 아니라 자라나는 과정의 그 아이 또래 아이들이 다 그런 것을 알고 마음이 놓이는 어머니들도 많다.

아홉 살 된 남자아이를 공부하라고 방에 가두어놓으면 공부에 별로 관심이 없고 밖에만 정신이 쏠려 뛰쳐나오고 싶어 하는 것은 사실 당연스러운 일이다.

우리는 그 아이를 산만하다고 부르지 않고 호기심이 많다고 부를 수도 있다. 문제가 되는 것은 그 산만성이 도를 넘어 자기가 해야 할 일을 전혀 수행할 수 없거나 학교 수업 진행을 방해할 정도가 되는 경우이다.

자기 일을 제때 챙기지 않는 아이들은 천하태평인 기질이 있지만 의외로 순발력이 뛰어난 경우도 많다.

동생에게 자기 것을 양보하려고 들지 않는 것은 다섯 살 난 아이가 보일 수 있는 자연스러운 반응 가운데 하나다. 오히려 문제가 되는 아이가 있다면 동생을 너무 잘 돌보아주고 뭐든지 양보하면서 인생을 다 산 노인네같이 구는 아이일 수도 있다.

아이들의 바람직하지 않은 어떤 행동이 수정될 필요가 있는 것은 사실이다. 그렇지만 수정을 요구하기 전에 내가 그 아이의 나이에 맞지 않는 너무 과도한 것을 요구하는 것이 아닌가 한 번 더 생각해보아야 한다.

이럴 때 우리가 기억해두면 좋은 것은 뿔을 바로 잡으려다가 소를 잃고 말 수도 있다는 속담이다.

가령 아홉 살 난 아이에게 학교에서 돌아오면 즉시 손발을 씻고 책상 앞에 앉아 예습 복습을 다 한 다음에 문제집까지 한 권 늠름하게 풀고 그러고도 남는 시간이 혹시 있으면 나가 놀아도 좋다고 말하는 건, 마치 콩쥐더러 흰콩과 검은콩이 섞인 가마니를 주면서 잔치에 가고 싶으면 해지기 전에 따로 골라놓으라고 당부하는 것과 같다.

"하지만 공부는 어려서 습관이 들어야 하는 거라면서요."

이렇게 항변하는 어머니들도 있다.

좋은 습관이 어려서 들면 좋은 것은 두말할 나위도 없다. 그러나 한창 크는 나이의 아이들에게 전혀 놀 시간이 없이 하루 온종일을 책상에 앉아 공부하라고만 강요하는 건 고문에 가깝다. 어려서는 강요받은 대로 따라하던 아이들이 고학년에 올라갈수록 공부에 흥미를 잃어 성적이 급전직하로 떨어지는 경우도 드물지 않다. 놀고 싶어 하는 아이들의 소망이 잘못된 것은 아니다.

문제는 아이들이 자라면서 원하는 것과 해야 하는 것 사이에 균형감각을 잡아야 하는 점이다. 아이들이 들여야 할 버릇은 자기가 스스로 공부할 계획을 하게 되는 자율성의 양성이다. 체벌까지 가미된 강요는 공부에 대한 장기적인 호기심을 다 없애버리는 데 오히려 기여하는 경우가 더 많다.

아이들에게 아주 중요한 것은 있는 그대로의 자기를 어머니나 아버지가 좋아하고 사랑해주고 있다는 자신감이다. 그렇게 행동하는 한 사랑해주지 않겠다는 전체 거부의 표시는 아이의 가슴에 큰 상처를 준다.

아이들의 행동 수정을 원하는 표현을 할 때 꼭 염두에 두어야 하는 중요한 점은 그 아이 성격이나 인간됨에 문제가 있다고 매도하는 모욕적인 언사를 쓰지 않아야 한다는 점이다. 곧 수정해야 할 바람직하지 않은 어떤 행동에 대해서만 엄격하게 이야기하고, 그 일과 관련되지 않은 다른 부분까지 함께 깎아내리고 모독하는 일은 하지 않는 것이 좋다는 것이다.

성격이나 인간성 전체를 비난하지 않고 말하기는 인간관계의 아름다운 덕목이고 특히 자녀 양육에서 아주 중요한 부분이다.

우리가 어떤 행동에 대해서 진심 어린 충고나 조언을 들으면 고맙게 받아들일 동기가 형성되지만, 전체적인 성격이나 태도에 대해 비난받으면 있던 동기까지 사라져버리는 것과 비슷한 이치이다.

"당신, 어머니에 대한 태도가 왜 그 모양이야? 여자가 성질은 못돼 먹어가지고."

"남자가 왜 그렇게 비겁해요? 중요한 순간에는 쏙 빠지고."

이렇게 인간 전체를 비난하는 배우자의 발언에 대해서 어떤 감정을 지니게 되는지, 전체 모욕을 받아본 경험이 있는 사람은 더 잘 알 것이다.

이제부터라도 우리가 한 가지 문제에 열 가지 답을 내볼 유연성을 가지고 자녀를 바라보면 그 아이의 좋은 점이 내 레이더에 더 많이 포착될 수 있을 것이다.

효도도 손발이 맞아야

진실을 말하기 위해서 필요한 것이 두 가지 있다.
그 한 가지는 말하는 것이고 또 한 가지는 들어주는 것이다.

―헨리 데이비드 소로

"4학년 된 아이가 암기해야 하는 사회공부를 하도 싫어하길래 방 안에 우리나라 지도를 크게 붙여놓고 아이를 그 앞에 앉혀놓고 꼬박 두 주일을 가르쳤지요."

한 어머니의 발언에 다른 어머니가 물었다.

"그래, 효과가 있었어요?"

"있었지요. 어디 어디에 광산이 있고 어디에 온천이 있고 어디에 분지가 있는지 몽땅 다 외웠어요."

"정말이세요?"

"문제는 그걸 다 외우게 된 사람이 나라는 점이었어요. 아이는 하나도 못 외웠어요."

폭소가 터진다.

"그래도 둘 다 못 외운 것보다는 낫네요."

한 어머니의 위로에 다시 웃음이 터진다.

문제를 제기한 어머니도 슬그머니 따라 웃는다.

"자기가 공부하고 싶지 않으면 엄마가 무슨 짓을 해도 소용없다는 것만 배웠어요."

"제일 큰 거 배우셨네요."

다른 어머니가 말한다.

부모역할 훈련에서 만난 어머니들은 즐겁게 웃으면서 체험 학습을 하게 된다. 정말 이 어머니는 제일 중요한 것을 저절로 배운 셈이다. 우리가 말을 물가로 끌고 갈 수는 있지만 물을 강제로 먹일 수는 없다는 실감이 나는 순간이다.

내가 꿈꾸는 자녀의 그림과 실재하는 자녀의 모습이 크게 불일치를 보일 때 부모가 괴로운 건 말할 필요도 없다.

남의 집에 초대받아 가서 은근히 당황스러울 때가 있다.

"아무개야. 여기 나와서 손님들 앞에서 그동안 배운 태권도 좀 해봐라."

이럴 때 아이가 나와서 씩씩하게 한번 보여주면 그야 물론 좋다.

어떤 때는 이제 겨우 취학 연령이 된 아주 내성적으로 보이는 남자아이가, 하기 싫어하는 표정이 역력한 채 안 하겠다고 몸을 비틀다가 아버지한테 방에 불려 들어가 무슨 기합을 받았는지 눈물이 글썽해진 채 나와서 목멘 소리로 구령을 부치면서 시범을 보이는 경우도 있다. 피차 괴로운 순간이다.

"아, 사내아이라면 대범해야지. 활발하고……."

이렇게 철석같이 믿고 있는 집에 태어난 내향형 남자아이는 산다는 게 죽을 맛이다.

"계집애가 왜 그렇게 덤벙대냐. 얌전하고 이쁘게 굴지 못하고……."

이렇게 야단만 치는 집안에 태어나 외향형 여자아이도 힘들기는 마찬가지다.

우리가 자녀에게 바라는 마음속의 그림이 있는 건 아주 당연한 일이다. 그 그림은 사려 깊고 타인에 대한 배려가 있는 사람이 되는 것일 수도, 훌륭하고 여유있는 사람이 되는 것일 수도 있다.

자녀가 인생의 기본기를 지닌 성숙하고 지혜로운 인간이 되기를 바라는 것은 당연하고 바람직하다. 그러나 그 그림이 아주 구체적이 되면 갈등이 시작될 조짐이 보이기 시작한다.

예를 들면 어느 대학 법대에는 기필코 들어가야 한다거나 하는 구체적인 그림들은 자녀가 부모를 만족시키기에 너무도 어려운 일이다. 그 그림들은 아이의 바람이나 기질보다는 부모의 이루지 못한 꿈이나 가치관에 더 크게 그 무게를 두고 있기 쉽기 때문이다.

자녀하고 다정하고 좋은 관계를 가지고 싶은 것은 모든 부모의 꿈이다. 그러나 그 좋은 관계라는 게 어느 한쪽의 노력만으로 쉽고 만만하게 이루어지는 일은 아니다.

효자와 불효자의 차이에 대한 이런 옛날 이야기도 있지 않은가.

어느 마을에 소문난 불효자가 살고 있었는데 하루는 자기 처지에 대해 반성하는 마음이 들었다. 그래서 자기도 효자가 되어야겠다고 생각하고 이웃 마을의 효자는 대체 어떻게 하고 지내는지 물으러 길을 떠났다.

어떻게 해야 효도하느냐는 질문에 효자는 친절하게 대답했다.

"예를 들자면 우선 지금처럼 추운 겨울에는 부모님의 자리에 먼저 들어가 누워 자리를 따뜻하게 덥혀놓습니다. 그러면 부모님이 추위를 느끼지 않고 따뜻하게 잠자리에 드실 수 있지요. 또 아침에는 신고 나가실 짚신을 저고리 품 안에 품고 있다가 따뜻하게 된 연후에 내어드려 발이 시리지 않게 외출하시도록 하는 겁니다."

불효자는 무릎을 쳤다.

"그런 일이라면 나도 얼마든지 할 수 있겠소. 거참 감사합니다."

밤이 되자 우선 이 불효자는 겉옷을 벗고 아버지의 이불에 들어가 이가 덜덜 떨리게 추운 걸 참고 이불을 녹여놓았다.

아버지는 방에 들어서자마자 소리를 쳤다.

"아니, 이놈의 자식이 이젠 아주 돌았나. 어디 감히 부모님 자리에 활개를 펴고 자빠져 있는 거야."

아버지는 불효자가 염화시중의 미소를 띠고 잔잔히 설명을 하려고 들자 냅다 아들 허리께를 발로 차면서 꼴도 보기 싫으니 어서 나가라고 고함을 쳤다.

불효자는 그날 밤을 참아 넘기고 아침이 되자 이제는 내 마음을 알아주려니 하고 새벽부터 나가 아버지의 짚신을 가슴에 품고 녹이고 있었다.

방문을 연 아버지는 툇마루에 서더니 두리번거리며 짚신을 찾았다.
"여기 있습니다, 아버지."

불효자는 자랑스럽게 품 안에서 짚신을 꺼내 댓돌에 올려놓았다.

아버지는 짚신을 올려놓는 아들의 뒤통수를 후려갈겼다.

"이놈의 자식아. 왜 이렇게 속을 썩이냐. 뭣 땜에 부모 신발까지 감추고 지랄이야."

불효자가 설명을 하려고 들자 아버지는 속 타 죽겠다고 입 닥치라고 고래고래 소리를 질렀다.

미침내 불효자는 효자가 되기를 단념하고 돌아서면서 한마디 중얼거렸다는 것이다.

"이런 젠장, 효도도 손발이 맞아야 해먹지."

이런 이야기를 들으면 어쩐지 가슴이 뜨끔해지는 사람도 있을 것이다.

윌리엄 포크너 원작인 〈에덴의 동쪽〉에 나오는 제임스 딘의 간절한 눈빛 연기를 사람들은 아직도 잊지 못할 것이다.

어떤 동기에서 그 일을 했는가를 묻지 않고 항상 자신의 가치관에 투입시켜 냉정하게 아들을 힐난하기만 하는 아버지를 끌어안고 절망적으로 우는 제임스 딘의 모습은 우리 가슴을 메어지게 한다.

항상 불량하고 나쁜 동기를 지니고 있다고 자녀를 질책하기 시작하면 아이는 자기도 모르게 그쪽으로 가는 길 위에 서게 된다.

실상 생각해보면 너무도 놀라운 일은 우리가 죽을 때까지 다른 사람의 마음을 모르고 죽는다는 사실이다.

물론 우리가 다른 사람의 마음을 유추하기도 하고 이러리라고 짐작을 하기도 한다. 가까운 사람들의 마음은 우리가 더 잘 안다고 할 수 있다. 그러나 그 사람이 자기 마음을 내놓지 않으려 들기로 하면 우리가 다른 사람의 마음을 알아낼 도리가 없다. 열 길 물 속은 알아도 한 길 사람 속은 모른다는 말도 있지 않은가.

일전에 고등학생인 딸이 너무 속을 썩인다는 이유로 상담을 대신 신청하러 왔던 어떤 어머니는 자신의 성격검사를 마친 후에 딸의 성격검사도 자기가 하겠다고 나섰다. 이 검사는 본인이 하지 않으면 안 된다고 하니까 자기가 그 애의 마음을 속속들이 다 알기 때문에 자기가 해도 그 애가 한 것과 똑같이 나올 거라고 주장했다. 그 딸아이가 왜 문제 행동에 들어가게 되었는지 어렴풋이 짐작이 가는 장면이었다.

우리가 다른 사람의 마음을 알고 싶으면 가만히 그 사람이 하는 말에 귀를 기울이면서 세심하게 그 사람의 표정이며 몸짓을 보고 진심으로 그 사람의 마음을 알아보려고 노력하는 것이 가장 좋은 방법이다.

인간관계에서 아주 위험해질 수 있는 일은 그 사람의 마음이 이렇다고 내 마음대로 단정한 다음에 그것이 사실이라고 믿고 상대방이 뭐라고 하든지 간에 자기 의견이 옳다고 밀어붙이는 경우이다. 우리가 대화가 중요하다고 말하는 이유는 바로 이런 데 있다.

어떤 아버지는 대화의 중요성에 관해 강의를 듣고 당장 집에 가서 고3이 된 아들을 앞에 불러 앉혔다.

그 대화는 이렇게 진행되었다.

"자, 너부터 대화 시작해봐라."

"……"

"아, 먼저 말해봐."

"할 말 없는데요."

"대체 뭐가 불만이냐?"

"저, 아무 말도 안 했습니다."

"그런데 표정이 왜 그 모양이야? 잔뜩 불만에 차가지고……."

"……"

아들의 표정이 더욱더 찌그러졌을 것은 안 봐도 뻔한 노릇이다.

아버지는 그 후에 이렇게 한탄을 했다.

"야, 거 대화 이렵습디다. 이거 어떻게 얘기가 씨알이가 먹혀야 대화고 뭐고 하지."

흔히 어떤 사람들은 말을 주고받는 것을 대화라고 생각하는데, 그 말에 마음이 담겨 있지 않다면 그것은 대화라고 보기 어렵다.

우리가 누구하고 대화한다고 할 때는 서로 마음을 주고받는 과정을 말한다고 할 수 있다.

'자, 내가 솔직하게 내 마음을 보여줄게 너도 있는 그대로 네 마음을 보여다오.'

이런 태도가 대화의 태도이다.
"너 지금 부모한테 반항하는 거냐?"
"뭘 잘했다구 입은 닷 발이나 나와서 그래?"
"그래, 너 잘났다."
"아버지가 알아봐라. 넌 이제 죽었다."
"그렇게 공부를 안 하고도 그래 성적이 잘 나오길 바라냐."
"테레비 꺼. 공부해. 얼른, 속 좀 그만 썩이고."
"애가 왜 그렇게 지긋지긋하게 돌대가리냐."
"도대체 넌 생각이라는 게 있는 애냐, 없는 애냐."
"그동안 많이 참아왔지만 이제 난 너라는 애 포기했다."

이런 말들은 독침처럼 자녀의 가슴속으로 후비고 들어가 상처를 남기고, 아이들이 입을 꽉 다물고 말을 더 이상 안 하게 만드는 극약 처방이 된다.

비난하고 위협하고 비웃고 경멸하는 어투는 자녀를 절망하게 만들기 때문이다. 행동은 결과적으로 어긋났더라도 대개 자녀의 동기는 그렇게 나쁘지 않은 경우가 많다. 중요한 점은 자녀의 마음은 무엇인가를 먼저 잘 들어보는 것이다.

"그놈들, 들어봐야 뻔하지. 웬 핑계 아니면 거짓말, 그렇지 않으면 변명……."

그런 생각이 든다면 당신은 자녀와의 사이에 두터운 돌담을 지금도 계속 쌓아 올리는 중이다.

만약에 아이들이 당신이 묻는 말에 예나 아니오의 대답 이외에 더 이상 입을 벌리려 들지 않는다면, 아이들이 입을 벌렸다가 받게 될 공격이나 오해가 두려워 아예 입을 다물기로 결심한 경우가 많다고 보아도 틀림이 없다.

 그 돌담을 한 단씩 낮추기 위해 필요한 작업이 마음을 열고 자녀가 무슨 생각을 하고 있는지 잘 들어보는 작업이 될 것이다. 자녀는 우리가 섬멸해야 할 수나라 병정들도 아니고 싸워 이겨야 할 왜구들도 아니다. 자녀는 우리에게 이해와 사랑을 받기 원하는 여린 마음을 지닌 아이일 뿐이다.

 큰숨을 한 번 쉬고 야단치고 싶은 마음을 한 번만 참고 아이의 말을 잘 들어보라. 그 아이의 말에 순수한 천진함과 정직함이 함께 있는 것을 발견하게 될 것이다.

 〈에덴의 동쪽〉의 마지막 장면에서 제임스 딘이 울며 웃으며 병들어 쓰러진 아버지의 침상 곁에 의자를 가져다 놓고 앉는 장면이 기억나지 않는가.

 "아버지가 나보고 곁에 있어달라고 하셨어. 저 시끄러운 간호사를 내보내라고……."

 처음으로 신뢰와 사랑의 표시를 보인 아버지의 말을 들으며 그의 가슴속 얼음이 녹아드는 장면은 음악과 더불어 부모와 자녀의 화해를 암시하는 입권의 감동적 라스트 신이었다.

사춘기 선언

인간만이 세상에서 괴로워한다.
그래서 웃음을 발명하지 않을 수 없었다.

―니체

"엄마, 나 건드리지 마. 나 사춘기야."

이렇게 말하며 폼을 잡는 중학교 일 학년 아들 때문에 죽겠다고 후배 하나가 하소연을 해온 적이 있다.

"아주 안하무인이에요. 부모를 우습게 알고 슬슬 비판하려고 들어요."

얼마 전 그 후배가 다시 전화를 했다.

"그 사춘기 아들 잘 있어?"

"아유, 말씀도 마세요."

"왜? 여전히 안하무인이야?"

"그 정도가 아니에요."

"그럼 인사불성인가 보구나."

"그래요, 바로 그래요."

후배는 웃음을 터뜨렸다.

"그런데 웃을 일이 아니에요. 어떤 땐 진짜로 너무 속이 상하는 거 있지요. 내가 뭘 잘못 길러서 이 아이가 이 모양인가 싶을 때도 있고요. 대체 뭘 원하는지 알 수가 있어야지요. 사춘기 아이하고 잘 지내려면 어떻게 해야 하는 거예요?"

"방법은 딱 하나 있지."

"뭐예요, 그게?"

"엄마가 가출했다가 아이가 사춘기가 지난 다음에 집에 돌아오는 거야."

"에이, 또 농담하시는 거지요?"

"응. 농담하는 거야."

우리는 둘 다 한참 웃었다. 후배가 말했다.

"한참 웃다 보니까 마음이 풀리는데요. 이제 슬슬 기운 내서 또 그 녀석하고 싸우러 들어가야 되겠는데요."

"그거 아주 좋은 생각이야. 너무 싸우지 말고 그 아이가 하는 이야기를 잘 들어봐. 그 아이도 괴로울 거야. 뭘 원하고 있는지 자기도 모르겠거든. 그래서 그렇게 주위 사람들을 들볶는 점도 있을 거야."

부모들을 괴기 영화처럼 으스스 공포에 떨게 만드는 게 바로 그 사춘기란 괴물인 경우도 있다. 착하고 말 잘 듣던 아이가 갑자기 반항적인 기질을 보이기 시작한다. 감정의 격렬한 변화를 보이거나 이유 없이 작은 일에도 화를 잘 내기도 한다.

대단히 논리적이 되기도 하고 자기 주위의 어른들에 대해 가차없이 비판적이 되기도 한다. 가수나 연예인에게 심취해서 온통 방 안을 연예인의 포스터로 도배를 하고 집이 떠나가게 음악을 듣기도 한다. 이제 어른들이 예사로 하는 말이 순순하게 들리지 않는 나이가 시작된 것이다.

한번 상상을 해보라.

초등학교 아이를 데리고 가던 어머니가 길에서 친구를 만났다.

"어머, 너네 아들이니? 참 잘생겼다. 얘."

"잘생기면 뭐하니. 공부를 잘해야지."

아이의 눈이 실쭉해진 것은 둘 다 눈에 들어오지 않는다. 오랜만에 만난 친구가 너무 반가워서다. 두 사람은 길가에서 싫도록 이야기를 나눈 다음에 말한다.

"아이고, 이렇게 혹을 달고 다니려니 얘기 한번 시원히 못 하네."

"정말 그래. 우리 언제 아이들 떼어놓고 나와서 만나 얘기라도 실컷 하자."

암세포도 아닌데 졸지에 혹이 되어버린 아이는 엄마 손을 잡고 가기는 하지만 더 이상 별로 즐겁지 않다.

이 장면을 아이하고 엄마하고 한번 바꾸어보자. 엄마 손을 잡고 가던 아이가 친구를 만났다.

"어머, 너네 엄마니? 참 예쁘다. 얘."

"예쁘면 뭐하니. 살림을 제대로 해야지."

이러고 멀뚱하게 서 있는 엄마를 곁에 놓아두고 아이돌 스타들에 관해 한참 얘기를 나눈 다음에 아이가 말한다.

"얘, 노상 엄마란 혹을 달고 다니니 가수 얘기 한번 시원하게 못 하네."

"정말 그래. 우리 언제 엄마들 떼어놓고 나와서 우리끼리만 실컷 가수 얘기 한번 해보자."

그래도 초등학교 저학년일 때는 이런 대우를 받는 동안 아이는 발로 땅바닥에 물고기도 그리고 몸도 비틀어보면서 좀 기다려준다.

그러나 사춘기가 시작되는 연령에 이르면 어림도 없다. 우선 얼굴 표정과 몸짓을 총동원해서 자기가 지금 견디기 어려운 상태에 있다는 걸 알리기 시작한다. 깡패들 표현을 빌리자면 인상을 쓰면서 폼을 잡기 시작하는 것이다. 혹은 이야기하는 동안은 참고 있을지 모르지만 돌아서자마자 반격이 시작된다.

"그 아줌마 왜 그렇게 교양이 없어요?"

"그게 무슨 말버르장머리야?"

"뭐, 엄마도 예의 바르게 말하지 않던데 뭘 그래요."

"어머머, 애 좀 봐."

"안 그래요? 옆에 아들을 세워놓고 혹이니 뭐니 하면서. 엄마 같으면 그런 소리 들으면 좋겠어요?"

"얘가 정말, 안 그러더니 요즘 나쁜 친구들하고 놀더니 이 모양이야. 너 그 건식이라는 애하고 놀지 마. 불량해 보이는 애하고 놀더니 물이 들었네."

"그렇다면 엄마도 저런 여자하고 놀지 말아요. 쓸데없는 수다나 떠는 여자하고 놀면서……."

"아니, 뭐야?"

엄마가 몸을 부르르 떨며 아이의 팔을 움켜쥐면 키가 엄마를 웃자라려는 아이는 슬쩍 엄마를 내려다본다.

"왜요? 한 대 쳐보시게요?"

이런 장면을 처음으로 겪어보면 자식 기르기 어렵다는 말이 실감난다고 어머니들이 하소연을 한다. 내 이 녀석을 다시 데리고 나가나봐라 하고 결심을 여무지게 하기도 한다. 그 문제라면 과히 걱정할 필요도 없다. 그 나이쯤 되면 어디 같이 가자고 할까봐 겁내는 경우가 더 많기 때문이다.

아이들이 듣는 데서 어른들이 예사로 하는 말을 듣고, '누구를 앤 줄 알아.' 하고 분개하기 시작하는 게 사춘기의 도입부다. 이름을 부르면 쪼르르 달려오지 않고 슬슬 어깨로 폼을 잡으며 어슬렁어슬렁 나타나서, '부르셨어요?' 하고 두 눈을 척 내리깔면 이제 사춘기로 본격적으로 들어가는 신호라고 보아도 틀리지 않다.

대체 언제부터가 사춘기인가. 학자들마다 견해가 다르지만 대체로

십이삼 세부터 이즈음에는 한 이십이삼 세까지 보기도 한다. 한 인간의 독립 연령이 그만큼 늦어지고 있다는 이야기이다.

생리적으로 보자면 사춘기가 시작된다는 건 사실 이제 아버지나 어머니가 될 수 있는 나이가 시작되었다는 신호다. 남자아이들은 목소리며 체격이 변하기 시작하고 여자아이들은 생리가 시작되면서 성적인 변화가 오기 시작한다. 이성에게 전과 다른 의미의 호기심이 샘솟듯 솟아나고 성적인 욕구도 자라나기 시작한다.

사회적으로는 타인이 인지하는 자신의 모습에 시선이 돌아가기 시작한다.

"그런 옷을 입고 나가면 남들이 다 깔봐요."
"숏다리라고 사람들마다 나를 비웃어요."
이런 소리를 예사로 하기 시작한다.

남들이 자기를 어떻게 보는가가 너무도 중요하다. 심리적으로 이 모든 변화를 겪으면서 어찌 불안하고 두렵지 않겠는가. 이제 이 아이는 더 이상 어린아이가 아닌데 아직 어른도 되지 못한 것이다. 사춘기 아이들을 주변인간이나 중간인간이라고 부르기도 하는 이유가 여기에 있다.

어른들은 이 시기의 아이들을 자기 편리에 따라 《이솝 우화》에 나오는 박쥐떼를 다루듯 이쪽저쪽으로 마구 섞어서 분류한다. 동생 초콜릿이라도 좀 뺏어 먹으려다가 울리기라도 하면 "왜 애들처럼 그러냐, 다 큰게." 이런 호령이 떨어진다. 이사 가는 일을 의논하는 어머니 아버지한테 끼어들어 나는 가기 싫다는 의견을 내어놓았다가 애들이 어른 일에 참견하지 말고 공부나 하라고 야단을 맞기도 한다.

어린이날이 와도 더 이상 "대공원에 갈래?" "뭐 먹고 싶니?" 이런 아부성 발언도 해주지 않고 그렇다고 어른 대우를 해주지도 않는다. 이성 친구한테 전화라도 오면 상당히 교양 있다고 자부하는 어머니나 아버지도 전화를 바꿔주기는 하지만 멀리서 은근히 감시를 게을리하지 않는다. 완고한 부모는 이성 친구에게 전화가 오기만 하면,

"없다. 쪼끄만 것들이 공부나 하지 않고 허어, 세상이 어떻게 되려고……."

이렇게 시국 개탄론을 펴기도 한다.

독일에서 한때 풍미했던 문학사조처럼 이때를 질풍노도의 시대로 표현하는 것도 무리는 아니다. 사춘기의 아이들은 어린아이처럼 의존하고 싶기도 하고 어른처럼 독립하고 싶기도 하다. 극도로 이상적이 되었다가 극도로 현실적이 되기도 한다. 희망이 용솟음쳤다가 절망에 금세 빠지기도 한다. 이렇게 부글부글 끓는 정서를 속에서 끓이고 있으려니 겉으로 나타나는 태도가 전 같을 리 없다.

거기다가 여러 가지 측면에서 어린아이의 시기를 벗어나 힘이 생기기도 한다. 육체적으로도 그 힘이 강해지고 논리적으로도 사물의 인과관계를 설명해볼 만한 힘이 생긴다. 어른들 세계의 모순도 힌눈에 들어온다. 우선 아주 가까이에서 모순되는 정보를 가장 많이 제공해주고 있는 부모를 보면서 이 아이들이 비판적 논리 능력을 기르는 통에 부모는 죽을 맛이다.

그렇지만 이 시기를 잘 겪어내기만 하면 성숙하고 지혜로운 어른이 될 수 있는 길을 닦게 된다. 이 시기를 잘 넘기지 못하면 여러 문제에 휘말리면서 인생이란 곡예에서 추락하는 경우도 생긴다. 실제로 범죄나 정신병의 발생률이 이 시기에 아주 높다고 보고되고 있다.

청소년 선도 보호를 외치고 관대한 선처를 호소하는 이유도 바로 이 불확실성에 있다. 애정과 관심을 지니고 방향만 바로잡아 주면 어려운 대로 자기 길을 찾아갈 수 있는 힘은 있기 때문이다. 그러나 처벌 위주로만 방향성을 틀면 자기 가능성을 다 소진하고 낙오하기 쉬운 것도 바로 이때다.

사춘기 때는 인간을 전체적으로 보는 힘이 아직 약하고 그 사람의 어떤 한 부분에 광적으로 미혹을 느끼고 몰입하기도 한다. 노래 잘하는 아무개 오빠의 집 앞에 가서 눈물을 흘리고 기절을 하면서 오빠를 연호하는 것도 이런 소치다. 아무나 쉽게 좋아하고 아무에게나 또 쉽게 환멸을 느낀다. 이들이 좋아하는 노래는 사랑의 비탄에 잠긴 노래들이 많다. 센티멘털한 정서가 폭발하는 시기이다.

에릭 레이너라는 정신과 의사는 사춘기 아이들이 비탄에 젖은 우울한 노래들을 좋아하는 이유가 자기들의 순수했던 어린 시절과의 결별에서 오는 회한과 상처 때문이라고 말한다. 아직 세상에 눈뜨지 못하고 모든 것을 자신의 주관적 눈높이에서만 보던 어린아이의 시절이 영원히 가버린 것에 대한 죄책감과 슬픔을 느낀다는 것이다. 어떤 측면에서는 일리 있는 이야기이다.

어느 상담가는 구태여 이유를 분석하려고 들지 말고 자녀들의 사춘기라는 인생의 태풍이 지나갈 때까지 가만히 엎드려 있으라고 충고하기도 한다. 그저 그 아이의 마음을 이해하고 사랑해주면서 방향성이 엇나가지 않도록 돌봐주는 도리밖에 없다는 것이다.

위스턴 처칠이 한 이야기가 있다. 사춘기 때는 하도 문제가 많아 보여서 부모가 이것저것 충고를 상당히 해주었는데, 그 충고 영향이 었는지 나중에 성장해서 바라보니까 썩 괜찮은 사람이 되어 있더라는 것이다. 재미있는 이야기다.

사춘기 자녀들하고 요즘 흔한 컴퓨터 통신으로 이런 메시지 전화라도 가설할 수 있다면 이 시기를 잘 지나가는 데 크게 도움이 될 것이다.

"애야, 엄마의 마음을 알고 싶으면 번호 1번을 눌러라. 아버지 마음을 알고 싶으면 번호 2번을 눌러라. 그저 잘난 척하고 싶으면 번호 3번을 누르고 뭔가 조목조목 비판하고 싶으면 번호 4번을 눌러라. 그저 울고 싶으면 번호 5번을 누르고, 도대체 왜 걸었는지 모르겠거든 번호 6번을 눌러라. 잘못 알아들어서 처음부터 다시 듣고 싶으면 번호 7번을 눌러라. 이유도 없이 폭발할 것 같으면 애야, 제발 전화를 끊고 어디로 두더지 잡기 게임을 하러 가서 실컷 두들기고 오려무나."

세대차이

자녀가 자신은 사랑받고 있고
인정받고 있다고 느끼도록 하는 것이
자녀에 대한 사랑이다.

—A. S. 닐

캠퍼스에 나도는 유머 가운데 이런 이야기가 있다.

- 잘생긴 남녀가 어울려 다니는 경우.
  - 참 잘 어울리는 커플이다.
- 못생긴 남자와 잘생긴 여자가 어울려 다니는 경우.
  - 저 남자 능력 있나봐.
- 잘생긴 남자와 못생긴 여자가 어울려 다니는 경우.
  - 저 여자 돈 많은가봐.
- 못생긴 남녀가 어울려 다니는 경우.
  - 저 사람들 정말 사랑하나봐.

이 이야기를 듣고 웃음이 터져 나오면 당신은 이즈음의 신세대 자녀를 좀 더 이해할 힘이 있다.
"존귀한 사랑을 그렇게 모독하다니. 도대체 이것들은 어디에 가치를 두고 있는 거야?"
이렇게 열이 나기 시작한다면 당신은 그들의 관점에서 볼 때 한다 하는 고물 부모다. 그 표현이 싫으면 고전적인 부모라고 달리 불러줄 수도 있겠다.
애인과 헤어졌지만 태연히 밥도 잘 먹고 뭐 저 아니면 남자나 여자가 없나 하는 태도로 멀쩡한 것을 보면 다행이면서 허전하기도 한 게 성년 자녀들을 둔 부모들의 마음이다.
자녀들이 커가면 이제 좀 수월해지리라고 믿고 열심히 아기들을 키우는 젊은 엄마들을 보고 한숨을 푹 내쉬면서 "더 커봐. 문제도 더 커지니까." 이렇게 한탄하는 부모의 숫자도 결코 적지는 않다.

자녀가 성장한 후에는 햄버거나 로봇 장난감 같은 문제를 떠나 본격적으로 사고방식이 다른 어른과 어른으로 다시 만나는 준비를 해야 하기 때문이다. 우리나라는 가치관의 혼돈 속에서 몇십 년을 지나오는 동안 부모와 자녀의 갈등이 더 골이 깊어진 점도 많다.

아주 오래전 이차대전 당시 유태인의 학살을 다룬 영화를 본 일이 있다. 제목도 내용도 거의 잊었지만 한 가지만은 기억 속에 생생하다.

죽음의 유태인 수용소에 끌려가기 직전에 부모는 일곱 살 정도 된 오빠와 다섯 살 정도 된 누이동생을 뒷문으로 탈출시킨다. 대륙을 가로질러 친척이 사는 미국으로 가는 배를 타는 곳까지 가라고 지도를 주면서, 아버지는 아이들을 붙잡고 눈물과 땀에 젖은 채 말한다.

"세상이 다 우리를 죽이려고 한다. 그러니 지금까지 배웠던 모든 도덕을 다 잊어버려라. 해야 하면 거짓말도 하고 필요하면 훔치기도 해라. 어떻게 해서든지 살아남아야 한다. 다른 사람을 해쳐야 하면 그렇게 해도 좋다. 살아야 한다. 어떻게 해서나도. 자, 이제 가거라."

이 두 남매는 온갖 고초를 겪으며 걷고, 차를 얻어타고, 위험에 봉착하며 해안으로 탈출하는 길을 따라간다.

가끔 그 장면이 굴곡이 강한 판화의 그림처럼 떠오른다. 우리는 어떤 가치관을 어떤 경우까지 고수해야 하는 것일까. 시대가 부정의 때문에 병들면 부모와 자녀 간의 갈등도 깊어진다.

가치관의 충돌은 사회적이고 본질적인 것부터 사소한 일상생활의 습관까지 다양한 곳에서 이어진다.

인간은 일찍 일어나야 한다고 믿는 아버지와 시험준비에 시달려 며칠 밤을 새우고 하루쯤 쉬는 날 잠옷을 입고 빈둥거려도 좋다고 믿는 아들이 아침 열 시쯤 거실에서 만나면 아버지의 눈길이 곱기 어렵다.

"지금 몇 신데 아직도 파자마를 입고 있느냐."

"어제 밤새워서 공부하느라구요. 한잠 더 자야겠어요."

"공부라는 건 제때제때 해야지. 미루지 말고."

"컴퓨터 작업은 몰아서 해야 하기 때문에 그래요."

"그 말 대답하는 태도가 뭐냐. 옷 입은 거 하며……."

"제 일은 제가 알아서 합니다."

드디어 아들의 볼멘소리가 나온다.

이 순간 아버지도 아들도 서로가 너무나 마음에 들지 않는다. 다 큰 자녀의 행동이 마음속으로부터 못마땅할 때 부모는 어떻게 하면 좋을 것인가. 참자니 울화가 치밀고 뭐라고 잔소리를 하자니 이길 자신이 없는 경우도 있다.

담배를 피우는 아버지가 아들보고 끊으라고 해봤자 별로 설득력이 없다.

"나야 얼마 더 못 살 거 아니냐. 너야 앞길이 구만리 같은 놈이……."

"그러니까 아버지라도 담배를 끊고 여생을 편히 사셔야지요."

이런 반응이 되돌아오면 도로아미타불이다.

자신은 가난한 사람들을 경멸하는 언사를 늘 쓰면서, 어린 딸이 어려운 사람을 깔보는데 어떻게 고치면 좋겠느냐고 묻는 어머니도 있다.

"과외교사들을 너무 낮추보는 거예요. 그렇게 어렵게 여기라고 떡 먹듯이 일러도 소용이 없어요. 냄새가 난다는 둥, 옷을 너무나 싸구려만 입고 다닌다는 둥……."

겸손하라고 아무리 일러주어도 부모가 그 본을 보이지 않으면 소용이 없다는 이야기다. 게가 자기는 모로 걸으면서 아무리 바로 걸으라고 새끼 게를 훈계해도 소용이 없는 것과 같은 이치다.

부자가 함께 길을 가다가 지갑을 주워 아들이 파출소에 갖다 주자고 한다. 그래 봤자 주인 손에 들어가지 않을 테니까 이왕이면 쓸 만한 사람이 그 돈을 가지는 것이 낫고 바로 그 쓸 만한 사람이 자기라고 강변하는 아버지가 자녀에게 아무리 정직을 말해봤자 설득력이 있기 어렵다.

식사시간에 조용히 하라고 야단치면서 자기 혼자 떠드는 아버지도 아이들에게 존경받기는 어렵다.

자녀들의 가치관은 거의 부모를 모델로 해서 닮는 성향이 있다는 연구 결과가 있다. 부모가 말로 어떤 표현을 하든지 간에 실제로 생활하는 방법을 자녀는 그대로 닮는다는 것이다.

가치관이 자기와 다른 자녀에게 힘을 사용해봐도 별무소용이고 오히려 역효과만 나는 경우가 많이 있다. 이럴 때는 우리가 여러 가지 사실이나 자료로 단단히 무장하고 자녀와 마주 앉아 이야기를 나누어 볼 수도 있지만, 변화는 어디까지나 자녀 자신에게 맡겨두는 것이 좋을 것이다.

자녀와 함께 의논을 나누기 위해 부모에게는 적절한 권위가 필요하다. 우리는 권위란 말의 사용에서 가끔 혼돈을 겪는 경우가 있는

데, 이 뜻을 두 가지로 사용하고 있는 셈이다.

저 사람은 나비에 관한 권위자라고 하면 그 사람이 그 방면에 노련한 지식과 경험과 정보를 지니고 있다는 것을 의미한다.

저 사람은 보수적이고 너무 지나치게 권위만 찾는다고 우리가 말할 때는 그 사람이 자기 힘을 이용해서 사람들을 휘두르려고 드는 경우이다.

부모에게 필요한 것은 첫 번째 권위이다. 자녀의 마음에 관한 이해와 삶에 대한 자기 나름대로의 지혜와 인식이 자녀에게 큰 도움을 줄 수 있다. 그러나 그렇게 하면 등록금을 주지 않겠다든가 그렇게 하면 너한테 실망이 되어서 사랑해주지 않겠다는 메시지를 암암리에 던지는 것은 두번째 부정적 의미의 권위 행사다. 아랫사람들은 그러한 권위를 행사하는 사람들 앞에서는 복종하는 태도를 보이지만 뒤로는 저항과 비판이 일어난다. 부정적인 권위를 내세우는 태도는 사람들의 기본 욕구를 억누르기 때문이다.

가치관이 다른 자녀에게 분노의 감정이 솟구쳐 오를 때면 스스로에게 가만히 물어보는 것이 좋을 것이다.

"왜 이렇게 화가 나는가."

화는 겉으로 드러나는 감정이고 대개 그 밑으로 숨겨진 다른 정서들이 있기 때문이다. 상처와 공포, 거부, 미움, 좌절 등의 여러 가지 복합적인 정서다.

대개 상담이나 집단활동을 통해서 자녀와 심각한 갈등을 겪는 사람들을 만나보면 배우자와의 갈등이나 이루지 못한 자신의 한이나 좌절감이 자녀에게 이전되어 나타나는 경우도 드물지 않다.

지하철역이나 백화점, 식당 같은 데서 우리들은 가끔 극단적인 두 종류의 부모를 만나게 된다. 무서울 정도로 화를 내고 어린 자녀를 야단치는 부모와 지나칠 정도로 아이들이 마구 행동하도록 내버려두는 부모이다.

아이들을 한 팔만 붙잡고 질질 끌고 가거나 우는 아이에게 욕설을 퍼부으면서 때리는 장면을 보면 가슴이 답답해진다.

'잘한다' '우리 편 어른들. 파이팅!' 그런 생각은 들지 않는다. 아이에게 아직 힘이 없는데 부모가 명백히 감정적으로 폭력을 행사하고 있기 때문이다. 그 반대로 아이들이 하는 대로 끌려다니며 어쩔 줄 모르는 부모를 볼 때도 마음이 딱하다. 자녀를 어느 정도로 부드럽게 사랑하고 어느 정도로 엄격하게 훈육해야 하는 것인지 우리가 끊임없이 스스로에게 묻지 않을 수 없는 이유가 바로 여기에 있다.

세대 간의 차이를 극복하는 힘은 우리가 자녀에게 줄 수 있는 것이 나와 똑같은 생각이 아니라 사랑뿐임을 깨닫는 데서 우러나오는 것이 아닐까. 상대를 꺾으려고 들지 않는 부모와 자녀가 서로 다정한 눈길로 바라보는 모습을 보고, 두 사람이 못생기지 않았더라도 사람들은 말하게 될 것이다.

"저 사람들 정말 서로 사랑하나봐."

5. 길을 잃은 사람들

관처럼 보이는 피아노

포도나무의 비유

부화하는 개구리

과거라는 강

속박의 쇠사슬

죄의식의 수렁

관처럼 보이는 피아노

피아노에 앉은
여자의 두 손에서는
틀림없이
열 마리씩
스무 마리씩
신선한 물고기가
튀는 빛의 꼬리를 물고 쏟아진다.

―전봉건의 시 〈피아노〉에서

"나는 피아노가 정말 싫어요."
 진희가 나를 만나러 왔을 적에 처음에는 아무 이야기도 하지 않으려고 들었다. 그러다가 말문이 열리자 격정적으로 자기 감정을 털어놓았다.
 눈에 우울한 빛이 담긴 여대생이었다.
 처음에는 음성도 단조롭고 시선도 마주치지 않고 그저 마지못해 대꾸하기만 했다.
 어머니가 음악 레슨을 받으러 가지 않겠다고 울면서 몇 달 동안 절대로 피아노를 치지 않으려는 딸을 달래기도 하고 화도 내고 하다가 데리고 온 경우였다.
 "학교는 그만두겠어요."
 진희의 태도는 단호했다.
 유수한 대학의 기악과를 다니면서도 진희의 자기 존중감은 극히 낮았다.
 "머리가 텅텅 빈 사람들이나 다닐 곳이에요."
 진희의 그림은 하도 확고해서 다른 이야기가 뚫고 들어갈 틈이 없었다.
 "진희가 원하는 건 뭐예요?"
 "다른 대학에 입학시험 봐서 다시 들어가겠어요. 공대에 가겠어요."
 "공대에 가면 어떤 점이 좋아지리라고 생각하는데……?"
 "머리를 쓰는 일을 하면서 살고 싶어요. 그러면 사람들이 나를 돈으로 휘감아 학교에 간 애가 아니라고 생각할 거예요."

"진희도 그렇게 생각해요?"

"저는요. 중학교 때도 고등학교 때도 몇 번이나 진로를 바꾸고 싶다고 했어요. 그렇지만 예고를 다니다가 중간에 그만두면 삼류대학도 못 간다고 엄마가 늘 위협했어요."

"엄마가 위협하면 진희는 어떻게 했는데?"

"뭐, 울기도 하고 그랬지만 하는 수 없다고 단념했지요."

"피아노 치면서 즐겁게 느껴진 적도 있었을 텐데……."

"없어요. 그런 적이 언젠지도 모르겠어요. 숙제, 숙제, 시험. 정말 지겨워요. 음악이 그저 좋아서 흐르듯이 피아노를 치면 그야 좋겠지요."

"그럼 엄마가 강요하기 때문에 음대를 간 건가요?"

"그럼요."

나는 잠시 침묵했다.

"진희가 원해서 간 부분은 전혀 없어요?"

"없어요."

그녀의 어조는 단호했다.

"어머니가 매일 따라다니면서 진희를 끌고 다녔어요?"

"예."

진희의 얼굴은 분노에 차 있었다.

"그게 지금 생각하니까 더 화가 나요. 책도 보고 내 마음대로 어디도 못 가보고 그저 어릴 때부터 피아노, 피아노, 피아노……."

"그래도 소질이 있으니까 그렇게 어려운 음대에 들어간 거 아니야?"

"그렇게 맨날 끌고 다니면서 노예 다루듯 하면 어떤 바보도 들어갈 거예요."

"나는 참 피아노가 좋은데 잘 못 치거든요. 누가 나를 노예 다루듯 아무리 끌고 다녔어도 기악과 들어갈 만큼 도저히 못 쳤을 거야. 나는 지금도 피아노 잘 치는 사람을 보면 아주 부러워."

진희는 시선을 들어 가만히 나를 살펴보았다.

"정말이세요?"

"진심이야."

내가 정색을 하고 말하자 그녀는 잠시 사이를 두었다가 말했다.

"저는 선생님같이 살고 싶어요. 책도 많이 보고…… 사람들이 다 선생님보고 머리 좋다고 하지요?"

"아니야. 그런 소리 들어본 지 오래 됐어요. 그래서 아무도 안 해주니까 내가 하지. 전화번호 같은 거 기억해낸 다음에 나 머리 좋지? 이렇게 강조해보기도 하고……."

내가 웃자 진희도 어렴풋이 웃었다. 만난 후에 처음 보이는 미소였다.

"그거야……."

"나는 진희가 참 머리가 좋구나 하는 생각을 하고 있었는데, 자기 의사표시나 감정표시를 명료하게 잘해서……."

"절 위로하려고 놀리시는 거지요?"

"아니야. 그런데 내가 궁금한 게 있는데 머리 좋다는 소리 듣는 게 뭐 인생에 도움이 돼요?"

진희는 크게 웃었다.

"누가 뭐 도움이 돼서 그러나요. 사람들이 음대 다녀요, 하면 아,

그래요. 참 좋겠군요라면서 저를 바라보는 시선이 너무 싫어요. 부모 잘 만나서 머리가 텅텅 빈 게 돈만 퍼들여가지고, 꼭 이렇게 말하고 있는 것 같아요."

"그 사람들이 그렇게 말해요?"

"말로 한 적은 없어요."

"그렇게 어떻게 그렇게 생각하는 걸 알게 됐어?"

진희는 고개를 약간 숙였다.

"그거야 보면 모르나요."

"난 사람들이 말할 때까지 나를 어떻게 생각하고 있는지 잘 모르겠던데……."

"정말이세요?"

"정말이야. 혹시 그거 진희 생각 아니야? 안 그러면 그 사람이 말도 안 하는데 어떻게 그러리라고 알 수 있어요?"

진희는 충격받은 듯 잠시 대꾸하지 않았다.

"그럼 그게 제 생각일 뿐이라는 말씀이세요?"

"그럴 수도 있지 않은가 하고 생각했어."

"아녜요. 친구들하고 얘기해보면 그렇게 생각하는 사람들 많아요."

"그런데 우리가 어른이 된다는 건 다른 사람이 어떻게 자기를 보는가보다 내가 나를 어떻게 보는 게 더 중요한 걸 알게 되는 거 아닐까?"

"……"

"진희가 자기를 능력 있고 머리 좋은 사람이라고 보지 않으면 공대에 간다고 그 문제가 다 풀릴 것 같지는 않은데……."

"그래도 갈 거예요."

"지금 3학년인 걸로 알고 있는데 갑자기 학교를 그만두고 거기 입학하는 게 제일 좋은 길이라고 믿고 있어?"

"안 좋아도 괜찮아요. 어머니는 그저 내가 졸업하기만 바라서 선생님한테도 보냈을 거예요. 그전에 나를 설득하듯이…… 그래 가지고 어딘가 좋은 집에 시집보내는 게 목표일 거예요. 틀림없어요. 절대로 그런 일이 일어나지 않게 할 거예요."

"공대에 가려고 지금 어떤 준비를 하고 있어?"

진희는 잠시 멈칫하는 기색이었다.

"아무것도 안 하고 있어요. 어머니, 아버지가 너무 반대하거든요."

나는 고개를 끄덕였다.

"그럼 지금처럼 학교도 안 나가고 레슨도 받지 않고 공대에 가겠다고 주장만 하고 있으면 진로가 뚜렷해질 수 있을까?"

진희는 잠시 침묵하다가 호소하는 눈빛으로 나를 바라보았다.

"도움이 될 리가 있어요? 그렇지만 이렇게 질질 끌려다니며 생전 살고 싶지는 않아요. 이러다가 아무것도 못할 거예요. 요새는 죽고 싶은 생각만 들어요."

"내가 알고 싶은 게 있는데 만약에 사람들이 진희가 총명한 것을 인정해준다면 꼭 공대에 가지 않아도 되겠어?"

"그렇겠지요."

"우리 이렇게 해보면 어때요? 머리가 좋다고 생각되는 사람들이 하는 걸 한번 말해봐요. 어떤 거 해보고 싶어요?"

"컴퓨터요. 내가 좋아하는 책들도 실컷 보구요."

"컴퓨터 할 줄 알아요?"

"만질 줄도 몰라요."

진희는 이마를 찡그렸다.

"하여튼요. 책도 마음껏 못 읽게 하고 피아노 치는 데 방해가 되는 건 뭐든지 하지 못하게 해서 내 앞길을 꽉 막아놓은 어머니가 미워요. 공대고 뭐고 다 안 가도 좋으니까 학교를 그만둬서 어머니 마음대로 되지 않는다는 걸 보여주고 말 거예요."

단정하고 온순한 사춘기를 보낸 후에 억눌린 정서가 극도로 폭발한 경우였다.

진희는 내게서 책을 몇 권 빌려 갔다.

그녀는 뜻대로 안 되는 인생에 관해 떼를 쓰고 있었고 행동 중의 많은 부분이 어머니에 대한 감정풀이인 것으로 느껴졌다.

"요새는 피아노를 보면 커다란 관이 놓여 있는 것처럼 느껴져요. 지긋지긋해요."

피아노가 관처럼 보인다는 충격적인 은유를 들으면서 본인의 의지를 꺾고 부모가 진로를 강요하는 경우에 일어나는 후유증의 무거움에 대해 어두운 마음이 들었다. 이는 다른 곳에 가거나 상황만 바꾸면 해결되는 경우가 아니었다. 마음속에 있는 자기상에 대한 변화와 이제부터 어느 쪽으로 갈 것인가에 대한 진지한 성찰과 선택이 필요했다.

여러 번 만난 후 진희는 자기가 고집하는 일들이 진정한 방향성을 지닌 일이 아니라 자기를 마음대로 휘둘러왔다고 느껴지는 어머니에 대한 저항감이라는 것을 인지하게 되었다. 방학 동안 컴퓨터를 사고 배우기 시작하면서 진희는 우울한 정서가 많이 감소되었다.

어머니는 따로 상담을 받았는데 애정과 정성으로 보살펴왔다고 믿어온 딸애의 저돌적인 거부와 행동에 당혹감을 금치 못했다. 피아노에 관해서 한마디의 강요도 하지 않기로 약속한 어머니는 고비를 넘기기 힘들어했지만 열심히 노력했다.

진희는 모든 강요가 사라진 후에도 어머니가 자기가 피아노 치기를 원한다는 걸 알기 때문에 절대로 안 치겠노라고 고집을 부리고는 했다.

어느 날 진희는 내가 듣고 싶다고 하자 우리 집에서 쇼팽의 곡을 들려주었다. 아름다운 연주였다. 타고난 소질도 많고 감정도 풍부했다.

진희는 그 후 다시 피아노를 치기 시작했다. 어머니와의 관계도 좋아지고 명랑함을 되찾았다. 다양한 정서가 담긴 선율을 진희가 더 많은 사람들에게 들려주어 삭막한 세상에 기쁨을 전해줄 수 있기를 기대해본다.

포도나무의 비유

가난하다는 말은 너무 적게 가진 사람을 가리키는 말이 아니라
더 많이 바라는 사람을 두고 하는 말이다.

―세네카

옛날에 포도나무가 한 그루 있었는데 이 포도나무는 매년 사람들이 와서 자신의 몸에 열린 포도를 따 간다는 사실을 알게 되었다. 포도나무는 오랫동안 관찰한 끝에 자신에게 조금이라도 감사를 표하는 사람이 아무도 없다고 생각하게 되었다.

어느 날 현인이 이 포도나무 근처에 와서 앉았다.

'이건 의문점을 풀 좋은 기회로군.'

포도나무는 이렇게 생각하고 현인에게 다음과 같이 물었다.

"현인이시여. 보시다시피 저는 포도나무입니다. 내 몸의 열매가 익을 때마다 사람들이 와서 그것을 따 갑니다. 그런데도 감사를 표시하는 사람은 한 명도 없습니다. 이 점을 설명해주실 수 있겠습니까?"

현인은 잠시 동안 생각에 잠겼다가 말했다.

"그 이유는 아마도 포도를 따 가는 사람들 모두가 당신은 포도를 생산해내지 않고는 배겨낼 수 없다고 생각하기 때문인 것 같소."

허리가 휘도록 힘들게 살아온 인생의 보답 없음을 한탄하는 사람들에게 이 이야기가 도움이 되지 않을까 싶다. 수고하고 짐 진 자신의 삶에 대해 다른 사람들이 감사를 표시하지 않는 것이 너무도 억울해 마음에 병이 든 사람들도 있기 때문이다.

한 내담자는 온몸이 아프고 소화가 되지 않고 불면을 호소하는 증상이 점점 더 심해져 병원에서 종합진단을 받았다. 그러나 신체적으로는 아무 이상이 없는 것으로 나타나 신경정신과 치료를 권유받았지만 그곳에 가지 않고 상담을 받으러 왔다.

아이가 네 살 때 남편을 잃고 홀로 안 한 고생이 없이 살아와 이제 자리를 잡았지만 그 아들이 결혼하고 난 후에는 자신에게 소홀하게 대하는 게 느껴진다고 했다. 아내에게만 사랑과 정을 쏟는 것 같아 분한 마음이 점점 더 북받쳐 올라 마음의 병이 깊어져 몸에 여러 가지 증상이 나타난 경우였다.

홀로 되어 외아들을 기른 홀어머니의 집에 시집 가지 말라는 사람들의 권유는 혹시 그 어머니가 그동안 베푼 사랑과 고생에 대해 보답을 요구할 경우를 걱정해서다. 그리고 그 보답이 결혼하기 전과 다름 없이 어머니를 대하는 외곬의 관심과 사랑일 경우에는 이루어지기 어려운 일이기 때문이다.

우리가 누구를 사랑할 때 그 감정은 저절로 우러나오는 자연스러운 것이다. 포도를 만들어내는 포도나무처럼 그 감정에 대해 상대방이 빚지고 있다고 주장하는 것은 실상 어려운 이야기이다. 물론 상대방이 가져간 포도에 대해 깊이 감사하고 배려하는 마음을 지닌다면 더할 나위 없이 좋을 것이다.

그러나 우리들은 무심히 포도나무에서 포도를 따 먹고 그 사실을 잊어버리는 것이 보통이다.

"나는 모든 것을 다 버리고 너를 기우느라고 희생했는데 이럴 수가 있는 거냐?"

"모든 즐거움을 포기하고 당신만을 위해 살아왔어요. 그런데 이게 보답인가요?"

이런 이야기를 자꾸 들으면 사람들은 지겨워져서 고장난 테이프처럼 같은 대사를 반복하는 그 사람을 피하려고 든다. 그리고 가능하기만 하면 그런 이야기를 하는 사람 곁에 있거나 함께 일하려고 들지 않는다.

만약 포도나무가 내게서 따 간 포도에 대해 감사하고 엎드려 경배하라고 입을 열어 강요한다고 상상해보자. 그렇게 되면 사람들은 조심조심 포도나무 근처에 와서 얼른 포도만 따 가지고 그 곁에 앉아보지도 않고 잽싸게 뺑소니를 치지 않을까 싶다. 그 결과 포도나무의 고독은 그 두께를 더하게 되고 세상 원망은 더 깊어질 것이다.

사람들에게 배신당했다고 주장하며 격분을 참지 못하고 자신의 마음속에 불을 지르고 있는 내담자들의 숫자도 적지 않다. 그런 경우를 보면 경제적인 문제처럼 정서에도 부익부 빈익빈이 있는 게 아닌가 하는 생각이 든다.

스스로 포도열매를 열어 즐겁게 나누어주고 그 포도를 사람들이 맛있게 먹는 것만으로 행복해하는 사람들 곁에는 사람들이 늘 머물러 있고 싶어한다. 그 반대로 포도를 내어준 다음에 감사와 사랑을 되돌려 받기를 강요하고 비난하는 사람들 곁에서는 사람들이 더 떠나버리지 않는가.

정서적으로 균형이 잡힌 사람 곁에는 사람들이 더 많아지고 정서가 불균형해 사랑과 배려가 더 필요한 사람 곁에서는 사람들이 떠난다는 사실은 인생의 아이러니다.

물론 비난을 일삼고 아부를 강요하는 사람에게도 돈이라든가 권력이 있어 아직 포도열매가 무성할 때는 사람들이 그 곁에 많이 남아 있는 것도 사실이다.

"이런 달콤한 포도열매를 맺을 나무는 우리나라에 당신밖에 없습니다."

"아니, 이토록 훌륭한 포도가 이렇게밖에 대접을 못 받고 있다니요."

아부꾼들은 마음에도 없는 이런 소리를 흠모하는 표정으로 바치며 살금살금 자기 바구니에 포도를 필요한 만큼 따 간다.

그러나 그 열매가 다 사라져버리면 아부하던 바로 그 사람들이 반기를 드는 경우가 많다. 이제 더 이상 이익이 될 부분이 없어져버렸기 때문이다.

"이런 길거리에 널린 시어터진 포도를 노상 먹으라고 주었다니, 기가 막혀서……."

"말라 비틀어진 포도나무가 그런 대접도 과분하지 무슨 헛소리야."

감옥 안이나 재판정에서 불편한 심기를 감추지 못하는 옛날 높으신 분들은 이런 인간의 속성에 대해 처음부터 다시 공부를 해보는 것도 좋을 듯하다. 원래 준비 없이 닥치는 재난은 더 혹독한 법이다.

포도나무의 비유처럼 내담자들이 스스로 인생에 관해 은유적인 표현을 할 때가 많다. 가슴속에 얹힌 돌에 대해, 자신이 갇힌 마음속 감옥의 견고함에 대해, 낭떠러지 앞에 서 있는 것 같은 심정에 대해 그들은 말한다.

내담자들은 밖으로 나가는 열쇠를 찾지 못하고 감옥에 갇혀 있는 사람들 같을 때도 있다. 그 견고한 감옥은 짓밟힌 과거와 다른 사람들의 가혹한 대우와 사회의 부조리란 진흙 등으로 이겨진 벽돌로 구축되어 있다.

문제는 그 감옥 문을 열기 위해 누가 어디부터 먼저 손을 대어야 하는가이다. 저 간수가 나를 감옥에 가두고 있어 한 걸음도 나갈 수 없다고 우기는 한 그 사람은 감옥에 갇혀 나머지 인생을 보내는 수밖에 없다. 누구 때문에 불행하게 살고 있다고 주장하는 한 우리는 불행하게 살 수밖에 없다.

감옥 안에서 일어서서 열쇠를 찾는 작업은 실상 내담자들의 몫일 것이다. 잘 찾아보면 어딘가에 그 열쇠가 있을 것이기 때문이다. 다른 사람이 빌려준 열쇠로는 이상하게 감옥 문이 잘 열리지 않는다. 상담자는 내담자가 그 열쇠를 잘 찾아보도록 돕는 역할을 할 뿐이다.

때로 그 감옥 자체를 파괴하는 사람들도 있다. 인생 자체를 감옥으로 여기고 온몸을 던져 감옥의 벽을 부수려고 스스로 목숨을 끊는 사람들, 술과 도박에 빠져 여기가 감옥이라는 것을 잊으려는 사람들…….

사람들은 삶의 무게와 고통 속에서 외친다.

"이렇게 애쓰고 살았으면 인생은 이것보다는 나아야 하지 않는가."

"내가 저에게 이만큼 헌신하고 사랑을 주었으면 적어도 저는 내게 이만큼 돌려주어야 하지 않는가."

내담자들의 목소리는 분노에 차 있기도 하고 공포와 두려움에 위축되어 있기도 하고 우울과 절망에 차 있기도 하다.

마더 테레사는 인도 정부관리들의 부정부패가 극에 달해 가난한 사람들이 의당 받아야 할 외국의 구호품에까지 손을 대자 분노하는 자원 봉사자들에게 말했다.

"격분하지 마십시오. 화를 내면 사람들을 사랑하는 마음을 잃게 됩니다."

그런 완벽한 사랑이 과연 이 세상에서 일반 사람들에 의해 이루어질 수 있을까 생각해보며 인간의 한계에 대해 가끔씩 막막한 생각이

들기도 한다.

나이 들어 쓸쓸한 밤에 혼자 깨어 일어나 앉을 때가 더러 있는가. 그리고 이 생각 저 생각 하다가 내게서 포도를 따다 먹고 일언반구도 없는 괘씸한 놈들 때문에 속이 뒤집히고 잠이 오지 않기 시작하는가. 그뿐 아니라 그 괘씸한 놈들의 수가 마음 좋은 은행 복리 계산하듯 불어나고 있지 않은가.

그렇다면 포도열매를 다 내어주고 빈 가지만 남았지만 의연히 서서 내년의 수확을 준비하는 포도나무 그림을 마음의 그림책에 담아 놓아보는 것도 좋을 것이다.

부화하는 개구리

지혜 깊은 사람은, 자기에게 무슨 이익을 주는 것이라서
사람을 사랑하지 않는다.
사랑하는 그 사실 속에 행복을 느끼기 때문에
사랑하는 것이다.

―파스칼

이런 이야기가 있다.

어느 병원에 젊은 여자가 찾아와서 자기 뱃속에 있는 개구리를 꺼내달라고 했다.

영문을 몰라 어리둥절해 있는 의사에게 여자가 설명하기를, 자기가 몇 달 전에 산 속에서 길을 잃었을 때 너무 목이 말라 웅덩이에 고인 물을 손바닥으로 움켜서 먹었다. 그런데 일어서다가 보니까 그 웅덩이에서 올챙이들이 헤엄을 치고 있는 것이 보이더라는 것이다. 이즈음에 가끔 심각할 정도로 복통이 일어나는데 가만히 날짜를 꼽아보니까 그때 몸 속으로 들어간 올챙이가 이제 개구리가 되어 몸 안을 돌아다니는 게 틀림없다.

의사는 말도 안 되는 이야기라고 생각했지만 엑스 레이도 찍고 다른 검사도 했다. 그리고 그런 일은 일어날 수가 없다고 아무리 설명해도 소용이 없자 수술하는 척하면서 미리 준비해놓은 개구리 한 마리를 보여주었다. 그랬더니 이 여자는 아주 기뻐하면서 돌아갔다. 그런데 두세 달이 지나자 그 여자가 다시 돌아와서 복통이 또 시작되었다고 호소를 했다. 지난번 수술할 때 개구리는 잡아냈지만 그 개구리가 낳은 알이 몸 속에서 부화해서 새끼 개구리들이 온몸을 뛰어 돌아다니는 것이 틀림없다는 주장이었다.

개구리가 사라져도 그 개구리알이 부화하고 있다고 믿는 이 여자처럼 의심과 원망을 계속해서 마음속에서 키우는 사람들이 있다.

한 남성 내담자는 자기 아내가 한번 지나간 여자관계의 실수에 관한 원망을 되풀이하며 자기를 못살게 구는데 이런 증상을 고칠 도리는 없느냐고 하소연을 해왔다. 이즈음에는 거기다가 결혼하기 전부터 잘 알고 자기를 돌봐주던 의누이가 남편과 사별하자 자기와의 관계를 너무나 의심하는 바람에 어떻게도 해볼 수가 없다는 것이다.

그렇지 않다고 설득하고 아침에 가깝게 잘 대해주면 수긍을 하는 기색이다가 어떤 계기가 있기만 하면 다시 의심하고 들볶는 통에 최근에는 심각하게 이혼까지 생각해보았다면서 보통 심난한 기색이 아니었다. 지난달에는 그 누이가 사는 집 근처에서 직장 교육을 받은 적이 있는데 아내가 아이를 업고 따라와서 연수받는 건물 정문 앞에 하루 종일 서서 감시했다는 것을 나중에야 알게 되었다고 했다.

"선생님, 이거 이 정도면 의부증 아닙니까?"

그 누이하고는 의심받을 만한 일이 있었느냐고 묻자 남자는 펄쩍 뛰었다.

"아니, 무슨 일이나 있으면서 그런 오해를 받는다면 이렇게 원통하지나 않겠습니다. 어려서 제가 집을 떠나 모진 고생을 하고 그럴 때 우연히 알게 되어서 저를 정말 친동생처럼 생각하고 있고 결혼할 때도 얼마나 많이 도움을 주었다구요."

남자는 고개를 절레절레 흔들었다.

"이거, 버선목이라고 뒤집어 보일 수도 없고……. 그 누이한테도 차마 낯이 뜨거워서 이런 이야기를 할 수가 없어요. 어쩌다 전화라도 오면 어물어물 끊고 그러는 통에 오해가 생겼는지 이제 그 누이한테서 전화도 오지 않습니다. 나이 차이도 십 년도 더 넘어요. 아, 이렇게 마누라 비위를 맞추느라고 저한테 소중했던 인간관계를 다 끊고 살아야 하는 겁니까?"

듣고 보니까 미상불 딱하기는 했다.

아내하고 같이 올 수 있느냐고 묻자 아마 안 올 거라고 하더니, 어떻게 이야기를 했는지 그 여자가 혼자 찾아왔다.

이 여자는 울면서 하소연을 해왔다. 자기 인생의 꿈은 남편에게 사랑받으며 사는 것이었는데 남편은 자기에게는 애정이 없고 너무 무심하다는 것이었다. 성질이 그래서 그러려니 하고 생각해왔지만, 전에 한번 바람난 적이 있는 데다가 그 누이를 대할 때 보면 사람이 딴 사람같이 다정하고 정답게 보여 아닐 거라고 생각하면서도 의심이 뭉게뭉게 일어나서 견딜 도리가 없다는 것이다.

이 여자의 정서는 대단히 불안정했다. 여러 번 만나면서 극히 미숙한 아이 같은 정서에 사로잡혀 있는 것이 드러났다.

그리고 누군가가 자기를 극진히 사랑해주지 않으면 살 가치가 없다고 생각하고 엉뚱한 일을 저질렀다고 고백했다. 옛날에 자기가 사귀던 남자를 찾는 구인 광고를 신문에 내고 그 전화가 오기를 기다리고 있다는 것이다. 전화가 오면 어떻게 할 거냐고 물었더니 어쨌건 그 사람이 지금도 전처럼 자기를 사랑하고 있는지 아닌지 확인부터 해봐야겠다고 했다. 남편이 자기를 배신했으니 자기도 배신해도 좋다는 생각이 든다는 것이다.

그러는 한편으로는 남편에게 끊임없이 애정 표시를 요구하고 직장에 함께 근무하는 여직원들에 관해서도 신경을 곤두세우며 근무하는 시간 말고는 모든 시간을 다 통제하려고 들어 남편은 질식하기 일보 직전이었다. 다행인지 불행인지 그 남자에게서 전화는 오지 않았다. 이 여자의 굶주림은 참으로 대단해서 누군가가 목숨을 걸고 자기를 사랑해주지 않으면 자신은 살 가치도 없는 인간이라 애도 돌보기 싫고 만사가 다 귀찮다고 했다.

　수동적인 사람들의 특징은 내가 상대방을 위해서 해줄 수 있는 일에는 큰 관심이 없다는 점이다. 그리고는 상대방이 자기를 위해서 해줄 수 있는 일을 하지 않는다고 끊임없이 불평하면서 뚜렷한 근거도 없이 어딘가에 다른 여자나 남자가 있어서 자기에게 애정을 표시하지 않는다고 주장하기도 한다. 거기다 배우자에게 근거를 제공할 만한 실수가 한번 생기기라도 하면 그 의심은 정말 개구리알처럼 마음속에서 부화해 올챙이가 되고 개구리가 되어 온몸 안을 뛰어 돌아다니게 되는 것이다.

　옛날에 어느 나라의 공주가 노예와 사랑에 빠져 결혼하게 해달라고 아버지인 왕에게 청했다. 왕은 아무 반대도 하지 않고 두 사람만 일정한 기간 동안 닫힌 공간에서 함께 지낸 후에도 여전히 그가 좋으면 그렇게 해도 좋다고 했다.

　한동안 폐쇄된 좁은 공간에서 다른 일을 하지 못하고 아무도 만나지 못하고 두 사람만 하루 종일 마주 보고 있게 되자 마침내 공주는 그 기한이 다 치기도 전에 싫증을 내고 뛰쳐나와 다시는 그 노예와 결혼하겠다는 소리를 안 하게 되었다고 한다.

　과장된 점도 있겠지만 다른 인간관계가 다 끊어지고 할 일도 없이 두 사람만 마주 보고 앉아 있으면 처음 며칠 동안은 미칠 듯이 황홀하겠지만 곧 급속한 속도로 권태가 올 가능성이 높다. 물론 사랑에 빠졌을 때는 그 여자나 그 남자와 함께 있기 위해서라면 모든 희생을 불사할 각오가 서는 것도 사실이다. 어차피 인간은 모순덩어리이니 말이다.

부론스키 공작과 미칠 듯한 사랑에 빠진 안나 카레리나는 열정을 극복하지 못하고 남편도 아이도 버리고 그와 유럽으로 밀월 여행을 다니며 꿈 같은 행복에 취한다. 자기가 가진 모든 것을 그를 향한 사랑을 위해 다 버렸다고 생각하며 그에게 점점 더 의존하는 안나를 부론스키가 어느덧 짐스럽게 여기기 시작하는 미묘한 심리 변화과정을 톨스토이는 절묘하게 묘사해내고 있다. 그는 지나치게 도덕주의자라 가엾은 안나를 행복하게 살게 할 수도 있었는데, 가정을 버린 벌로 기차에 뛰어들어 죽게 했다는 비판도 듣고 있다.

어찌 되었든 그가 묘사하는 인간관계의 역학 자체는 어느 심리학 이론과 비견해도 하자가 없을 만큼 생생하고 탁월하다.

"나를 정말로 사랑하고 위해주는 사람을 만나 결혼해서 행복하게 살고 싶어요."

이런 이야기는 다정하고 정답게 들릴지 모르지만 자신은 노력하지 않고 받기부터 하겠다는 의존성의 발언일 수도 있다.

정신과 의사 스코트 팩 박사는 이런 사람들에게 이렇게 말한다.

"사랑받는 일이 당신의 목표라면 그것을 결코 성취하지 못할 것입니다. 확실하게 사랑받을 수 있는 유일한 방법은 사랑받을 가치가 있는 사람이 되는 것입니다. 그리고 당신들의 인생의 주요 목표가 수동적으로 사랑받는 것이라면 당신은 사랑받을 가치가 있는 사람은 될 수 없는 거지요."

일견 이 이야기가 냉담하게 들릴지 모르지만 상당히 많은 경우에 들어맞는다.

전화를 걸어왔던 내담자 한 사람은 유학을 가려던 자신의 진로를 포기하고 자기를 너무나 사랑하기 때문에 꼭 집에 있기만을 원한다는 남편의 말을 사랑으로 이해하려고 애쓰며 아이들을 낳고 살았다고 했다.

하지만 이 남자가 젊은 여자와 사랑에 빠진 것을 알게 되자 이 여자의 인내심은 한계에 다다라 분노가 시한폭탄처럼 폭발하고 말았다. 여자는 완전히 이성을 잃고 남편의 직장에 찾아가서 직장을 뒤집어 엎다시피 하고 남편의 상대자라고 생각되는 여성에게 손찌검까지 했다.

수동적인 사람들의 특징 중의 하나는 사랑을 뺏어간 사람의 배신이 하도 끔찍한 것이라 자기가 어떤 일을 저질러도 사람들이 이해해 주리라는 생각을 하는 점이다. 그러나 사람들은 인생의 피해자들에게 잠깐은 동정을 던지지만 그들에게 향하는 동정심이 그렇게 길게 가지는 못한다.

이 여자는 지나치게 이성을 잃고 난동을 부린 끝에, 결국 주위 사람들에게 저러니까 남편이 바람이 났구나 하는 인과관계를 설명해주는 모양이 되고 말았다. 이 여자의 증오는 지나칠 정도로 병적이어서 누구의 말도 들으려고 하지 않았고 전화로 힌번 이야기를 나눈 후에 상담하러 오기도 거부했다. 내가 잘못한 게 아닌데 왜 상담을 받아야 하느냐는 게 그 여자의 항변이었다.

어떤 설득도 통하지 않았다. 자기는 남편을 너무도 사랑했었기 때문에 도저히 용서할 수 없다는 것이었다. 사랑을 가장하고 있는 유아적인 의존이 너무 깊은 경우였다. 이럴 때에는 마음속에서 의심과 미움이 개구리알처럼 계속 부화해서 자라나고 상대방에게 향하는 원망과 증오가 너무 깊어져서 도저히 자신의 일조차도 수행할 수 없는 지경에까지 이르기 쉽다.

  한때 연극계를 풍미했던 〈위기의 여자〉가 장안의 중년 여성 관객을 동원했던 가장 큰 이유 중의 하나도, 사랑이라는 이름으로 모든 것을 유보했던 여자가 이제 인생의 중반기도 넘어 그 사랑조차 남아 있지 않은 것을 발견했을 때 어느 쪽을 향해 서야 하는가를 진지하게 묻고 있기 때문이었다.

  마음속의 그림책에 영원하고 완전한 사랑에 대한 애타는 갈망의 그림을 한때 가져보지 않은 사람은 없을 것이다. 있는 그대로 영원히 나만을 사랑해주는 사람의 행복한 환상을 우리는 애타게 믿고 싶어 하고 그 환상이 깨어졌을 때 감당할 수 없을 정도로 마음의 상처를 받는다. 그런 이유로 이성 간의 사랑에 인생 전체의 무게를 걸었다가 자살을 기도하거나 인생을 파탄 쪽으로 몰고 가는 내담자들을 가끔 보게 된다. 이들에게는 혼자 존재하는 고독한 인간의 실존적 상황을 도저히 받아들일 힘이 없는 것이다.

  이제 나이 들어 더 이상 남자들에게 매력이 없다고 생각해 심각한 우울증을 겪는 여성 내담자들과는 인생의 다른 부분에서 사랑과 즐거움을 찾는 방법을 함께 의논하기도 한다. 취미생활이나 가벼운 운동이 중요하다고 하는 이유도 여기에 있을 것이다. 그런 일들은 다른 사람에게 사랑의 정서를 강요함이 없이 즐거움과 소속감, 힘, 자유의 욕구를 채우는 데 큰 기여를 한다.

  있지도 않은 일에 대해 의심과 미움의 개구리를 기르며 부화시키고 있는 사람은 바로 나라는 사실을 인식하면 스스로 설 힘이 생겨 개구리 소동은 저절로 사라질 것이다.

과거라는 강

우리는 누구나 다 상처받을 수 있다.
그리고 고통이란 '고통받아 마땅한 사람'에게만
다가오는 것이 아니다.

—다니엘 시몬슨

테스는 결혼 초야에 엔젤과 마주앉아 사랑의 도취와 불안을 함께 느낀다. 엔젤이 얼굴을 붉히며 머뭇머뭇 과거 여자관계를 고백하자 테스는 더 이상 숨기지 못하고 자신의 과거를 고백한다. 알렉에게 성폭행당한 이야기, 아기를 낳았고 그 아기가 죽은 사실도…….

엔젤은 하얗게 낯색이 질린다. 그토록 순결한 이미지를 주었던 그녀에게 그런 어두운 과거가 있다는 사실을 그는 받아들이지 못하고 브라질로 떠나버린다. 사랑의 감정을 알게 되었기 때문에 전보다 더 불행해진 테스는 자포자기해서 후에 다시 만나게 된 알렉의 정부 노릇을 하게 된다.

오랜 시간이 지나 사랑하는 사이에 그런 과거는 중요하지 않음을 깨닫고 다시 찾아온 엔젤을 만난 테스는 자기 인생을 망치게 한 알렉을 죽이고 엔젤의 뒤를 따른다. 쫓기면서 엔젤과 애달픈 사랑의 시간을 나누지만 다시 붙잡힌 테스는 처형되고 만다.

토마스 하디의 《테스》를 대개 사춘기를 거치는 동안 한 번은 읽어 보았을 것이다.

오래된 이 이야기의 구조가 아직도 우리나라에서 현실적으로 드물지 않게 나타난다. 과거를 가진 여자. 특히 과거를 가진 아내라는 건 아마 우리나라 남편들이 기피하는 품목 일위에 들 것이다.

우리나라에서 가장 모자라는 남자와 여자는 누구인가라는 농담이 있다. 남자는 아내를 붙잡고 앉아 위협했다가 인정에 호소했다가 하면서 과거를 애타게 묻는 남편이다. 여자는 남편이 그렇게 묻는다고 곰살곰살 자기 과거를 털어놓는 아내라는 것이 그 답이다. 이럴 때 남편은 과거를 이야기해주면 모든 것을 다 용서하고 이해할 테니까 새 출발하자고 달랜다. 무슨 서부로 떠나는 포장마차인가. 새 출발은 무슨 새 출발인가.

남편들이 그렇게 말하는 그 당시는 물론 진심인 경우가 많다. 그러나 이 서투른 수사관 기질이 두고두고 불행을 몰고 오는 전조가 되는 경우가 많다. 이성은 받아들이려고 하는데 감정이 용납을 하지 못하기 때문이다.

남자들이 괴로움을 호소하는 경우도 있다. 안 그러려고 해도 다른 남자의 품에 안겨 있었을 아내를 생각하면 가까이 가고 싶은 생각이 저절로 사라져 결혼생활이 파탄 일보직전에 이르렀다고 상담을 청해 오는 사람도 있다.

하기야 이런 여자라면 곤란하기는 하다. 결혼한 후 아내가 전에 아이까지 낳아 친정에서 기르고 있는 걸 알게 된 남편이 하도 어이가 없어 왜 거짓말했느냐고 따지니까 이렇게 대답하더라는 것이다.

"누가 언제 거짓말을 했어요. 언제 아이가 있느냐고 묻기나 했어요? 내가 말 안 했을 뿐이지 언제 거짓말을 했다는 거야. 기가 막혀서……."

이쯤 되면 적반하장도 그 경지에 이른다.

남편에게 학대받고 살며 입을 꼭 다물고 아무에게도 하소연하지 못하는 경우도 소위 어두운 과거라는 것 때문인 경우가 많다.

우리나라 사람들은 과거 있는 여자는 남편에게 가혹한 대우를 받아도 마땅하다고 생각하는 이상한 과거지향병에 걸려 있기 때문이다.

오래전에는 여성잡지의 뒤쪽에 실리는 상담란에 문의해 오는 대부분의 사연들이 과거에 관한 것이었다. 대개 그 이야기는 이렇게 시작하고는 했다.

'이러이러한 일로 전혀 본의 아니게 순결을 잃게 되었습니다. 이제 곧 결혼하게 되었는데 어찌 하오리까. 숨겨야 할까요. 고백해야 할까요.'

사연을 들어보면 본의 아닌 게 아닌 것같이 들리는 경우도 많이 있었다. 남자하고 단둘이 이박삼일 여행을 다녀왔다면서 본의가 아니라는 것은 무슨 책임지지 않는 태도인가.

그러면 대개 도덕적인 인사로 구성되어 있던 상담자는 이런 대답을 해주었다.

"과거를 고백하고 깨끗한 몸과 마음으로 새 출발하십시오."

그 말을 믿고 과거를 고해성사하듯 고백한 여자들은 대개 파경으로 그 새 출발을 맞은 경우가 많았다.

얼마전부터 그 대답이 서서히 바뀌는 경향을 보이기 시작했다.

"아무 말도 하지 말고 남편을 위해 성심껏 사십시오. 그것이 당신의 죄를 씻는 길입니다."

그래서 멸사봉공하면서 죄를 씻느라고 부당한 대우를 받아도 참고 사는 여자들도 많았다.

하지만 이제는 여성잡지에서 그런 상담란 자체가 없어져버렸다. 그런 이야기가 나오면 세칭 신세대 여성은 이렇게 용감하게 말한다.

"과거? 그런 게 왜 중요해? 뭐라고? 용서하겠다고? 웃기고 있네."

신세대 남성은 이렇게 말하기도 한다.

"그런 거 전혀 중요하지 않습니다. 서로 얼마나 사랑하는가 하는 게 중요할 뿐이지요."

듣기에는 아주 의젓한 말이다. 그러나 이 말을 오래된 가문의 족보처럼 너무 믿지 않는 게 좋은 경우가 많다.

물론 이 신세대 남성이 거짓말을 하는 것은 아니지만 아내의 과거라는 강은 그 줄기를 드러내기만 하면 우리나라 문화권에서 대부분 폭풍전야의 비구름을 몰고 오기 때문이다.

상담하면서 심각하게 느끼는 점은 우리나라 남자들이 집단 과거공포증에 걸려 있지 않은가 하는 점이다.

내 아내와 다른 남자와, 전에…… 아이고, 으스스스…….

이렇게 되는 남자가 의외로 아직도 너무나 많다.

서로의 신의가 문제가 되는 점은 결혼한 후부터다.

신문에 났던 것처럼 아내가 아이를 낳았는데 우연히 자기 아이가 아닌 것을 알게 되어 아내를 족쳤더니 수영 코치의 아이라는 것이 드러났다면 그것은 실로 결혼을 유지하기 어려운 사유로 받아들일 수 있다. 아무리 아내에게 수영을 가르쳐주어 물에 빠져 죽지 않도록 도와준 건 고맙더라도 그 사람의 아이를 무료로 양육할 만큼 신세를 진 긴 아니기 때문이다.

가정파괴범이란 호칭은 또 무슨 해괴한 호칭인가. 여자가 폭력에 의해 성폭행을 당했다면 그 가정은 파괴되어 마땅하다는 함의가 은근히 그 단어에서 배어 나온다.

그렇게 따진다면 영동이며 미아리에 산재한 그 많은 수상한 술집들이야말로 가정파괴범 그 자체가 아니고 무언가.

성폭행의 희생자가 된 여자를 배우자가 배척하는 행위는 여자를 두 번 죽이는 일이다.

마음 아픈 일은 성폭행을 당한 아이가 아직 어린 소녀일 경우에 아버지나 오빠 같은 가까운 가족들이 그 여자아이를 기피하고 더러운 벌레 보듯 취급하여 가출로까지 내모는 경우가 적지 않다는 사실이다.

우리나라에서 내가 가장 존경하는 남자 중의 한 사람이 한때 일세를 풍미했던 어떤 가수의 남편이다. 두 사람이 약혼을 발표하자 잡지사 기자들이 시끄러울 정도로 그를 인터뷰하러 갔다. 그는 공부도 많이 하고 사회적 지위도 있는 사람이었다.

"그 여가수에게 이러저러한 시끄러운 과거가 있습니다. 혹시 아시고 계시는지요."

이런 질문에 그는 대답했다.

"알고 있습니다. 나는 그 여자가 인생의 고통스러운 경험을 통해서 성숙한 사람이 되었다고 믿습니다. 나는 지금 그대로 그 여자를 진심으로 사랑합니다. 그 여자도 나를 진심으로 사랑하고 있구요."

거의 이십 년 전에 그의 이러한 선언은 폭탄선언이었다. 사람들은 은근히 기다리면서 별렀다.

'오래 못 갈걸. 곧 파토가 나고 말 거야.'

그러나 그 두 사람은 서로 존중하고 사랑하며 지금까지 다른 어느 누구보다도 더 행복한 가정을 꾸려나가고 있다.

당시 그 기사를 읽으며 나는 그 남자에게 깊은 친애감을 느꼈다. 정말 다른 인간을 어떻게 사랑해야 하는지 아는 사람이라는 생각이 들어서였다.

우리나라가 역사를 이어오는 동안 지정학적인 이유로 수없이 많은 전란을 겪으면서 얼마나 많은 여자들이 유린당하고 차마 집에 돌아오지 못하고 목숨을 끊었는가.

우리나라에서 더 일찍 정신대 문제가 공개적으로 거론되지 못한 가장 큰 이유 중의 하나도 정절을 잃은 여자는 이미 더러운 여자라 양반들이 더불어 논의할 일이 못 된다는 문화가 기여한 바도 적다고 보기 어렵다.

모계사회에서 부계사회로 바뀌면서 각 문화권마다 종족의 혈통을 지키기 위해서 여성의 순결을 더욱 강조하게 되었다지만 우리나라의 여성순결 문화는 그 뿌리가 그중에서도 아주 깊고 복잡하다.

이씨조선 때 전란 속에서 피난 가던 규수가 배를 미처 타지 못하고 머뭇적거리자 뱃사공이 손을 잡아 배를 태워주었다. 그러자 그 규수는 손을 뿌리치고 이제 내 몸을 더럽혔으니 살아서 무엇할꼬라고 장탄식을 하고 나서 물에 뛰어들었다는 것이다. 규수는 물론 수영을 배운 바도 없으니 그 자리에서 수중 고혼이 되어버렸다.

그 다음 이야기가 더욱 교훈적이다. 나중에 양반들이 모여 그 이야기를 듣고 너무도 가상하여 그 자리에 열녀문을 세워주었다는 게 아닌가!

성폭력 문제를 직접적으로 많이 다루게 되는 상담원들을 교육시키는 과정에서 차마 믿기 어려운 사례들이 쏟아져 나온다.

그 사례들을 접하면서 지나치게 완강한 순결교육이 불러일으키는 부작용이 큰 것을 새삼 느낄 때가 많다.

어째서 자기 스스로 몸을 지켜야 하는가에 대한 배움의 도를 넘어 순결을 잃으면 이미 인간도 아니라는 비하감이 깊이 인각된 소녀들은 하교길에 당한 성폭행이나 집단 윤간의 후유증을 견디지 못하고 가출하거나 정신질환을 일으키거나 자살기도를 하는 경우가 많다.

한 인간이 지니고 있는 인간으로서의 강점은 성적인 어떤 부분에 국한되어 있는 것이 아니다. 물론 그런 일을 겪으면 우리가 극복하기 어려운 상처를 입는 것도 사실이고 한동안의 집중적인 상담이나 치료를 필요로 하는 것도 사실이다. 그러나 그런 일이 있었기 때문에 네 인생은 이제 끝났다는 인식을 주입시키는 것은 큰 잘못이다. 이런 인식 때문에 역설적으로 자포자기해서 자신을 타락행위로 내모는 여자도 있다.

우리나라처럼 성에 대한 인식이 혼돈스럽고 뒤죽박죽이 되어 있는 나라도 드물 것이다. 의식도 자존감도 사랑도 없는 마구잡이의 성행태와 구태의연한 이조식 성행태가 나란히 한 공간에 자리 잡고 있기 때문이다.

과거의 강을 건너 상처 있는 자기를 받아줄 사랑을 구하는 여자의 애처로운 마음을 들어본 적이 있는가. 그 여자들의 이야기를 들으면 어떤 때 너무 가슴이 쓰라리다.

스스로 괴로운 가운데 아내를 아직도 괴롭히는 남편이 있다면, 이제 그만 과거라는 강을 거슬러 올라와 현재와 미래에 관해 이렇게 물어주기 바란다.

"당신은 나를 믿고 의지하며 이제부터 어떻게 살고 싶은가……."

하고.

과거라는 강에 빠져 불행한 여자가 있으면 스스로에게 이렇게 물어주기 바란다.

"이제부터 나는 누구를 사랑하며 어떻게 살고 싶은가." 하고.

속박의 쇠사슬

사람의 일생은 무거운 짐을 지고 먼 길을 가는 것과 같다.

―도쿠가와 이에야스

크리스마스가 다가오면 우리에게 기억나는 사람 중의 하나가 찰스 디킨스가 창조해낸 구두쇠 '스크루지'이다.

기부금도 절대 내지 않고 부리는 사람에게도 인색하며 석탄 한 덩어리에도 벌벌 떠는 스크루지는 추운 방에서 크리스마스 이브에 혼자 잠이 든다.

한밤중에 그는 쇠사슬 끌리는 소리를 듣고 이미 죽은 자기 동업자 마레가 쇠사슬을 끌며 나타나는 것을 본다.

그는 마레가 자기에게 과거와 미래를 보여주겠다는 뒤를 따라가 여러 상황을 보게 된다. 고독하고 비참한 어린 시절의 자신을 보면서 그는 흐느껴 운다. 사랑하던 여자가 그의 곁을 떠나던 장면도 쓰라린 마음으로 바라본다.

스크루지는 현재 크리스마스 파티를 열며 즐겁게 지내는 친척들도 바라보고 그들의 따뜻한 마음도 알게 된다. 미래의 장에서는 혼자 쓸쓸하게 죽어가는 자신의 미래를 보게 된다. 이런 장면들을 보며 그의 완강한 마음은 녹아든다.

스크루지는 아침에 일어나 진정으로 크리스마스를 즐길 수 있는 심정이 되고 사람들과의 관계 속으로 섞여 들어가기 시작한다.

마레가 상징적으로 보여준 쇠사슬은 스크루지가 자신을 얽매고 있던 속박의 쇠사슬에 다름 아니었다. 그의 속박의 쇠사슬은 곧 돈이었다.

어떤 의미로는 우리 모두가 그렇겠지만, 상담을 받으러 오는 사람들은 어떤 형태로든지 더 무거운 속박의 쇠사슬에 얽매여 있다고 보아도 과언이 아니다.

쇠사슬을 풀고 변화하고 싶어서 오는 사람들도 있고, 자기가 끌고 다니는 게 쇠사슬이 아니라 아름다운 장신구일 뿐이라고 강변하는 사람들도 있다.

상담하는 과정은 마레가 스쿠루지를 데리고 다니면서 그의 마음속 깊이 스며들도록 과거, 현재, 미래를 보여주듯 내담자에게 자기 자신의 전체적인 모습을 잘 볼 수 있도록 도와주는 과정이다.

옛날에 어떤 아이가 마을 사람이 "어이구, 소름 끼쳐." 하고 말하는 소리를 듣고 소름 끼친다는 것은 어떤 것일지 너무도 경험해보고 싶었다. 그러나 집에서는 그런 감정을 느껴볼 기회가 없었기 때문에 집을 떠나 모험을 하는 여행길에 오른다.

아이는 귀신이나 괴물을 만나도 소름 끼치는 감정이 어떤 것인지를 전혀 몰랐기 때문에 다 씩씩하게 해치울 수가 있었고 마침내는 괴물을 물리치고 그 나라의 공주를 얻어 왕이 되었다. 그러나 이 왕은 소름이 끼쳐보지 못해서 너무도 불행했다. 노상 앉아서 소름이 끼쳐 봤으면, 소름이 끼쳐보지 못해 너무나 불행하다고 주장하는 왕에게 온 나라 사람들이 지혜를 모아서 소름이 끼칠 이야기도 들려주고 무서운 것도 보여주었지만 별무소득이었다.

마침내 공주가 꾀를 짜냈다. 새벽에 살아 있는 미꾸라지를 가득 담은 찬 물통을 들고 들어와 왕이 자는 침대 이불을 들치고 옷을 벗긴 다음에 그의 몸 위에 들이부은 것이다. 갑자기 찬 물벼락을 받아 놀란데다가 미꾸라지들이 온몸 위에서 팔딱팔딱 뛰니까 왕은 "어이쿠, 소름 끼쳐." 이렇게 말하더니 "아, 이런 게 소름 끼치는 거구나." 하고 감탄했다는 것이다.

　소름 끼치는 것이 무엇인지 잘 알게 된 임금님은 그 후부터 아무 불만 없이 행복하게 잘살게 되었다는 것이 그 동화의 결말이다.

　이 이야기를 들으며 사람들은 속으로 '아니, 그 소름 좀 안 끼쳐보면 어때서 그런 걸 소원이라고 어리석게 노래를 부르고 있어.' 하는 생각이 들지도 모른다.

　그러나 소름 끼치는 것을 깨달을 때까지 그 임금님을 속박했던 것이 바로 그것을 알아야겠다는 감정이었고 그에게는 그것이 아주 중요했던 것이다.

　우리 모두 마찬가지일 것이다. 뭐가 좀 어째 봤으면 하고 우리가 생각하는 꿈이나 이상까지도 어떻게 보면 다 속박의 자료로 쓰일 수 있는 것들이다.

　내가 끌고 다니는 쇠사슬은 무엇일까. 나는 인생에서 그런 걸 끌고 다녀본 적이 없다고 생각한다면 우리는 다른 방식으로 이렇게 물어볼 수 있을 것이다.

　'당신이 삶에서 추구하는 것은 무엇인가.'

　느닷없이 이런 질문을 받으면 잠시 당황할 것이다.

　돈인가, 명예인가, 여자인가, 사랑인가, 권력인가.

　설문조사를 할 때 투사의 형태를 사용해서 질문하는 경우가 많다. 가령 대학생에게 '당신의 삶의 목적은 무엇인가.' 이렇게 묻는다면 인격의 완성이며 학문의 수양이며 성숙한 인간이며 이런 고전적인 대답들이 나올 확률이 많다는 것이다.

　그러나 그렇게 묻지 않고 '현재 우리나라 남자들의 삶의 목적은 무엇인가.' 이렇게 묻는다면 출세며 성공, 좋은 집이며 돈, 이런 대답들이 심심치 않게 나오리라는 것이다.

교회의 독실한 기혼 남성 신도들에게 '다른 여자들에게 유혹을 느껴본 적이 있는가.' 하고 물으면 대개 질색을 하고 아니라고 할 확률이 높다. 그러나 만약에 '우리나라 기혼 남성들이 다른 여자에게 유혹을 느끼는 적이 있다고 생각하십니까.' 이렇게 물으면 '물론이다', '암', '아무렴.' 이렇게 대답할 확률이 높아진다는 것이다.

흥미 있는 점은 이 사람들이 자기 마음이 안 그렇다면 다른 사람들이 그렇게 생각하고 있다는 것을 어떻게 알았을까 하는 것이다.

사람들이 삶의 목표로 자랑스럽게 내세우지만 문제가 되는 증상이 하나 있다. 보통 '워커홀릭'이라고 부르는 일 과잉증으로 자기속박의 한 형태다.

"나는 자수성가한 사람입니다. 새벽부터 밤까지 근면하게 일하고 있지요. 휴식이요? 그런 건 난 모릅니다. 나는 일이 휴식입니다. 나는 일이 전부입니다. 내가 인생에서 이루어놓은 많은 것을 지키려면 지금 시간도 모자랍니다. 조금 비켜주실까요. 지금 서류를 정리하고 있는 중인데 선생님이 제 서류를 깔고 앉으셔서 조금 방해가 되는군요. 쓸데없는 질문에 대답을 하느라고 시간을 소비하고 있는 게 아까워 좀이 쑤십니다."

문제가 되는 점은 알코올 중독인 사람이 "뭐가 어떠냐. 내 돈 내고 내가 내 입으로 술 마시는데." 하고 큰소리를 칠지는 모르지만 속으로는 죄책감을 지니고 있는 것과는 달리, 워커홀릭들의 특색은 자신이 그렇게 소처럼 일하는 것을 자랑스럽게 여긴다는 점이다. 이 사람들은 소처럼 수격수격 일하고 또 미친 듯이 일한다.
 이 두 증상을 합하면 한마디로 답이 나온다. 바로 미친 소처럼 일한다는 것이다.
 이런 속박 증세에 걸린 사람들은 혼자 앉아서 음악을 듣거나 일과 관련 없는 책을 읽거나 자녀나 배우자와 마음속의 이야기를 나누는 일들이 모두 시간 낭비로만 보인다.
 실로 가엾은 현대인들의 병이다.
 이 병은 참으로 심각한 인생의 중증으로, 이 증세가 누적되기 시작하면 어느 날 늙고 병들어 누군가 곁에 필요할 때 가까이에 아무도 남아 있지 않은 것을 발견하게 된다.
 인간관계에 필요한 기본 투자를 하지 않았기 때문이다.
 어려서 가정에서 겪었던 물질의 결핍이나 애정 결핍 때문에 인생의 속박을 느끼는 사람도 있다.
 아무리 사랑받아도 부족하다고 느껴지고 아무리 벌어도 쓰기에 부족하다고 느껴지는 경우이다. 너무 배가 고프다가 뭘 먹으면 이상하게 헛헛증이 심해지는 것과 같은 셈이다.
 속박의 쇠사슬에 얽매여 있는 사람들은 자기 존중감이 낮은 성향도 보인다. 주위 사람들이 이 사람이 채워주지 못한 욕구에 대해서 비난의 시선을 보내기 때문이다.
 "집에 와서 아이들과 이야기도 하고 놀아준 적이 한번이라도 있어요? 당신은 아버지 자격이 없어요."
 이런 칼날 같은 비난을 가장 가까운 배우자에게서 들을 때 자기 자존감을 높게 지니기란 사실 어려울 것이다.
 속박의 쇠사슬에 얽매여 있는 사람들은 자신의 행복이나 불행이

다른 사람들에게 달려 있다고 진정으로 믿고 그렇게 주장한다.

"남편이 좀 더 이해심이 많다면 뭐라도 해볼 텐데……."

"아내가 조금만 더 다정한 성격이면 내가 성공해보련만……."

"아버지가 내게 상처를 주기 때문에 나는 도저히 공부에 전념할 수가 없어."

이런 내담자들과는 현재 상황에서 긍정적인 쪽으로 변화를 가져오려면 다른 사람이 아닌 자기 자신이 어떤 선택을 해야 하는가를 이야기하게 된다.

반대로 다른 사람에 대해 과도할 정도의 책임감을 느끼는 사람들도 있다. 세상의 모든 짐을 다 지고 가는 셈이다.

"그 사람이 불행한 건 다 나 때문이야. 내가 없어지면 차라리 더 행복할 텐데……."

"우리 애가 공부를 못하는 건 다 나 때문이야. 내가 제대로 도와주지를 못해서……."

속박을 강하게 느끼는 사람들은 극도의 의존성과 독립성을 교대로 내보이는 일도 드물지 않다.

돈 한 푼도 벌지 않고 부모에게만 의지하고 살다가 어느 날 집을 뛰쳐나가 근거도 없이 혼자 살겠다고 주장하는 청소년의 경우도 그렇다.

고분고분하게 남편에게 복종하며 불만 한번 내비치지 않다가 갑자기 밑도 끝도 없이 이혼하자고 주장하는 아내의 경우도 여기에 속한다고 볼 수 있다.

속박의 쇠사슬을 감정에 휘감은 사람은 자신의 부정적 정서나 실재하는 상황을 잘 받아들이지 않으려는 성향이 있다.

이런 사람들은 시집 식구들에게 미칠 듯이 화가 나 있으면서도 잘못은 다 자기에게 있다고 온화한 표정으로 말하기도 한다.

집단상담을 할 때 어떤 내담자는 몇 살 손위 시누이가 자기에게 저지른 온갖 불합리하고 모욕적인 일을 이야기하면서 최상급의 경칭을 쓰고 문장 사이사이마다 나는 그분을 이해한다는 말을 집어넣고는 했다.

"시누님이 지난 일요일에 당신 친구분들을 데리고 우리 집에 연락도 없이 오셨어요. 그러고는 집안 살림이 이게 뭐냐고 한바탕 야단을 치신 다음에 점심을 차려 오라고 해서 얼른 시장을 봐가지고 차려드렸지요. 이따위로 살림을 하면 내 동생이 바람나게 돼도 하나 이상할 게 없다고 마구 야단을 치시더니 음식도 맛이 하나도 없다고 타박을 하시고…… 제가 다 부족해서 그렇지요. 성품이 원래 나쁘신 분은 아니세요. 그저 날도 너무 덥고……."

집단에 속해 있던 성미가 괄괄한 여자 한 사람이 참지 못하고 말했다.

"아니, 뭐 그딴 거한테 그렇게 존대말을 꼬박꼬박 해 바치고 야단이에요. 시누님은 무슨 시누님이야. 욕을 먹어도 시원치 않게 구는구만."

"그래도 저는 제가 할 도리를 다 하려고 애쓰고 있어요. 그날도 시누님께서……."

여러 사람이 참다 못해 한꺼번에 말했다.

"아이구, 그 시누님 소리 좀 그만해. 온몸이 다 근지러워지려고 해."

이 내담자는 다른 사람이 무엇인가 잘못할 때에도 자기가 책임을 져야 한다고 생각하는 사람이었다.

그런데 집단 사람들은 그 내담자가 그렇게 공손하게 이야기하지만 그 말에 독소가 포함되어 있어서 듣는 사람들에게 자기는 아주 훌륭하고 참을성 많은 사람으로 인지시키고 시누이는 천하에 비인간으로 묘사하는 기술이 있다는 점을 차차 느끼기 시작했다.

교양 있게 조근조근 말하는 사람에게 어떤 일로 크게 데었다고 혀를 내두르던 한 친구는 모욕을 당하고도 작은 목소리로 조용조용 말하면서 눈을 착 내리까는 사람하고는 다시는 상종도 하지 않겠노라고 선언한 적도 있다.

사람은 참기 어려울 정도의 모욕을 퍼붓는 사람에게 생존의 위협을 느끼지 않는 한 그렇게 떠받들며 위해줄 의무가 전혀 없기 때문이다.

그뿐 아니라 이런 상황에 오래 놓여 있으면 마음속에 숨은 공격성이 다른 형태의 왜곡된 언어나 비언어 표시를 통해 밖으로 나타나게 되는 경우가 많다.

우리가 육신을 지니고 살아간다는 것 자체가 사실 다 속박일지 모른다. 아마도 삶의 속박에서 자유를 얻는 첫 번째 걸음은 자기가 삶이란 긴 여행길에서 어떤 종류의 사슬을 끌며 걸어가고 있다는 것을 깨닫는 데서 시작될 것이다.

죄의식의 수렁

충분히 어두워져야 별을 볼 수 있다.

―찰스 버드

"나같이 죄 많은 놈은 죽어야 해."

술에 취한 채 목 놓아 우는 친구를 달래느라고 어제 집에 늦게 들어갔다고 한 학생이 나를 찾아와 말했다.

학교시절 공부에 흥미를 잃어 부모와 갈등도 많았다는 그 친구는 원하던 대학입시에 실패하고 지방대학에 다니게 되었다. 거기에도 잘 적응하지 못하고 마음을 붙이지 못하는 아들을 보러 부모가 시간나는 주말이면 학교로 차를 몰고 가곤 했다.

그런데 얼마 전 비가 전후를 분간하지 못하게 퍼붓는 날 아들을 보러 가던 부모가 고속도로에서 교통사고로 사망했다.

장례식장에서 그 친구는 반 미친 사람 같았다고 한다.

"내가 우리 부모를 죽였어요. 살아 계실 때도 그렇게 속만 썩여드렸는데 나는 따라 죽어야 해요. 나 같은 놈은 살아 있을 가치도 없어요."

몸을 쥐어뜯으며 하관하는 땅속으로 뛰어들려는 아이를 말리러 여러 명이 달라 붙었어야 했다고 한다.

그 후 아이는 친척의 도움을 받아 이사한 후 한동안은 공부에만 열을 쏟는 것 같더니 시간이 흐를수록 자기정리를 하지 못하고 죽고 싶다는 소리를 하며 술만 마시고 있다는 것이다.

얼마나 마음이 괴로울 것인가.

원래 지니고 있던 죄책감을 풀어볼 기회도 없이 다른 세계로 떠나버린 부모님 생각을 하며 그가 겪을 마음의 갈등이 그대로 느껴졌다.

상담하러 오는 사람들 중에 너무 죄책감이 커서 그것을 감당하지 못하고 몸과 마음에 깊은 병이 든 사람을 가끔 본다.

특히 어떤 사람의 불행에 자신이 원인 제공자가 되었다고 생각할 때 그 고통의 무게는 더 견디기 어려운 것이 된다.

파 한 단 사 오라고 어린 딸을 심부름시켰다가 교통사고를 당해 딸을 잃은 경우.

여행을 다녀오던 길에 교통사고를 내서 가족을 잃고 혼자만 살아남은 가장의 경우.

현대 사회에서 교통사고나 대형사고가 일어나면 순식간에 생사가 갈리기 때문에 받아들일 준비가 되기도 전에 가까운 사람의 죽음을 맞게 되어 상처가 너무 깊어지는 경우도 많다.

성수대교에서 추락하는 버스에 타고 있던 고등학생 딸을 잃은 어느 부모는 그날 아침에 공부 못한다고 머리를 쥐어박아 울려 보낸 죄책감 때문에 혼절을 했다 깨어났다 하면서 그렇게 딸을 떠나 보낸 자신을 질책했다.

우리가 만약에 이제 더 이상 그 사람을 볼 수 없게 된다는 것을 알 수만 있다면 얼마나 극진히 위하고 사랑해줄 것인가.

그러나 사건은 이미 일어났고 그 사람은 이미 내가 손대볼 수 없는 다른 세계로 떠나버린 것이다.

죄책감은 우리 마음속을 후비고 들어와 계속해서 귀에 대고 속삭인다.

"너 때문이야. 네 잘못 때문이야. 그 일이 일어난 건 다 너 때문이야."

성적이 내려간다고 꾸중을 했다가 아파트 십삼층에서 뛰어내려 사망한 딸의 부모가 일생 겪게 되는 무거운 죄책감과 고통을 다른 사람이 어떻게 알 수 있을 것인가.

인생에 참기 어려운 위기가 밀어닥칠 경우, 특히 그 일이 발생한 데 자기가 기여했다고 생각하는 경우 죄의식의 칼날은 중세 고문기구처럼 온 마음의 틈새로 파고든다.

이럴 때 인생의 위기는 삶을 초토화할 기세로 우리 주위로 달려오는 것이다.

이런 일이 생기면 우선 깊이 잠들기가 어렵고 식욕도 사라지고 우울한 생각에 잠기거나 허무함과 절망감에 빠지게 된다. 가슴에 주먹만한 불덩어리가 치밀고 올라와 가슴을 태우는 느낌을 경험하기도 하면서 공포와 불안과 죄책감이 무서운 속도로 온몸과 마음을 휩쓸고 지나간다.

배우자나 가족이 죽었을 때, 이혼, 별거, 기형아 출산, 불치병이 걸리는 경우, 실직, 불화, 파산 등 위기의 형태는 다양하다.

이런 일에 부딪힌 사람은 정서적으로 무방비 상태에서 적응하려는 대처를 해야 하고 그 상처가 아무는 데는 보통 오랜 시간이 걸린다. 그 상처를 아물리지 못하고 극단적인 정신상의 황폐를 보이거나 자살을 기도하는 사람들도 있다.

위기는 대부분 아무런 예고도 없이 기습하는 경우가 많다.

어느 날 갑자기 친지들의 불행한 소식을 듣고 망연자실하게 되는 경우가 있는데 그 일을 직접 겪고 있는 당사자들의 마음이야 어떻게 다 말로 할 수 있겠는가.

우리는 살아가면서 거의 예외 없이 어떤 형태로든지 위기를 맞게 된다. 아직 겪지 않았다고 해도 앞으로 언제 어느 때 불행으로 가득 찬 위기가 내 앞에 닥칠지 모르는 일이다.

사회불안 때문에 이 불확실성이 너무 커지게 되면 집단적인 정서 공황과 황폐가 오는 경우도 있다.

대형 교통사고 뉴스를 보면서 안타까워하던 사람들 중 어떤 사람들이 나중에 자신이 교통사고의 피해자가 되리라고 예견이나 했겠는가.

삶이 전혀 예기하지 않았던 불행한 쪽으로 우리를 끌고 가는 경우가 내게 닥치지 않으리라고 아무도 보장할 수는 없다.

이런 위기를 겪는 사람들의 유사한 반응 가운데 하나가 죽은 사람에게 가슴 아프게 대했던 사소한 불친절이나 작은 일들에 관해 살을 벗겨내는 듯한 죄책감을 느끼면서 괴로워하는 점이다.

누군가가 예고도 없이 문을 두드리는 것처럼 재난은 불길한 검은 돌처럼 어느 날 우리 앞으로 떨어진다.

부모를 돌발적인 교통사고로 잃은 그 학생은 시간적 공백이 생기기만 하면 자신 때문에 부모가 불행해했던 기억들만 필름 돌리듯이 서서히 되풀이해서 들춰 보곤 할 것이다.

행복했던 결혼생활을 했던 사람들보다 결혼생활이 불행했던 사람들이 배우자의 죽음의 충격에서 오히려 더 헤어나지 못하고 애통하는 기간이 긴 경우가 많은 것도 그런 이유에서다.

죽을 줄 알았더라면 좀 더 잘해줄 것을, 그런 가슴 아픈 말을 하지 말 것을, 그날 그 사람에게 그런 일들을 강요하지 말 것을……

만약에, 만약에…….

그러나 그 일은 이미 일어났고 우리가 그것을 되돌려보는 것은 불가능하다.

사랑하던 사람이 살아 있다면 내가 그렇게 비통하며 괴로워하기를

5. 길을 잃은 사람들 • 245

바라지는 않을 것이다.

사람마다 죽으면 하늘로 올라가 별이 되고 남아 있는 사람이 너무 울고 슬퍼하면 그 별이 빛을 내지 못하고 시들어버린다는 옛이야기도 있지 않은가.

그 학생의 부모가 저세상에서 외롭고 가엾은 아들을 내려다보고 있다면 그가 더 이상 비탄에 빠지지 말고 기운을 차리기를 바랄 것이다. 그리고 아들이 자기 길을 꾸준히 걸어가 언젠가 참하고 이해심 많은 처녀를 만나 사랑하며 행복하게 살기를 바랄 것이다.

"내게 오다가 돌아가시지 않고…… 다른 곳에 가다가 돌아가시기만 했어도 이렇게 마음이 아프지는 않겠어. 내가 부모님 말씀을 잘 듣고 공부를 열심히 해 서울서 학교를 다녔다면 그렇게 내려오다가 돌아가시지 않았을 텐데……."

친구가 흐느껴 울며 하는 말을 듣고 눈물을 참을 수가 없었다는 학생은 내가 그 친구를 상담해줄 수 있는지 물었다.

아마 그 학생은 이제 나를 만나러 올지 모른다. 내게 와서도 많이 울고 괴로워할 것이다. 나는 그와 많은 이야기를 나누게 될 것이다.

중요한 것은 그 학교에 간 것과 부모의 사망 사이에 접착제처럼 붙어 있는 죄의식을 서서히 다른 쪽으로 전환시키는 점일 것이다.

부모가 그 아이 때문에 죽은 것은 아니다. 우리가 전혀 예측할 수 없는 삶의 불행이 어느 날 떨어져 내린 것뿐이다.

부모의 사랑은 자녀가 생각하는 것보다 훨씬 더 깊고 전폭적이다.

하느님이 모든 사람을 다 돌볼 수가 없어서 작은 하느님의 형상으로 내려보낸 것이 바로 어머니라는 이야기도 있지 않은가.

이 아이의 인생에 지금 감당하기 어려울 정도의 위기가 다가와 있다. 그러나 부모가 그 아이에게 원하는 것은 비통함에 빠져 자기를 돌보지 않고 점점 더 불행한 삶으로 가는 길을 선택하는 것은 아닐 것이다.

나는 그 점을 그 아이와 이야기하려 한다.

죄의식을 느끼는 것은 당연한 반응이지만 그 수렁에 빠져 헤어나오지 못하는 것은 그분들이 원하는 일이 아니라는 것을…….

아마 죽은 후에도 손이라는 것을 가질 수 있으면 그 손을 내밀어 가엾은 아들의 눈물을 닦아주고 싶을 것이다.

노만 라이트는 적응능력을 갖추지 못해 위기를 자초하는 사람들의 성격적인 특성을 이렇게 열거한다.

정신적으로 허약하고 신체적으로 약하기도 하고 현실에서 도피하거나 부정하려고 하고 구강기의 고착 증상을 보인다. 시간을 배분하고 사용하는 데 비현실적이고 지나친 죄의식에 사로잡혀 있거나 모든 잘못을 다른 사람에게 돌리려고 하고 지나치게 독립적이거나 지나치게 의존적이다.

정서적으로 아직 성숙하지 못한 사춘기 시절에 감당하기 어려운 불행을 겪은 사람들은 특히 이런 증세를 보일 여지가 더 많다.

위기는 몇 단계를 거친다.

처음에 평탄했던 삶에 어떤 치명적인 사건이 발생해서 혼란이 오고 긴장이 높아진다.

일상적으로 대처해왔던 방법들이 다 듣지 않아 두려움에 사로잡히게 된다. 친구들이나 주위 사람들에게 도움을 청하게 되는 것도 이때다.

어느 기간 동안 위기를 해결하지 못하면 삶이 완전히 무너질 우려도 크다. 이 시기에 위기의 절정에 다다라서 아무 방법도 듣지 않으면 절망과 무력감에 빠져 아무 일도 하지 못하고 신경발작 증세나 급격한 알코올 중독 상태로 들어갈 수도 있다. 여기에 뿌리 깊은 죄의식까지 가세하면 그 위기의 강도는 더욱 높아진다.

이럴 때 상담을 통한 적절한 도움을 받을 수 있으면 극한상태로 치닫는 속도를 줄이고 다시 전의 상태로 돌아갈 전망이 좀 더 밝아질 가능성이 높아진다.

원래 머리가 총명하다는 이 학생이 상담과정을 통해 죄의식의 수렁에서 헤어나 위기를 극복하는 선택을 할 수 있기를 간절히 바란다.

그 아이를 내게 보내는 사람이 바로 그 어머니가 변한 하늘의 별일지도 모르기 때문이다.

그 학생이 다시 평형을 찾아 다른 사람을 사랑할 수 있게 되고 자기 일로 돌아가 홀로 설 수 있다면 그 부모의 별들도 더 맑은 빛을 띠고 하늘 위에서 그 아이의 수호신으로 빛나게 될 것이다.

6. 불행의 초상

술이 너무 좋은 이 씨
고스톱 전문가 철이엄마
바람둥이 김 씨
본드와 지영이
에이즈 환자 최 군

술이 너무 좋은 이 씨

한 잔은 사람이 술을 마시고
두 잔은 술이 술을 마시고
세 잔은 술이 사람을 마신다.

―법화경

"야, 뭐니 뭐니 해도 술처럼 마음에 드는 건 없다 이 말씀이야."

이 씨의 주제가다.

술을 마시고 들어와 마누라를 쥐어패기도 하고 아이들을 가끔 걷어차기도 하지만 술에 취해 있는 동안이 제일 행복하다는 게 그의 주장이다.

"그렇지 않습니까? 아, 이 살맛 없는 세상에 술도 없다면 그야말로 지옥이지요, 지옥."

이 씨의 머릿속에는 자기가 술을 마시고 행패를 부리는 바람에 마누라와 아이들이 어떤 때 지옥 비슷한 곳에 가 있다는 생각은 잘 들어가지 않는 것 같다.

일반적으로 우리 몸에 들어가 좋지 않은 영향을 끼치는 약물들 가운데서도 알코올은 그 수위를 달리게 위험하다. 다른 약물들과 달리 사회적으로 상당히 수용되기 때문이다.

특히 우리나라처럼 알코올에 관대한 성향이 있는 나라에서는 더 위험하다. 누가 무슨 실수를 해도 "술 취해서 그런 걸 뭘 그래." 이렇게 관대하게 넘어간다.

본인도 뒷머리를 긁적거리며 "과장님, 제가 그만 어제 술 때문에……." 하고 나오면, 사나이라면 그의 어깨를 툭 치며 "아, 그런 거 걱정 말게. 술 때문에 그런 걸 내가 다 아네." 이렇게 말해야 한다.

이럴 때 과장님께 무슨 드링크라도 하나 살며시 바친다면 다시 찍을 필요도 없이 그대로 광고 그림이 되는 판이다.

외국 같으면 그런 일은 어림도 없다. 어떤 실수가 술 때문이었다면 더 가혹하게 책임 추궁을 당하는 경우가 많다.

취중에 진담이 나온다는 말도 있지 않은가. 무례하게 나오고도 나중에 본심은 그런 게 아니었다고 늘 사과를 하게 되는 사람은 가슴에 한번 손을 얹어보는 것도 나쁘지 않을 것이다.

그러면 심장이 잘 뛰고 있는가도 함께 체크하면서 자신의 본심은 과연 무엇인지 곰곰이 생각해볼 수 있기 때문이다.

"난, 원 매일 마셔도 중독되는 거 모르겠더라."

이런 농담인지 진담인지 모를 이야기도 있다.

그러나 알코올을 다량으로 장기간 섭취할 경우 심신 양면에 치명적인 손상을 입힌다는 것을 모르는 사람은 없다. 모르는 척하는 사람이 있을 뿐이다.

알코올은 극히 간단한 성분으로 되어 있는데 어째서 그렇게 기묘한 작용을 인간에게 일으키는지 정확히 알고 있는 사람은 드물다. 그래도 술의 기원이 상당히 오래된 것만은 사실이다.

그리스 신화에서도 가장 강력한 신 중의 하나가 술의 신 디오니소스인 것을 보면 그렇다.

인간은 때로는 이성을 잃고 싶을 때도 있다. 너무 가혹한 절제를 그 이성이란 놈이 자신에게 숙제로 내는 경우가 많기 때문이다.

그럴 때 알코올처럼 우리 이성을 마비시켜주기에 신속하고 손쉬운 것은 없다. 한 잔 마셔 이성이 좀 약화되면 그 다음에는 좀 더 쉽게 디오니소스 축제에 참석한 사람들처럼 마구 퍼마실 수 있다.

이 씨는 말한다.

"아니, 우리 마누라가 이러고저러고 선생님한테 하소연하는 거 내다 알고 있습니다. 그렇지만 이거 보십시오. 내가 술이라도 안 마시면 이렇게 엉망인 세상에서 어떻게 사느냐 이런 말씀입니다. 아, 저도 그렇지요. 남편이 좀 취해서 모처럼 그럴듯한 기분으로 집에 돌아오면 자기도 좀 박자를 맞춰주어야 할 거 아닙니까.

이건 그저 소 죽은 귀신처럼 인상을 쓰고 있지 않으면 잔소리를 해대니 모처럼 돈 들여 얻은 좋은 기분이 휘익 날아가버리는 거 아닙니까. 이거 국가적으로 손해입니다. 좋은 기분 휘익 날아가는 거. 안 그렇습니까?"

우리 집 길 건너 연립주택에 사는 이 씨는 구멍가게를 하는 자기 아내가 가끔 내게 하소연하는 걸 아는지 어쩌다 가게에서 마주치면 사람 좋은 웃음을 지으며 이런저런 소리를 한다.

나도 동네 할머니들처럼 저절로 "그거, 참, 술만 안 마신다면 참 좋은 사람이구만." 하는 소리가 나오려고 한다. 그러나 아내 입장에서 사태를 바라보라.

"아이구, 그저 좋은 사람 아니래도 그만 좋으니까 그 웬수의 술 좀 안 마셨으면 좋겠어요. 작은 트럭 세내서 길거리에서 음식 장사하던 것도 다 그놈의 술 처먹고 차 모는 바람에 사고 내서 거덜이 났지요. 직장에서도 술 취한 김에 상사를 두들겨 패서 쫓겨났지요. 전생에 무슨 술하고 웬수를 졌는지……"

이 아내는 당당하고 실한 몸집에 세상일에 본질적으로 비관하는 법이 없는 쾌활한 사람이지만 이즈음에는 자주 얼굴에 그늘이 낀다. 남편의 술버릇이 점점 더 고약해지기 때문이다.

이 아내의 마음의 그림책에는 그저 다른 것 다 그만두고 술만 안 마신다면 이 세상의 어떤 은금보화를 주고도 바꾸지 않을 남편이 들어 있다.

어느 날은 내가 들고 있던 번역서가 '사람 만들기'라는 제목인 걸 보더니 그 책을 좀 빌려달라고 한다. 책 읽는 걸 본 적이 없기에 읽으려고 그러느냐고 물었더니, 그 '사람 만들기'를 자기 남편에게 좀 읽혀야겠다는 것이다.

그런 사람 만들기는 물론 아니고 심리에 관한 이야기였지만 잠자코 빌려주었다.

얼마 후 물건을 사러 갔을 때 그 책을 돌려주길래 남편이 읽었느냐고 물었더니 고개를 가로흔든다.

"사람 되기는 틀린 인간이에요. 다 내 팔자려니 해야지요 뭐."

아주 심난한 기색이라 무슨 일이 있었느냐고 물었더니 남편이 또 술 마시고 차 사고를 내었는데 이번에는 음주운전으로 구속되었다는 것이다. 그걸 수습하느라고 그동안 가게 하면서 애면글면 모은 돈을 다 날리고 또 빚까지 얻었다고 한다.

알코올이 우리에게 미치는 영향 중에 참 심각한 것은 자신의 욕구가 마치도 충족되고 있는 듯한 가성 만족을 준다는 점이다. 힘이 없는 사람은 자신이 아주 힘이 있는 사람인 것처럼, 우울한 사람은 명랑하고 사교적인 사람인 것처럼, 열등감이 많은 사람은 자신이 상당히 괜찮은 사람인 것처럼 생각하게 만드는 성향이 있다.

사람들이 자신이 선택한 삶의 방식에 불만이 많을수록 알코올 섭취량은 늘어가기만 한다.

술을 마시고 있지 않은 동안은 고통스럽고 자신이 없지만 술에 취해 있는 동안은 자신의 인생이 썩 괜찮아 보이기 때문에 재빨리 다시 술을 마시는 악순환이 반복되는 것이다.

영화 〈돌로레스 클레이본〉은 냉정하게 사실적으로 알코올 중독자의 성격파탄을 보여준다.

술은 모든 폭력의 원인이 되기 쉽고 성폭행이나 근친상간 같은 비이성적인 일을 저지르도록 자극하는 가장 강렬한 자극제가 된다.

술에 취한 사람이 주위에 있는 사람들을 적당히 즐겁게 해주는 점도 전혀 없는 것은 아니다.

만약에 우리가 항상 적절한 수준만큼만 술을 마시도록 자신을 통제할 수 있다면 음주의 부정적 효과는 거론되지도 않을 것이다. 적절한 양의 음주는 사람들을 즐겁고 유쾌하게 해주는 성향이 있을 뿐 아니라 소화도 돕고 건강에도 좋다고 한다. 답답한 사람이 좀 더 너그러워지게도 하고 경직되어 있는 사람이 적당한 유연성을 보이게 하는 힘도 주는 것은 사실이다.

하지만 문제는 어느 순간부터 지속적으로 술을 마시는 사람들은 적절한 양을 넘어 지나친 양으로 들어가고 마는 성향이 있다는 사실이다.

적절한 양과 지나친 양 사이의 균형 잡기는 남사당패 광대의 줄타기만큼이나 어려운 일이라는 건 술에 만취하기 잘하는 사람 자신이 너무나 잘 알 것이다.

우리나라에서 두주불사하던 어떤 명사는 마침내 집까지 술값 때문에 다 날리고 취한 채 그 집 앞에 서서 호통을 쳤다고 한다.

"이놈, 이제까지는 내가 네 속에서 살았다만 이제부터는 네가 내 속에서 살게 되었구나."

이쯤 되면 그 기개를 높이 사줄 만도 하다. 그러나 그 집이 자기 몸속에 자리 잡게 된 것은 또 어떨지 모르겠는데 몸속에도 집을 지니지 못하고 몸 밖에도 집을 지니지 못하게 된 가족들의 딱한 신세가 문제다.

이렇게 되면 문제는 해결되지 않고 더 누적되고 누적되니까 술을 더 마시게 된다.

그렇게 되면 마침내 현진건의 소설 〈술 권하는 사회〉에서처럼 이 사회가 나에게 술을 권한다고 부르짖게 되고, 순진하고 가난한 아내는 홀로 한숨을 삼키면서 "그놈의 사회가 왜 술을 권하는고." 하고 한탄을 하기에 이른다.

이즈음에는 주부 알코올 중독 문제도 심상치 않다. 상당히 많은 주부 우울증과 알코올 중독이 보고되고 있다.

이 문제의 특징은 남자들처럼 드러낸 음주행태를 보이지 않아 그 상태가 한동안 숨어 있는 점이다. 혼자 많은 양의 독한 술을 재빨리 마셔버리기 때문에 본인도 알지 못하는 새 단기간 내에 알코올 중독 상태로 들어가는 경우가 많다.

알코올 중독은 인간을 병들게 하고 그 한 사람뿐만 아니라 그 주위에 있는 가장 가까운 사람늘을 아수 고농스럽게 한다. 그리고 어떤 단계를 넘어서면 자기 혼자나 가족의 힘으로 단주하기가 어렵다.

알코올 중독자에게 단주모임 같은 금주가들의 모임을 권장하는 이유가 여기에 있다. 동질성을 느끼며 고민을 같이 겪고 극복한 사람들끼리 이야기를 나누고 서로 도우며 문제의 해결로 다가갈 수 있기 때문이다.

또 가족들은 알코올 중독자 가족들의 모임에 동참함으로써 사태를 좀 더 객관적으로 판단하고 중독자를 도와줄 방도를 찾도록 권유받기도 한다.

우리 사회는 조직적으로 음주를 부추긴다. 광고에는 온갖 미남미녀들이 나와서 맥주나 소주잔을 들고 행복한 청춘을 구가한다. 거기에는 음주로 인한 정서 황폐화도 없고 참담한 교통사고도 없고 알코올은 행복하고 옷 잘 입고 성공한 삶들이 사용하는 천국의 음료처럼 나타난다.

이런 농담이 캠퍼스에서 나돈다.

졸업하는 학생에게 교수가 "자네 졸업한 후 진로는?" 이렇게 물었더니 "앞으로 줄여서 하루에 한 병씩만 마시겠습니다." 이렇게 자복하더라는 것이다.

음주 운전자들은 역설적으로 술에 많이 취할수록 까짓 운전이 대수롭지 않게 보이고 자기 힘은 시금치를 먹은 뽀빠이처럼 무한궤도에 오른다고 믿는다. 그리고 행운의 판타지가 떠오르면서 오늘 음주 운전을 단속할 리가 없다는 자신이 생긴다. 왜냐면 자신 같은 행운아에게 그런 일은 일어날 리가 없기 때문이다.

절제 있게 술을 마셔 사교상의 음료로만 알코올을 활용할 수 있다면 술이란 인생의 윤활유로 나쁘지 않을 것이다.

그러나 양푼에 막걸리도 아닌 소주를 가득 담아 강제로 마시게 해서 신입생을 치사상태에 빠뜨리는 건 참으로 잘못된 관행이 아닐 수 없다.

적당한 양과 지나친 양 사이에 절제하는 법은 오히려 부모가 자식에게 기피하지 않고 잘 가르쳐볼 수도 있는 부분이다. 어른들 앞에서 술을 배워야 한다는 말은 이런 의미에서 이치에 맞는 이야기이다.

처음부터 감정적으로 괴롭거나 정서적으로 불균형이 심할 때만 술을 마셔 버릇하면 알코올 중독자로 이행할 확률이 아주 높기 때문이다.

　인생의 모든 일이 괴로워 한잔하고 싶을 때, 술병을 선반에서 내리지 말고 일어서서 문을 열고 밖으로 나가 오 분 동안이라도 걸어보는 선택을 하라고 권하고 싶다.

　오 분을 걸어보니까 바로 그 앞에 포장마차가 있기에 그만, 들어가서 딱 한잔, 이런 소리는 하지 말기 바란다.

　문제 발생을 막기에 가장 좋은 것은 치료가 아니라 예방이라는 점을 한번 되새겨보라는 말을 지금 술이 취한 채 또 술잔을 드는 사람에게 전하고 싶다.

　왜냐면 술이 너무 좋은 이 씨는 지금 궤도를 이탈한 인공위성처럼 누구도 어떻게 멈추게 하기 어렵기 때문이다.

　이렇게 되면 불행의 선택이라고 부르지 않을 도리가 없다.

　"이 웬수를 어떻게 하면 좋아."

　이런 아내의 한탄과 이 씨의 찬탄은 오늘도 이 골목길에서 함께 들려온다.

　"야, 뭐니 뭐니 해도 술처럼 마음에 드는 건 없디, 이 밀쑴이야."

고스톱 전문가 철이엄마

인간의 행동이란 사고의 최상의 통역자이다.

―로크

라스베이거스 호텔 카지노에 없는 것이 세 가지 있다.

첫째, 시계가 없다. 그런 것은 안 보는 게 더 좋은 곳이다. 누구에게 더 좋은 것인지는 모르겠지만 말이다.

둘째, 호텔 방에 냉장고가 없다. 갈증이 나면 방에 틀어박혀 있지 말고 부디 내려와 게임도 하면서 한잔해보라는 뜻으로 볼 수 있다.

셋째로는 카지노 안에 바깥이 밤인지 낮인지 알아볼 수 있는 투명한 창이 노출되어 있지 않다.

상징적인 일이다. 카지노는 미래로 가는 시간과 창문이 없는 곳이다. 카지노의 넓은 방에는 환상적인 조명과 마법의 동산 같은 각종 기기들이 늘어서 있고 여기저기서 쟁그렁거리고 돈이 떨어져내리는 소리가 들려온다.

길을 걸으면 호텔 건물 밖 길가에 그대로 긴 에스컬레이터가 드러나 보이는 곳도 있고 그것을 집어타면 저절로 카지노 안으로 들어가게 되어 있다.

호텔도 피라미드 모양을 본뜨기도 하고 영국 아더 왕 시대의 성 모양이나 동화의 궁전 모양을 본뜨기도 해서 어른들의 디즈니랜드 같은 재미있고 환상적인 분위기를 준다. 우리가 도박을 생각하면 떠오르는 음습하고 어두운 죄의 분위기가 이곳에는 조금도 없다.

카지노 슬롯머신에 앉아 게임을 하고 있으려니까 눈에 띄게 예쁜 아가씨들이 쟁반 가득히 술이며 레모네이드 같은 마실 것을 들고 와서 권한다. 처음에는 파는 것인 줄 알았더니 전부 무료다.

바로 옆에 있는 바에서는 십 달러를 받고 파는 술을 장난 삼아 오센트짜리 슬롯머신을 하는 사람에게도 무료로 준다.

물론 조건은 있다. 기계 앞에 앉아 게임을 계속해야 한다. 그저 멍하니 앉아 있거나 서 있으면 술이나 음료를 주지 않는다. 과감한 계산법에 놀랄 지경이다.

술기운이 들어가면 어쩐지 행운의 여신이 손짓하는 것 같은 느낌이 들어 사람들이 좀 더 큰돈을 거는 슬롯머신이나 룰렛을 하는 장소로 자리를 옮긴다. 그러니 그 술은 무료가 아닌 셈이다.

저녁을 먹으러 들른 한국 음식점의 주인 아주머니가 어디에 묵고 있느냐고 묻더니 의미심장한 미소를 띠고 된장찌개 냄비를 내려놓는다. 그러고는 몸을 굽히고 속삭이듯 한마디한다.

"절대 도박하지 마세요. 잘못하면 차비까지 다 날릴 수도 있어요."

"도박은요. 그저 동전 가지고 장난으로 해보니까 재미있던데요."

이 철없는 발언에 아주머니의 눈이 반짝 빛난다.

"그거, 그거 바로 위험 신호예요. 이놈들이 어떤 놈들인데요. 슬슬 잔돈으로 재미 붙이게 한 다음에 주머니를 닥닥 긁어갈 참이에요. 그런데 말려들었다가는 큰일 나요."

어쨌든 그 호의가 고마웠다.

내가 평소에 도박에 취미가 있거나 소질이 있다고 생각해본 적은 없지만 슬롯머신의 화려한 꽃그림이나 숫자들이 일렬로 서면서 불이 켜지고 맑은 종소리가 들리면서 동전이 쟁그랑거리고 떨어져 나오면 그렇게 신이 날 수가 없었다.

계획했던 대로 두 시간만 하고 일어서기는 했지만 아닌 게아니라 다음 날 스케줄이 없었다면 밤을 새우고 싶은 유혹도 느낄 정도로 시간 가는 줄 모르게 재미있었다.

비행기에서 내려 공항에 들어서자마자 사방에서 현란한 빛깔과 소리를 내는 슬롯머신이 놓여 있는 것을 보면서 아주 흥미 있는 도시라는 생각을 했다.

사막 한복판에 이런 환상의 도시를 세울 생각을 해낸 아이디어도 놀라웠고, 비 한 방울 내리지 않는 땅에 도박의 오아시스를 세워 사람들의 억눌린 정서를 풀어주는 대가로 도시가 자라나고 있다는 사실도 놀라웠다.

사람들이 지닌 승부욕을 노려 결과를 예측할 수 없는 행운을 기대하는 재미를 극대화시킨 것 같은 도시였다. 어린아이 같은 재미를 추구하는 어른의 심정을 그대로 반영시켜 만들어놓은 어른들의 거대한 놀이터라는 느낌도 들었다.

네온사인이 햇빛처럼 밝은 라스베이거스의 야경을 구경하며 도박에 미쳐 가산을 탕진하고 사기 도박꾼 조직에까지 끌려 들어가 남편에게 이혼당할 위기에 놓이고도 화투장을 놓지 못하던 철이엄마가 생각났다.

이렇게 대낮처럼 밝은 밤을 준비하고 도박장들을 그대로 드러내고 있는 이 도시에 그 여자를 데려다 놓으면 아주 좋아할까. 아니면 신토불이를 외치면서 자기는 화투놀이 이외의 다른 도박에는 흥미가 없다고 할까.

철이엄마는 처음에 장난으로 손을 댔다는 고스톱에 점점 빠져든 경우였다. 나중에는 출장이 잦은 남편이 집을 비우는 날이면 아예 애들을 재워놓고 밤샘 도박판이 벌어지는 곳을 따라다니던 그녀는 도박하는 짜릿한 재미를 도저히 포기할 수 없다고 말했다.

남편의 강요로 상담을 받으러 왔었지만 한 번 온 후에 다시는 나타나지 않았다. 남편이 상담받지 않으면 그대로 이혼하겠다고 해서 오기는 왔지만 자기가 그런대로 이제는 도박과 살림의 균형을 잡아가면서 지낼 수 있다는 것이다. 남편에게 아무 문제없다고 말해달라는 철이엄마의 눈은 초점이 잘 맞지 않고 몽롱하게 보였다.

그 여자의 마음의 그림책에는 백송학이며, 매조, 흙싸리 그림들만 가득 차 있어 아이들이나 남편의 그림을 다 밀어내버린 것만 같았다.

"이제는 괜찮아요. 이번에도 재수가 없어서 사기 도박판에 걸려서 그렇지 그런 일만 조심해서 믿을 만한 사람들하고 하기만 하면 나쁘게 없어요. 논 게 재미있는 걸로 치면 사실 좀 잃었대도 논 값 낸 걸로 치면 되지요. 나도 이젠 고스톱이라면 전문가가 다 되어서 잃지 않고 잘할 수 있어요. 누구 못살게 하는 것도 아니고 뭐 어때요."

그렇게 생각하고 있는가, 아이들 생각은 어떤가 하고 묻자 아이들은 이제 다 크고 남편도 자기 일에만 바쁘기 때문에 괜히 그러는 거지 자기가 뭘 하든지 사실 관심도 없다는 게 철이엄마의 대답이었다.

술이나 니코틴, 알코올 중독 같은 것들이 다 끊기 어려운 섭취 중독이라면 도박이나 방종한 성관계, 일 중독 같은 것들은 끊기 어려운 행동 중독으로 볼 수 있다.

문제는 사람들이 생각하듯이 도박이 마음만 먹으면 끊어지는 어떤 행태가 아니라는 점이다. 도박에 미친 사람들은 다른 모든 일에 관심을 끊고 오로지 그 일에만 매달려 전력투구를 하기 때문이다.

라스베이거스에 이사 왔다가 도박에 미쳐 그동안 벌어놓은 전 재산을 다 털어먹고 그곳을 떠나는 한국 이민자의 수도 적지 않다고 했다.

병적으로 도박에 중독증상이 이미 생긴 사람이 그 증상을 멈추려면 집안의 재산을 다 들어먹고 패가망신을 하거나 어떤 사건에 부딪혀 형사법에 걸리기 전까지는 자석에 끌려나가는 쇠 인형처럼 끊기 힘들다는 것이 정설이다.

도박하는 자식을 두는 것이 제일 큰 문제라는 옛말도 수긍이 갈 정도로 도박에 미친 사람들은 다른 세상구조가 머릿속에 들어오지 않는다. 아편에 미친 사람들과 거의 유사하다.

우리나라 사람처럼 고스톱 같은 도박을 재미 삼아 즐기는 민족도 많지 않을 것이다. 상갓집은 말할 것도 없고 수영장에 가거나 공항에 가도 한구석에 고스톱을 벌이는 사람들이 있다.

도박도 어떤 의미에서 술처럼 우리에게 욕구충족의 가성 만족을 주기는 하는데, 시간 낭비나 정서 고갈 같은 폐해가 실상 심각하다. 하지만 그런대로 자기가 하고 있는 일에 큰 지장을 주거나 금전적인 문제를 드러나게 일으키기까지는 병적 도박 상태라고 보지는 않는다.

우리가 병적 도박이라고 부를 때는 그 충동을 억제할 수가 없어 반복적이고 만성적으로 도박을 함으로써 개인이나 직장, 가정생활에 심각하게 손실을 가져올 경우를 말한다.

중독상태에 이르면 단순한 승부욕이 아니라 도박 직전에 도박 충동이 고조되고 도박을 하면서 지극한 쾌감과 긴장 완화가 오게 된다. 돈줄이 다 끊어지면 반사회적 인격 장애자처럼 돈을 얻기 위해 반사회적인 행동도 쉽게 저지르게 된다. 그러나 도박자들이 폭력적인 행동을 하는 경향은 적다고 보고되고 있다.

마침내 이런 증증이 계속되면 가족이나 친지들로부터 버림받기 쉽고 사회적인 실패나 자살기도, 범죄행위로 인한 교도소 출입 등의 좋지 않은 일이 일어나게 된다.

철이엄마도 가까운 친지 친척들에게 뚜렷한 사용처가 없는 돈을 빌린 후 갚지 않았고 남편과의 관계도 악화일로였으며 도박으로 인해 경제적으로도 곤란을 당하고 있었다.

병적 도박의 치료가 그 자체로 성공적이었다는 보고는 거의 없는 것으로 알려져 있다. 그 이유는 도박이 어느 순간 욕구를 채워줘 쾌감을 얻게 해주기 때문에 스스로 치료받으려는 동기가 전혀 안 생기는 점에 있다고 볼 수 있다.

카지노에서 게임하고 남은 동전을 지폐와 바꾸면서 철이엄마가 지금은 어디 가서 무엇을 하고 있을까 하는 생각이 들었다.

요새 전문가 시대인데 고스톱의 전문가가 되는 게 뭐가 나쁘냐고 어색하게 우스갯소리를 하던 그녀 생각을 하며 지금쯤은 그녀가 도박이 아닌 다른 긍정적인 욕구충족의 방법을 찾아냈기를 바라는 마음 간절했다.

바람둥이 김 씨

신은 인간이 해결할 수 없는 일을 강요하지 않는다.

―코란

돈주앙은 천세 명의 여자를 섭렵했다는 전설적인 플레이보이다. 《플레이보이》지를 발간하고 있는 휴 해프너는 자신이 플레이보이라는 사실을 공공연히 공개했고 그렇기 때문에 결혼하지 않겠다고 큰소리를 치고는 했다.

〈초원의 빛〉에 나오는 워렌 비티 같은 배우도 자신이 플레이보이라는 호칭을 별다른 거부감 없이 받아들였다. 그와 사귀었던 매력적인 여자들은 하나같이 그가 그렇게 멋진 남자였으며 그와 사귀는 동안 내내 즐거웠고 헤어진 지금도 그를 아주 좋게 생각한다고 말하고는 했다.

두 사람 다 이즈음에 이르러 결혼한 것으로 알고 있다. 이제는 더 이상 플레이보이가 아니라고 공언하는 그들을 안타까운 눈으로 바라보는 여자들도 있을 것이다.

그런데 흥미 있는 일은 우리가 플레이보이와 바람둥이라는 말 사이에 어떤 미묘한 차이점을 두고 말하는 경향이 있다는 점이다. 과연 플레이보이와 바람둥이 사이에는 차이점이 있는가. 있다면 어떤 차이점인가.

이런 질문은 마치 넌센스 퀴즈와 같아서 국수는 밀가루로 만들고 국시는 밀가리로 만든다는 이야기와 유사할지도 모른다.

우리가 어떤 남자를 플레이보이라고 부를 때는 인생을 즐겁게 사는 방법 가운데 하나로 여자를 그 매체로 삼기는 하지만 적절한 매너도 있고 여자에게 강제하지 않는 태도와 다른 멋도 갖추고 있어야 된다고 생각하는 경향이 있다.

여자에 대해 점잖고 예의 바른 태도를 지니고 있기도 하고 무엇보다도 그 남자와 헤어진 여자가 그를 비난하지 않고 즐거운 시간을 함께 보냈다고 생각해야 한다는 점들도 아마 그 자격 요건에 들어갈지 모르겠다. 그렇다면 플레이보이라고 인정받는 남자 곁에 여자가 끊이지 않는 이유도 어느 정도 설명이 될 수 있을지 모른다.

상당히 많은 여자들이 여자문제에 상처받고 방황하는 그가 만난 마지막 여자가 자기가 되리라고 생각하는 낭만적 성향도 여기에 일조할 것이다.

그러나 우리가 어떤 남자를 바람둥이라고 부를 때는, 멋도 사랑도 없이 여자와 무분별한 성관계를 갖고 여자와 관계를 끊을 때는 냉혹한 태도를 취해 원성을 사는 남자를 생각하고 있는지도 모른다.

앞서 예를 든 남자들처럼 플레이보이라는 이름을 어느 정도의 자긍심을 갖고 받아들이는 남자들도 많다. 바람둥이라는 말까지도 별 무리 없이 받아들이는 소화력 좋은 남자도 있다.

"자고로 영웅 호색일세. 열 계집 마다하는 남자 보았는가."

이렇게 문자를 쓰며 껄껄 웃는 양반 기질까지 보이면서 말이다.

이조 때 한 양반의 아내는 기생에서부터 유부녀, 어중, 하다못해 이웃집 여자까지 넘보며 엽색 행각을 일삼는 남편을 참다 못해서 어느 날 집에서 무명을 검게 물들이고 있었더니 마침 집에 들어서던 남편이 무엇을 하려는가고 물었다.

남편이 하도 바람을 피우니 그만 세상이 다 귀찮아져서 입산해서 여승이나 되려고 한다고 대답하자, 이 양반이 돌연 반색을 했다는 것이다.

내가 온갖 여자를 다 접해보았지만 오직 여승하고는 관계를 가져보지 못했는데 이제 당신이 여승이 되면 자기 마지막 소원이 이루어지는 거라고 기뻐하는 바람에 아내가 기가 막혀 물들이던 무명을 마당에 내동댕이쳤다는 일화도 있다.

그러나 성도착자라는 말을 듣고 어물어물 기뻐하는 남자는 없을 것이다. 무언가 남자다운 기개를 과시하며 자기 힘을 보이던 수탉 같은 이미지에서 갑자기 환자의 이미지로 전락하기 때문이다.

서른여덟 살 된 아내가 디자이너라 돈 걱정이 없는 자유업의 마흔두 살 난 김 씨는 장안에 소문난 바람둥이다.

패션모델이 되고 싶은 젊고 예쁜 여자들이 아내 근처에 들끓는데 틈만 있으면 그 여자들을 집적거리는 건 물론이고 단골 음식점의 여자나 이웃의 젊은 처녀까지 아무에게나 눈독을 들이고 집적거린다.

아내가 죽는다고 위협도 하고 이혼한다고 협박도 해보았지만 무슨 일이 터지면 싹싹 빌고 다시는 안 그러겠다고 맹세를 한 연후에 한동안 그 버릇이 잠잠하다가 도로아미타불이 되고는 한다.

"그런 여자들은 아무것도 아니야. 내게는 당신뿐이야. 내가 사랑하는 사람은 인생을 통틀어 당신 한 사람뿐이야. 이건 진심이라고……."

눈물까지 글썽이며 하소연하는 남편을 용서해 버릇한 게 두 아이 때문인지 습관이 되어서였는지 모르겠다는 아내는 이제는 남편이 하는 짓거리에 신경도 안 쓰기로 했다는 태도를 견지하지만 무던히 속을 썩고 있는 것만은 틀림없다.

우연히 만나게 된 자리에서 반 농담 비슷하게 뭐, 심리학적으로 남자들의 바람기를 잡는 방법은 없나요, 하고 물었기 때문이다.

지속적으로 바람을 피우는 남자들의 아내가 속마음이 숯검정처럼 꺼멓게 썩고 있는 건 말할 필요도 없다.

두 사람은 겉보기에 다른 문제도 없고 각자 자기 일을 가진 부부다. 아이들도 잘 자라고 있고 경제적으로도 아주 여유가 있다.

그러나 평소에 안면이 있던 그 아내는 결혼한 후 십여 년 동안 줄곧 실망만 하고 살아왔다고 고백했다. 자기가 꿈꾸던 결혼은 이런 것이 아니었다며 남편 때문에 인생의 행복을 포기하고 사는 것 같은 생각도 든다고 말했다.

자기 사업의 성공도 헛된 일인 것처럼 보인다며 우울한 정서를 호소했다.

자기 남편이 바람을 피운다면 불특정 다수와 무작위로 성관계를 갖는 것이 좋은가, 아니면 한 사람의 여자와 관계를 갖는 것이 좋은가, 그것도 아니면 어느 여자와 플라토닉한 사랑의 관계만 지속하는 것이 좋은가.

누가 여자들에게 이렇게 묻는다면, 아마 어느 것도 마음에 들지 않는 대답이라 답 한 개를 더 주어야 사지선다형을 선호하는 우리나라 수험생들처럼 대답을 할 수 있을지도 모른다.

아마 네 번째 선택의 여지를 준다면 심신 양면으로 아내만을 사랑해주는 남자를 제일 선호하기는 할 것이다.

어느 시인이 생애를 통한 순수한 사랑으로 다른 여성 시인과 주고받은 편지를 공개했을 때 그 낭만적인 사랑에 감동을 표시한 젊은 여자들도 많았다. 그러나 중년에 접어든 여성 독자들은 허수아비를 안고 살아온 그 시인의 아내에게 마음속으로 동정을 표시하기도 하고 분개하기도 했다.

성폭행이나 추행을 일삼는 범죄자들 중에 어떤 독특한 호르몬 작용 때문에 급격한 성충동을 억제할 힘이 없어서 그렇다는 이야기가 나오면서 뇌수술이나 호르몬 투여가 논의되기도 한다. 그들 중 대부분이 성적 파트너가 없어서 욕구충족을 하고 싶어 성범죄를 저지른다는 우리의 생각과는 달리 아내나 애인이 있는 경우가 적지 않기 때문이다.

그렇다면 세칭 바람둥이로 불리는 김 씨 같은 사람들의 문제는 생리적인 문제 때문인가, 심리적인 문제 때문인가.

한마디로 단정짓기는 어렵지만 김 씨 같은 경우는 성도착증으로 분류되기는 어려운 경우라고 보인다. 그러나 그의 행동이 불행을 선택하는 행동 중독증인 것만은 틀림없다.

가장 가까운 가족인 아내와 자기 상대자였던 여자들 중 많은 사람들에게 불행감을 느끼게 만들고 있기 때문이다.

어떤 때 울고불고하는 여자들의 뒷수습까지 하노라면 정말 사는 일에 진력이 난다고 김 씨의 아내는 말한다.

김 씨의 태도는 일종의 인격장애라고 볼 수 있는데 다른 사회적 기능은 정상적으로 수행하고 있다. 하지만 자기 주위에 있는 사람들의 욕구충족을 훼손시키고 자신의 욕구충족에만 몰두하기 때문에 책임성 없는 사람이라고 볼 수 있다.

일전에 자기가 좋아하는 것이 무엇인가를 돌려가며 이야기하는 집단상담 장면에서, 한 중년 남자가 자기가 좋아하는 건 여자라고 해서 웃음이 터진 적이 있다.

그 남자의 솔직성은 높이 평가할 만하다. 우리가 여러 경우에 동성보다 이성에게 좀 더 선호하는 감정을 지니고 있는 것은 사실이기 때문이다.

그 사람이 좋아한다는 여자의 의미가 할머니나 나이 든 중년 여자에게까지 확산되어 있다면 여성단체에서 페미니스트로 뽑아 상이라도 주어야 하겠지만, 그 어투로 보아서 그런 것은 아닌 것 같았다. 그의 말에서 풍기는 뉘앙스로 보아서는 그 대상이 젊고 매력 있는 여자로 국한되는 느낌이 강했다.

김 씨에게 과연 심리학적으로 어떤 조치를 취하면 그런 행동이 사라질 수 있을 것인가. 한마디로 말하기는 어려울 것이다. 그저 김 씨가 나이 들면 어느 정도 그런 행동에 제동이 걸리리라고 추측할 뿐이다. 어쨌든 기력도 줄고 성적 충동도 많이 가라앉을 것이기 때문이다.

그는 지금까지 법이 제정한 범위 내에서 어긋난 행동을 한 적은 없다. 폐지할 것인가 말 것인가로 논란이 되고 있는 간통죄나 매음 같은 것은 성폭행이나 노출증, 가학증 같은 풍속사범과는 그 적용범위가 다르다.

간통죄는 친고죄에 해당되서 김 씨의 아내가 그런 방법을 쓴다면 법적으로 남편을 제재하고 이혼할 수도 있을 것이다. 그러나 아내는 그렇게 하기를 원하지 않고 있다.

그녀는 남편이 불결하게 느껴져서 다정한 성관계를 갖는 것은 거의 불가능하다고 말했다. 오직 이혼하지 않는 이유는 자신의 사회적 지위와 아버지 없는 아이들을 만들고 싶지 않은 것뿐이라고 말하는 김 씨의 아내는 울지도 않았고 목소리도 나직하게 가라앉아 있었다.

김 씨가 무절제한 여성편력을 벗어나는 방법은 그가 스스로 그렇게 하지 않겠다는 의지를 가지고 있어야 가능할 것이다.

그가 법적인 문제에 걸려들지도 않고 자기 나름대로는 기술적으로 여자들과의 관계를 정리해나가는 것을 보면 이성이 마비된 것도 아니고 심각한 정신질환에 걸려 있는 것도 아니다.

문제는 김 씨가 모든 남자들이 품고 있음직한 성적 판타지를 주위 사람들에 대한 배려 없이 그대로 행동으로 옮긴다는 점에 있다. 두 번이나 성병에 걸려 아내와 같이 치료를 받은 적도 있다고 했다. 이런 무책임한 행동을 하는 김 씨는 다른 사람을 사랑하는 배려가 여러 측면에서 결여된 사람이다.

영웅호색이라는 말 뒤로 날렵하게 숨는 것도 좋지만 지금은 군웅할거 시대도 아니고 김 씨 자신이 늘 목숨을 걸고 있는 상황이라 여자들을 아무나 품에 안아도 좋은 전쟁터의 영웅도 아니다.

김씨의 경우는 자신의 행동이 치료받아야 할 정도로 중증에 속한다는 것을 인식하는 것이 우선 행동을 수정해볼 수 있는 첫걸음이 될 것이다. 그리고 다른 사람들의 마음을 배려하지 않는 태도 때문에 자신이 나이 들어 초라한 노후를 맞을 것을 생각한다면 아직 기력이 있을 때 그런 행동을 그치는 것이 좋지 않을까 싶다.

아내가 참기 어려워하면서도 그를 너무 오래 묵인한 것도 그의 행동을 조장하는 데 기여했을 수도 있다.

부부간의 역학관계란 미묘한 것이라 아내가 자신의 바쁜 사회활동에 방해가 되지 않도록 어느 정도 남편을 밖으로 내모는 역할을 했을 가능성도 배제하기 어렵기 때문이다.

두 사람 다 더 늦기 전에 진정한 인간관계를 맺을 수 있도록 함께 결혼상담을 받아보기를 권하고 싶다.

본드와 지영이

그대는 알고 있습니다.
사람이란 얼마나 미약한 존재이며
얼마나 가난하고 외로운 존재인지를.
얼마나 상처받기 쉬운 존재인지를.
눈물 흘리는 그대를 위로할 수 있는 이는 아무도 없다는 것을.
이해받지 못한 마음의 슬픔보다 더 큰 슬픔은 없다는 것을.
수많은 사람들에게 삶이란 견디기 어려운 고뇌라는 것을.

―필 보스만스

동네 한구석 비어 있는 반지하 연립주택에서 본드를 흡입하고 거의 혼수상태에 빠져 있던 지영이는 동네 사람들의 신고를 받은 경찰에 의해 적발되었다.

언니와 엄마, 이렇게 세 사람이 살던 지영이는 중학교 졸업 후 연합고사에 떨어지고 집에서 한동안 놀았다. 달리 갈 곳이 없었다.

지영이가 어렸을 때부터 사업에 실패를 해 이리저리 떠돌기 시작한 아버지는 방랑하던 과정에서 다른 여자와 만나 살림을 차렸고 거기서 아이를 낳았다.

가끔 손님처럼 집에 돌아오던 아버지는 지영이를 거들떠보는 일도 없고 오직 어머니를 붙잡고 이혼해주지 않는다고 폭행도 하고 승강이도 하다가 돌아갔다.

어머니는 몇 년 동안 막연한 기대를 가지고 언젠가 이 상황이 해결되지 않을까 하는 애매한 태도로 아버지가 새모이처럼 던져주는 생활비를 쪼개 쓰며 살아왔다. 언니는 고등학교를 다니다가 가출한 이후로 소식도 없었다.

어머니 자신의 인생의 짐이 너무 무겁고 불행해 무언가를 끓여 먹는 것 이외에 정서적인 배려라는 건 있지도 않은 가정에서 지영이는 어린 시절과 사춘기를 보냈다.

아버지에 대한 비인간적인 비난으로 날을 보내며 사는 것 자체를 귀찮아하는 어머니와 자녀에게 아무 관심도 없이 냉담하기만 한 아버지 사이에서 지영이는 공부하고 싶은 생각은 해본 적도 없었다.

환경이 비슷한 친구들 중에 부모들이 밤낮으로 집을 비우고 다니는 친구들과 어울려 지내다가 본드에 관한 이야기를 듣게 되었다. 그렇지만 지영이에게는 어머니를 생각하는 마음에 아직 그 정도까지는 가지 않을 자제력이 있었다.

견디다 못해 마침내 아버지를 단념한 어머니는 아버지의 이혼 요구를 받아들여 적은 액수지만 위자료를 받아 동네 어귀에 단란주점을 차렸다.

밤늦도록 혼자 남게 된 지영이는 집에 돌아와 혼자 불도 안 켜고 가만히 앉아 있고는 했다.

심심했다. 어느 날 친구 집에서 지영이는 친구의 권유에 따라 본드를 흡입해보았다. 처음에는 어지럽고 메스껍기만 하고 그 날아갈 것 같다는 기분을 느낄 수가 없었다.

"이것도 기술이 필요한 거야. 조금만 노력해봐. 곧 끝내주는 기분을 맛볼 수 있을 거야. 기분이 삐리리해지는 거 있지."

그래도 어쩐지 그렇게 해서는 안 될 것 같은 생각이 든 지영이는 그 친구를 한동안 피했다.

어느 날 집에 돌아오던 지영이는 어머니가 웬 낯선 남자와 겸상하고 앉아 밥을 먹고 있는 장면과 마주쳤다.

지영이가 충격받은 점은 새로운 남자가 집에 있어서가 아니었다. 어머니의 환하고 행복한 표정 때문이었다. 그 표정은 지영이가 들어서는 순간 물에 적신 신문지처럼 구겨졌다.

그 길로 돌아나선 지영이는 친구의 집을 찾아가 그녀가 가르쳐주는 대로 본드를 흡입하고 몽롱한 상태로 자리에 누웠다. 행복해지고 싶지도 않았다. 지영이는 그저 다 잊고 싶었을 뿐이었다.

안데르센 동화의 성냥팔이 소녀는 추운 겨울날 신발을 잃어버려

언 발을 이끌고 매맞을 것이 두려워 집에 들어가지도 못하고 거리를 헤맨다.

  부잣집 담 한모퉁이에서 한 개비씩 성냥을 켜면서 소녀는 성냥불이 피어오를 때마다 세상의 고통을 잊게 해주는 환상을 본다. 소녀는 한 개비씩 한 개비씩 성냥을 켠다. 불꽃은 소녀에게 따뜻함과 행복감을 주었다.

  지영이에게도 그 가엾은 소녀처럼 나른하고 하늘로 날아 올라가는 것 같은 환상이 왔다. 몽롱한 의식 가운데서 처음으로 따뜻한 물에 잠겨 둥둥 떠 있는 것 같은 행복한 느낌이 들었다.

  이날이 시작이었다. 날이 지나갈수록 지영이는 본드 없이는 살 수 없게 되었다.

  어머니는 다른 남자에게 취해 지영이가 집에 들어오지 않는 것에 대해 더 이상 승강이하고 싶어하지도 않았다. 저 들어오고 싶으면 들어오고, 저 나가고 싶으면 나가고…….

  지영이는 집에 들어오고 싶지 않아 친구 집에 얹혀 있다가 친구를 따라 술집에 나가기 시작했다.

  처음 술집에 앉아 고거 제법 예쁘다고 칭찬하는 아버지뻘 되는 사람들에게 술을 따르기 시작했을 때 지영이 나이는 열여섯 살이었다. 남자들은 어린 지영이에게 술을 퍼마시게 하고 돈을 주고 데리고 나가 함께 잤다.

  일 년이 지난 어느 날 지치고 괴로운 몸을 이끌고 집으로 돌아온 지영이는 잠긴 문 앞에서 한동안 서 있었다. 어머니는 전셋돈을 빼내서 어디론가 이사를 가버린 것이다.

  한창 다세대 주택을 짓느라고 먼지가 펄펄 피어나는 동네 한모퉁이를 걷던 지영이는 거진 다 지어진 채 비어 있는 연립주택을 발견했다. 반지하로 향하는 계단을 내려가자 문은 쉽게 열렸다.

다시 계단을 올라가 막걸리 한 병과 공업용 본드를 사 들고 온 지영이는 먼저 막걸리를 다 마셨다.

그 다음에 전에 친구에게 배운 대로 병 아구리를 오려낸 다음에 그곳에 공업용 본드를 담고 코에 대었다 떼었다 하면서 냄새를 맡기 시작했다.

그리고 그 자리에 누웠다.

곧 의식이 몽롱해지고 동공이 풀어졌다.

성냥팔이 소녀가 자기만을 사랑해주던 할머니를 환상 속에서 보며 얼어 죽어가듯이 지영이의 의식도 점점 더 가물가물해졌다.

하지만 지영이의 의식의 갈피를 다 뒤집어 꺼내보아도 성냥팔이 소녀처럼 자기에게 다정한 미소를 지으며 안아주던 사람의 기억은 어디서도 떠오르지 않았다.

본드의 과다한 흡입과 술기운에 얽혀 의식을 잃어가던 지영이는 마침 그곳을 지나가던 동네 사람이 발견해서 신고를 하는 바람에 더 위독한 상태가 되지는 않았다.

지영이는 경찰에 의해 일단 병원으로 옮겨져 간단한 치료를 받았다. 본드 사범으로 경찰서 유치장에서 일주일을 묵은 지영이는 구치소로 옮겨져 한 달을 지냈다.

그 다음에 지영이는 소년감별소로 옮겨졌다. 법원은 돌아갈 집이 없는 지영이를 보호관찰소로 보내라고 판결했다.

마르그리트 뒤라스는 너무 일찍 세상의 고통을 겪어 늙어버렸던 자신의 열여덟 살을 자전적 소설에서 이렇게 묘사하고 있다.

열여덟에 나는 이미 늙어버렸다. 다른 사람들도 다 그런지는 물어본 적이 없어서 모르겠지만 인생의 봄이라고 할 청춘시절이 얼마나 덧없이 빨리 지나가버리는가에 대해서는 가끔 들은 적이 있는 것 같다. 이 시기의 노쇠현상은 잔인했다.

나는 내 표정 하나하나가 그 노쇠현상에 잠식되고 표정들 사이의 관계가 변화하는 것을 알았다. 눈은 커지고 눈빛에는 슬픔이 깃들였으며 입은 단호하게 굳어지고 이마에는 깊은 주름이 패어 들었고 그리하여 그런 변화를 두려워하기보다는 오히려 내 얼굴에서 일어나고 있는 노쇠현상을 나는 마치 재미있는 책을 읽어나갈 때의 호기심과 흥미를 가지고 관찰하였다……

내 인생의 역사는 존재하지 않는다. 그런 것은 있을 수도 없다. 말하자면 내 인생에는 구심점이 없었다. 길도 없었고 경계선도 없었다. 허허벌판. 그러나 거기에는 누군가가 있으려니 하는 느낌을 주는 그런 넓은 공간이 있었을 뿐이다.

〈연인〉에서 왜곡되고 이지러진 가정환경 속에서 증오와 절망이 교차된 감정을 배우며 자라던 소녀는 열다섯 살 반에 메콩 강을 건너며 알게 된 중국 청년과 관계를 갖게 된다. 나이에 어울리지 않는 여러 인생 경험이 인생의 꿈에 잠겨 있을 나이의 주인공 소녀를 황폐하게 만들었다.

보호관찰관 앞에 지영이가 섰을 때 열일곱 살의 그녀는 마르그리트 뒤라스가 묘사한 모습 그대로 늙어 있었다. 이제 세상의 어떤 것도 자신을 구원할 수 없다는 생각을 지니게 된 열일곱 소녀의 얼굴은 슬픔을 자아냈다.

그녀를 보며 네 삶은 네가 선택한 것이라는 말은 나올 수가 없었다. 그저 나중에라도 해줄 수 있는 말이 있다면, 네 삶은 앞으로 네가 선택할 수 있다는 것일 것이다. 그러나 과연 그런 이야기를 지영이 앞에서 할 수 있을까.

그녀를 버리고 떠나기 시작했던 아버지, 언니, 어머니. 그리고 술을 권하며 어린 딸과 같은 그녀를 쾌락의 도구로 삼던 어른들.

열일곱 살의 인생을 살아가는 동안 그녀에게 행복의 그림자를 조금이라도 맛보게 해주었던 건 본드뿐이었다.

세상을 살아낸 어른들이 조금만 더 책임있는 선택을 해준다면 지영이에게 이렇게 말해주기가 좀 덜 어려울 것 같다.

이제 더 이상 불행한 삶을 선택하지 말고 이쪽으로, 조금이라도 햇볕이 드는 이쪽으로 다시 한 걸음씩 걸어가자고…….

에이즈 환자 최 군

아무것도 손쓸 방법이 없을 때 꼭 한 가지 방법이 있다.
그것은 용기를 갖는 것이다.

―유대 격언

최 군은 스물두 살이었다.

이제 그는 더 나이 먹을 수 없게 되었다. 스스로 목숨을 끊었기 때문이다.

군대에 가기 전 친구들의 성화와 호기심을 꺾지 못해 들렀던 사창가에서 하룻밤을 보낸 최 군은 그 이후 내내 심한 죄의식에 시달렸다. 그러던 어느 날 신문에서 에이즈에 관한 기사를 보게 되었다.

에이즈는 혈액, 정액, 질액 등 체액으로 전달되며 감염 후 증상이 나타날 때까지 잠복기간이 3개월에서 5년 이상으로 사람에 따라 다르다. 초기에는 현저한 체중감소나 1개월 이상 지속되는 마른기침, 지속되는 발열, 전신피로 등의 증세가 나타난다.

바로 이 부분이 최 군으로 하여금 자신의 감염을 확신하게 만든 부분이었다.

전염될 위험이 높은 사람은 동성애자나 난잡한 성생활을 즐기는 사람, 혹은 주사기를 사용하여 마약이나 의약품을 계속적으로 투여받는 사람이다.

기사는 계속되었다. 난잡한 성생활을 즐기는 사람은 바로 자신을 지적해서 가리키는 말인 것만 같았다.

그는 사적 비밀이 보장된다는 보사부의 에이즈 담당 창구로 전화를 걸었다. 담당자는 와서 혈액검사를 하고 상담을 해보자고 했다.

전화로 그런가 안 그런가 이야기만 해달라고 하는 최 군에게 그렇게는 알아볼 도리가 없다는 대답만 돌아왔다.

최 군은 큰 결심을 하고 찾아가 혈액검사를 의뢰했다. 부모에게는 물론 비밀이었다.

보사부 직원은 결과를 기다리는 동안 읽어보라고 여러 가지 에이즈에 관한 자료를 주었다.

에이즈는 정상적인 생활이나 일상적인 가정 내의 접촉으로는 감염되지 않는다. 악수, 가벼운 입맞춤, 포옹, 술잔, 음식, 손잡이, 수영장, 공중목욕탕, 화장실 변기 등의 공동 사용과 모기에 의해서는 감염되지 않는다.

에이즈 진단방법은 혈청 내의 항체 여부를 가리는 혈액검사, 면역결핍 여부를 확인하는 면역기능 검사, 바이러스 분리배양 검사 그리고 임상증상 등의 결과를 종합하여 진단한다.

여러 방면으로 집중적으로 연구가 진행되고 있지만 아직까지 이 병의 진행을 막을 만한 확실한 치료방법은 없다.

집에 와서 그 자료를 읽으며 그는 절망에 빠졌다. 모든 설명이 그의 상태와 일치하고 있다고 판단되었고 게다가 아무 치료방법도 없다는 사실 때문이었다. 특히 그의 팔에 며칠 사이에 나타난 붉은 반점 몇 개는 에이즈의 진행이 거의 치명적인 상태에 이미 도달해 있다는 확신을 주었다.

약국을 돌며 치사량의 수면제를 사 모은 그는 여관에 혼자 투숙해 자신은 불치의 병에 걸려 죽는다는 유서를 남기고 한 주먹의 알약을 소주에 섞어 마셨다. 최 군은 다시 깨어나지 못했다. 그가 죽은 후에 기막힌 사실이 발견되었다.

보사부에서 했던 그의 혈액검사는 에이즈 바이러스 보균상태가 아니었음을 나타내고 있었다.

그의 증상은 단순한 몸살과 피부질환 때문이었다. 최 군은 너무 서둘렀던 것이다.

사람들이 이제 인생의 갈림길에서 모든 출구가 다 막혔다고 생각할 때 언뜻 떠오르는 생각 중의 하나가 강렬한 죽음의 충동이다.

최 군은 감염 여부에도 공포심을 느꼈겠지만 독실한 신앙인 집안에서 자라나 성적인 문제에 지나칠 정도의 결벽증이 있었던 것이 밝혀졌다. 자신을 절제하지 못한 죄가 너무도 크다고 자책한 그는 스스로에게 벌을 내렸던 것이다. 거기에 이 시대의 페스트라고 불렸던 에이즈의 공포가 가세했다.

에이즈는 인간 면역결핍 바이러스가 체내에 침투하여 각종 면역기능을 급속하게 떨어뜨림으로써 다른 질병에 감염되었을 때 낫지 않고 사망하게 되는 치명적인 질병이다. 우리가 흔히 잘못 알고 있듯이 에이즈란 바이러스 때문에 죽는 것이 아니라 에이즈가 질병 면역 능력을 상실시키기 때문에 대부분 폐렴이나 피부암의 일종인 카포시 육종 등으로 사망하게 된다.

그러나 다른 모든 불치병들이 회복되는 길을 찾아내는 것처럼 에이즈도 이제 바이러스의 진행을 막을 수 있는 치료방법을 찾아내고 있고 아직 발병하지 않은 보균자들은 희망을 지니려고 애쓰며 묵묵히 살아가고 있다.

최 군의 경우는 심리적인 문제가 더 컸다.

각종 매스컴에서 건강에 관한 정보를 마구잡이로 쏟아놓기 때문에 도움을 주는 것만큼 피해를 주는 수도 있다는 비판도 받고 있다. 짧은 지면을 통해 우리가 한 인간의 신체와 정신을 구성하는 복잡미묘한 역학관계를 다 밝히기는 어렵기 때문이다. 게다가 인격적으로 미성숙한 사람은 정보를 이성적으로 받아들일 힘이 약하기 때문에 건강 염려증의 증세로 치달을 우려도 있다.

어떤 기사를 보면 어쩐지 나른하고 피곤하며 만사에 의욕이 없어지고 식욕이 떨어지면서 미열이 있고 체중의 감소나 증가를 보이면 무슨 무슨 병에 걸렸을지 모르니까 곧 가까운 병원을 찾아보라는 이야기를 들려주는데 정말 무시무시한 기분이 들 때도 있다.

현대 사회에서 특히 도시에 사는 사람들은 아침 저녁 교통지옥에 시달리고 지긋지긋한 스트레스를 주는 인간관계나 업무에 치여서 그 비슷한 느낌을 자주 경험하기 때문이다.

이즈음 들어 우리가 언제 아침에 일어나면 개운한 마음으로, "아 하늘에 종달새가 우짖는다. 어여쁜 장미는 숲길에서 나를 반기네." 이런 시인의 마음이 들 만큼 건강해본 적이 있는가.

매연과 공해와 자동차의 홍수와 각박한 사람들의 얼굴에 섞여서 몇 년씩 살다 보면 어쩐지 피곤하고 나른하며 만사에 의욕이 없어지는 것은 당연하다.

자신의 건강에 필요한 도움을 주는 적절한 걷기나 운동은 하지 않으면서 모든 기사를 스크랩해서 여기저기 붙여두고 나는 무슨 병인 것 같다고 걱정만 하는 것도 행복한 삶의 선택이라고 보기는 어렵다.

그런 걱정을 하고 있을 시간이 있으면 바로 집 앞에서부터 목적지까지 날라다주는 현대판 가마인 자가용을 접어두고 걸어 나가보는 것도 좋을 것이다.

현대 중독증 중에 하나가 자가용 중독증이 아닌가 하는 생각이 들 때도 있다. 늘 자가용만 타고 다니던 사람들은 미로처럼 복잡한 서울 시내에서 대중교통 이용에 서툴러 일종의 금치산자가 되어버린다.

일전에 자가용만 타고 다니던 친구가 차가 정비업소에 들어간 다음에 서울대학교에 가려면 어떻게 해야 하느냐고 전화로 물었다.

공부를 잘하면 갈 수 있다고 했더니, 농담하지 말고 빨리 어떤 버스를 타고 어떻게 가야 하는지 가르쳐달라는 것이다. 어디서 버스를 타고 거기서 내려서 지하철을 타서 어느 입구로 나온 후에 거기서…… 여기서 친구는 내 말을 막았다.

"알았어. 도저히 불가능한 일처럼 들려. 택시를 타보든지 안 되면 차가 나온 다음에 가지 뭐."

이것이 친구의 언급이었다.

자신의 건강에 관심을 갖는 것은 본인에게나 가족에게나 사회를 위해서 물론 좋은 일이다. 그러나 그 관심이 단편적인 지식에 의거해서 최 군처럼 불행한 자기진단을 내리게 된다면 관심을 안 가졌던 것만도 못하지 않은가.

보사부에 일이 있어 들렀을 때 눈에 띄는 국민 건강생활 지침을 보고 유치원 원아 지침서처럼 느껴져 혼자 웃고 지나쳐 가긴 했지만, 이야기인즉 구구절절이 맞는 이야기이다.

내가 인생에서 배울 모든 것은 다 유치원에서 배웠다는 어느 작가의 말처럼 내가 지켜야 할 건강의 모든 것이 이 수칙에 다 들어 있다.

- 식사 전에는 손을 씻고 식사 후에는 이를 닦읍시다.
- 음식은 제때에 싱겁게 골고루 먹읍시다.
- 행주와 도마는 삶거나 햇볕에 말려서 씁시다.
- 쓰레기통은 뚜껑을 덮고 주위를 깨끗이 합시다.
- 예방접종과 건강진단은 때맞추어 받읍시다.
- 지나친 담배와 술을 삼갑시다.
- 알맞게 운동하고 즐겁게 생활합시다.

우리가 건강에 관하여 알아야 할 것이 여기에 모두 들어 있지 않은가.

수상한 기사를 읽은 후에 자신의 증세와 조목조목 비교해보는 일은 이제 그만두는 것이 좋지 않을까 싶다. 건강 기사에서 강변하는 조기 발견의 강점은 바로 위에 나와 있는 대로 건강진단을 때맞춰 받으면 저절로 해결될 문제이다.

위 수칙에 들어가지 못하는 건강의 예가 있으면 들어보라고 하고 싶다. 차를 덜 타고 걷자는 말은 바로 알맞게 운동하자는 말에 들어 있지 않은가.

뱀을 잡고 개구리를 잡고 지렁이를 잡고 지네를 잡고 하면서 괴기 동물 채집에 열을 올린 다음에 건강을 위한다는 명목으로 고아 먹을 생각을 조금만 줄이고 위 수칙을 하나씩 따라가보면 어떨까.

식사 전에 꼭 손을 씻고 식사 후에는 꼭 이를 닦고 하는 것들은 우리가 손쉽게 매 수 있는 긍정적인 건강법이다.
　봄이 온 것   러 모처럼 튀어나온 즐거운 개구리를 카멜레온 같은 표정으   아먹을 생각을 하고 바라보는 것은 어쩐지 인간으로서 좀   거운 일이 아닌가.
　자기   을 실어 나르는 육체를 잘 돌보기 위해 바람직한 방법으로 건   돌보면 불행한 선택은 저절로 줄어들지 않을까 싶다.
　 는 다르지만 지나치게 건강에 관심을 가져 오히려 역효과를   경우 중의 하나가 최 군이었다.
　고통을 겪고 있던 최 군에게 비밀을 보장하면서 신속하게 개별적으로 심리적인 상담에 응해주지 못했던 보건상담 체계에도 문제가 있었다고 생각된다.
　최 군의 명복을 빈다.

7. 사랑의 선택

다른 사랑
조건 없는 사랑
나를 사랑하기
운명을 사랑하기
상처를 덮는 사랑
사랑의 이름으로

다른 사랑

인생은 하나의 어려운 수수께끼다.
사랑만이 이 수수께끼를 푼다.

—고트샬

누구나 다 자기 나름대로 상상력을 가지고 있겠지만 그런 능력이 월등하게 뛰어난 사람들이 있다. 백남준이나 스티븐 스필버그 같은 사람들이 그 좋은 예일 것이다.

텔레비전과 거북선을 연결시키거나 달과 자전거를 연결시키는 상상은 그들이 아니면 하기 어려운 상상이다.

우리가 하늘에 가득 찬 밝은 달을 생각할 때 거기에 덧붙이는 상상은 사람이나 민족에 따라 다르겠지만, 자전거를 타고 달 위로 날아오르는 소년들의 그림은 탁월한 상상력의 소산이다. 많은 사람들이 위독해진 ET를 구하려고 달리던 소년들이 달 위로 날아오르던 장면을 잊지 못할 것이다. 그 장면이 그토록 인상적인 이유는 단순한 물리적인 비상 때문이 아니라 소년과 ET의 아름다운 우정에 기인하고 있다.

피붙이라는 이유거나 성적인 매력, 이해관계에 얽히지 않은 인간의 순수한 사랑은 언제나 우리를 깊이 감동시킨다. 서로를 이해하고 감싸는 깊은 우정을 지닌 친구들이나 사랑이 깊은 스승의 이야기들이 우리를 숙연하게 만드는 건 그런 이유에서다.

지난주 우리 집단이 모이던 날은 마침 스승의 날이었다.

아이들을 이미 결혼시킨 한 아주머니가 마음의 그림책 속에 담긴 이야기를 하나 하고 싶다면서 고등학교 때 선생님 이야기를 꺼냈다. 우리는 다 그녀를 지켜보면서 이제 곧 재미있고 즐거운 에피소드가 흘러나올 것으로 기대했다. 늘 활달한 태도에 자신감이 넘쳐 보이는 사람이었기 때문이다.

* "그때 고등학교 3학년 땐데 집안 형편이 몹시 어려웠지요. 그 선생님이……."

갑자기 그녀가 목이 메어 말을 멈추었다. 눈물이 글썽해지더니 더 말을 잇지 못하는 그녀를 보면서 좌중이 조용해졌다.

그녀는 손수건을 꺼내 눈물을 닦더니 애써 웃으려고 하면서 미안하다고 말했다. 그러고도 한참을 말을 잇지 못했다.

"아주 무서운 남자 선생님이었어요. 학생들이 그 앞에 가기만 하면 벌벌 떨었지요. 세 번만 지각하면 성적은 다 나온 줄 알라고 야단을 치고 종아리도 때리고 그랬어요. 그런데 내가 거의 매일 늦었거든요."

그녀는 눈물을 닦아내었다.

"아버지가 왼손이 불구인데 어머니가 돌아가셔서 아침이면 내가 집안 일을 다 마치고 아버지를 거들어 차를 태워드려야 집을 나올 수가 있었어요. 그렇지만 그 선생님은 늘 개인적인 사정 없는 놈이 어디 있나, 변명하는 사람이 제일 싫다. 이렇게 이야기했었거든요."

계속해서 늦으니까 어느 날 선생님이 화난 표정으로 교무실로 오라고 부르더라는 것이다. 삼십여 년 전의 교무실이라는 곳은 학생들에게 가장 어렵고 무서운 곳 중 하나였다. 그녀는 주춤주춤 발을 끌며 안 걸리는 걸음으로 교무실로 다가갔다. 이제 학교를 더 다니려고 드는 게 사실 사치가 아닌가 하는 생각도 들었다.

더듬더듬 말하는 그녀의 사정 이야기를 들은 선생님은 알았다며 가타부타 아무 말도 없이 그녀를 돌려보냈다.

그녀는 간이 졸아붙는 것만 같았다.

다음 날도 불구인 아버지 시중을 들고 겨우 집을 나서 헐레벌떡 학교를 향해 달음질쳤지만 이미 지각이었다.

같은 반 아이들은 이미 조회를 끝내고 반으로 걸어 들어가고 있는데 그 후미에 선생님이 출석부를 손에 든 채 교문 쪽을 바라보며 그냥 서 있었다. 한쪽으로 쭈뼛쭈뼛 걸어서 교실로 숨어 들어가려던 그녀를 선생님이 손짓해서 불렀다.

그녀는 이제 출석부로 한 대 얻어맞는구나 하고 간이 콩알만 해져서 선생님 앞으로 다가갔다.

"뒤로 돌아서봐."

그녀는 뒤로 돌아서 눈을 감았다. 이제 곧 딱딱한 출석부가 자기 머리를 내려치리라고 생각했기 때문이었다. 그런데 선생님의 손이 머리 위로 올라와 한쪽 갈래머리를 잡고 고무줄을 벗겨내더니 다시 몇 갈래로 땋아서 고무줄로 매주는 것이었다.

"머리가 이게 뭐냐. 임마, 아무리 급해도 그렇지."

그녀는 눈물이 쏟아져 앞이 보이지 않았다고 했다.

"그 감격은…… 내가 나중에 지금 애기 아버지 만나서 처음 손을 잡았을 때도 그렇게 가슴이 떨리지는 않았어요."

그 후로 언제나 아버지를 차에 태워 보내고 오느라고 늦는 그녀를 선생님은 조회줄 끄트머리에 서서 기다려주고 항상 허둥지둥 교문을 들어서는 그녀를 향해 멀리서 출석부를 흔들어주고야 교무실로 들어갔다.

원래 엄격한 선생님이라 다른 아이들하고 차별을 두는 것같이 안 보이려고 했는지 그녀가 꼭 선생님이 계실 때 들어선 것으로 치려고 그랬던 것 같다고 그녀는 말했다.

"정말 몇 번씩이나 잘못된 마음도 들었고 포기할 마음도 들었지만 교문에만 들어서면 선생님이 멀리서 출석부를 들고 나를 기다리고 있으리라고 생각해서 기운을 내고 이를 악물며 살았어요. 참 아무것도 보아줄 데가 없는 가난하고 못난 학생이었거든요. 그래도 선생님 덕분에 학교도 무사히 졸업하고 취직도 했지요."

그 무섭기로 소문난 선생님이 보여주던 말없는 사랑에 힘입어 자신의 인생이 바로 섰다고 말하며 그녀는 눈물을 참지 못했다.

얼마 전에 그 선생님은 돌아가셨다고 했다.

"사는 게 바빠서 마음처럼 찾아뵙지도 못했어요."

선생님의 사랑이 그녀를 가난과 절망밖에 보이지 않는 어려운 상황에서 건져주었다고 그녀는 말했다.

이야기를 들으며 가슴이 뭉클해졌다. 그녀의 감정을 나는 너무도 잘 이해할 수 있었다. 내 마음속의 그림책에도 그런 선생님이 자리 잡고 있기 때문이었다.

중학교 3학년 때 혼돈스러운 몽상에 사로잡혀 혼자 멀리 가서 산다고 기차를 타고 서울을 떠났던 적이 있었다. 성적도 바닥으로 내려가고 학교 공부도 무의미하게 느껴졌었다. 집안에서도 내가 필요한 존재라는 생각이 들지 않았다.

나는 밤기차를 타고 부산으로 갔다. 새벽에 내린 거리는 낯설었고 나는 부둣가를 헤매다니며 막연한 절망감에 사로잡혀 있었다. 석양이 지는 바닷가에 혼자 앉아 있던 나는 다시 서울로 오는 밤기차를 타고 새벽에 돌아왔다.

집안에서는 난리가 났고 가출인지 유괴인지 모를 일이 일어났다고 신문에 큰 기사까지 이미 실려 있었다. 학교에서는 선생님들이 모여 학교 위신을 실추시킨 나를 어떻게 처리할 것인가에 대해 의논이 분분했다. 우리 담임 선생님이 끝까지 나를 두둔하며 처벌해서는 안 된다고 주장했다고 나중에 전해 들었다.

면담실에 선생님과 마주앉은 나는 아무 말이 없이 고개를 숙이고 있었고 선생님도 아무 말 하지 않았다.

"말하고 싶지 않으면 내 아무 말도 하지 않으마."

선생님은 내 어깨를 어루만졌다.

"너는 글을 쓰면 참 잘 쓸 거야. 국어사전 꼭 가지고 다니면서 늘 말의 뜻을 찾아봐라. 응?"

그 말을 들으며 참고 참았던 울음이 터져나와 나는 그 자리에 앉아서 울었다. 눈물은 얼굴을 다 적시고 교복 위로 떨어져내렸다. 선생님은 나보고 그전이나 그 후에 아무것도 더 이상 묻지 않았다.

나는 공부에 손을 놓았던 학생이었다. 글을 잘 써본 적도 없었다. 작문을 잘 지었다고 칭찬을 들어본 적도 없었다.

선생님은 다시는 그런 일이 없을 거라고 나를 대신해서 각서를 썼다고 전해 들었다. 나보고 반성문이나 각서 쓰라는 말은 해본 적도 없었다.

나는 정학이나 어떤 처벌을 받지 않았고 학원에 다니고 애를 쓰며 밀렸던 공부를 해서 동일계 고등학교 시험에 합격했다.

선생님은 기쁨을 감추지 못했다. 좋은 성적도 재능도 모범적인 태도도 보이지 못한 우울하고 자신 없는 나를 선생님은 믿고 사랑해주었다.

나는 그 선생님을 통해 어떻게 사람을 용서하고 사랑하는가를 배왔다. 그때 칼날같이 질책받고 처벌을 받았으면 나는 온전한 사회인으로 혼자 서기 어려웠을 것이다. 인생이란 얼마나 순간적인 일로 갈림길에 서게 되는 것인가.

스스로 겪은 경험 때문에 나는 청소년들의 방황과 탈선에 대한 조치가 처벌이어서는 안 된다는 것을 지금까지 굳게 믿고 있다.

상담을 하면서 우울한 얼굴로 학교 성적도 나쁘고 아무 재능도 없다고 비관하고 있는 어린 학생을 보면 그 시절의 나를 다시 보는 듯하다.

나중에 나이 들어 전에 생각하지 못했던 소설을 쓰고 분에 넘치는 상도 받았다. 그해 오월 내가 졸업한 학교에서 나는 자랑스러운 졸업생에게 주는 상을 받았다.

이제 세월이 무심히 흘러간 후에 오월의 태양 아래 서서 나는 그 선생님을 회상했다. 그가 내 시들어가는 영혼에 사랑의 샘을 불어넣어준 것이다.

정학을 논의하던 바로 그 학교에서 삼십 년이 지나 학교를 빛낸 사람으로 상을 받으면서 회한과 그리움으로 마음이 소용돌이쳤다.

작은 사랑의 씨앗이 어떻게 자라나서 한 사람의 혼을 구제할 수 있는가를 생각할 때면 그 선생님의 기억이 늘 떠오른다.

아무도 믿어주지 않고 심지어 자신도 믿지 않고 있던 어떤 숨은 재능에 대해 그 선생님은 마음속으로부터 격려해준 것이다. 그 감정은 한 인간이 다른 인간에게 주는 독특한 신뢰와 우정이었다.

그 아주머니나 내가 영향을 받았듯이 훌륭한 스승이 어린 영혼에 줄 수 있는 막강한 사랑의 힘을 나는 지금도 깊이 믿는다.

마치도 ET와 소년이 서로 교감을 나누었던 것처럼…….

조건 없는 사랑

길가의 외로운 한 아이에 대한,
슬픔에 잠긴 사람에 대한,
거절당한 사람에 대한,
그대의 자연스러운 사랑만이
그대를 기쁨으로 충만한 하늘로 데려가는
신의 선물입니다.

―필 보스만스

네로와 파트라슈가 처음 만났을 때 네로는 어린아이였고 파트라슈는 상처받고 병든 개였다. 그 둘은 처음에는 동정하는 마음에서 가까워졌는데 나중에는 아주 깊이 서로 사랑하게 되었다. 둘 사이의 사랑에는 사람의 마음을 슬프게 하면서도 정화시키는 이상한 힘이 있었다.

그 둘이 살던 오두막집은 앤트워프라는 항구 도시에서 좀 떨어진 플란더스 지방의 변두리 마을에 있었다. 마을 한가운데는 마을 사람들의 밀을 빻아주는 이끼 낀 풍차 방앗간이 서 있었다.

아이의 할아버지는 젊었을 때 참가했던 전쟁에서 몸에 상처를 입고 절름발이가 되었다. 할아버지가 팔십이 되던 해 혼자 살던 딸이 죽자 두 살밖에 안 된 어린 아들을 집으로 데려다 기르게 되었다.

외손자 네로는 곧 할아버지에게 가장 소중한 존재가 되었고 그의 사랑 속에서 아이는 오두막집이지만 건강하게 자랐다.

하지만 할아버지는 너무 늙었고 네로는 너무 어렸다. 이 두 사람이 의지하고 있는 개가 파트라슈였다. 플란더스 지방의 개인 파트라슈는 털이 누렇고 큰 몸집에 네 발이 유난히 큼직했다. 평생 동안 무거운 짐을 끌고 다니다가 길가에 쓰러져 죽는 것이 이 개들의 운명이었다.

파트라슈는 어릴 때부터 매질을 견디며 자랐다. 제대로 크기도 전에 짐수레를 끌고 다녀 몸에는 상처투성이였고 쉬지를 못해 늘 고단했다. 거기다 사나운 주인을 만나 늘 배고픔과 목마름에 시달리면서도 꿋꿋하게 견디어왔다. 어느 날 힘에 겨운 무거운 짐차를 끌다 병이 들어 더 움직이지 못하는 개를 발길질하던 주인은 길가의 풀숲에 버리고 가버렸다.

할아버지가 병들어 죽어가는 큰 개를 숲에서 발견하고 집으로 데려왔다. 어린 네로와 파트라슈는 이렇게 처음으로 만났다.

몇 주일 동안 정성스러운 간병을 받은 개는 기운을 차리고 일어났다. 의지할 곳 없는 가엾은 동물을 돌보는 동안 할아버지와 네로의 가슴에 사랑이 싹텄다.

이제 더 이상 욕을 먹지도 않고 두들겨 맞을 걱정도 없어진 파트라슈의 가슴에도 커다란 사랑이 자라나기 시작했다. 그 사랑은 파트라슈가 죽을 때까지 결코 변하지 않을 어떤 것이었다.

절름거리며 수레를 끌고 우유배달을 하던 할아버지가 병들어 눕자 파트라슈는 그날부터 하루도 쉬지 않고 수레를 끌었다.

추운 겨울이 여러 번 지나갔다.

네로는 수레를 끄는 파트라슈와 함께 우유배달을 하면서 자랐다.

그는 가난해서 학교에도 제대로 다니지 못했지만 그림에 뛰어난 재질을 보였고 대성당에 걸려 있는 루벤스의 그림을 한 번만이라도 보고 싶어했다. 그러나 그 그림을 보는 데 필요한 은화를 마련할 수가 없었다.

아로아라는 착한 부잣집 소녀와 사귀어 소녀의 그림을 그려주기도 했지만 가난한 아이에 대한 아버지의 편견 때문에 자주 만나기는 어려웠다.

네로는 틈이 날 때면 조그만 헛간에 틀어박혀 쓰러진 나무기둥 위에 기대 앉은 한 노인의 모습을 그렸다. 자주 보던 나무꾼 할아버지의 그림이었다.

원근법이라든가 밝고 어두운 것의 대비 같은 그림 그리기 기교에 대해 네로는 누구에게도 배운 적이 없었다. 그러나 그는 나무꾼 노인의 지치고 쓸쓸한 모습에서 오랜 세월 동안 겪어온 고생과 슬픔을 남김없이 그려냈다. 어둠이 내리는 숲 속을 배경으로 지친 채 나무에 걸터앉아 있는 노인의 모습은 슬프지만 아름다운 시와도 같았다.

"루벤스가 살아 있으면 꼭 내 그림을 뽑아줄 텐데……."

어린 네로는 미술대회에 출품할 꿈을 다지면서 중얼거리고는 했다. 열여덟 살 이하이면 누구나 참가할 수 있는 앤트워프의 미술대회에 출품해서 상을 받으면 당당한 어린 예술가로 인정을 받게 되기 때문이었다.

마을에는 장사꾼들이 나타나 나귀를 끌고 우유를 싼값에 배달하며 네로의 배달을 가로막기 시작했다.

그동안 겨울이 닥쳐와 노쇠한 할아버지는 죽었다. 더욱 외로워진 네로는 오로지 그림이 입선하는 희망만을 안고 모든 고생을 참으며 견디었다. 그러나 집세는 밀리고 이제는 가난한 오두막집이나마 떠나야 하게 되었다.

네로와 파트라슈는 덜덜 떨며 쫓겨나기 전에 집을 나섰다. 둘이는 서로에게 아무것도 주지 못하는 것을 슬퍼하며 함께 굶주린 채로 미술 입선자를 발표하는 장소까지 갔다.

그날 발표된 수상자의 이름은 다른 아이의 이름이었다. 네로는 정신을 잃고 그 자리에 쓰러지고 말았다. 정신을 겨우 차린 그는 파트라슈를 끌어안고 모든 게 끝났다고 중얼거렸다.

북풍이 불어닥치고 눈이 내리는 길을 둘이서 헤매다가 눈 속에서 네로는 아로아 아버지의 금돈이 든 지갑을 주워 그의 집에 가 돌려주었다.

그는 지친 개 파트라슈를 그들에게 맡기고 자기 뒤를 따라오지 못하도록 해달라고 당부를 하고 그 집을 나섰다.

아로아의 어머니는 고기와 맛있는 음식을 주며 열심히 풀이 죽은 개를 위로했지만 파트라슈는 음식도 따뜻한 난롯가도 거들떠보지 않고 빗장이 걸린 문 앞에 붙어 앉아 꼼짝도 하지 않았다.

지갑을 찾다가 찾지 못하고 지쳐 돌아온 아로아의 아버지는 정직한 네로의 진심을 알게 되고 참을 수 없는 부끄러움을 느낀다. 그는 내일부터 그 아이에게 다정하게 잘 대해주리라고 결심한다.

그날은 크리스마스이브라 마을 사람들이 부자인 알로아의 집으로 모여들었다.

한 손님이 들어오는 순간 기회를 노리고 있던 파트라슈는 있는 힘을 다해 눈길을 달려 나갔다. 파트라슈에게는 오직 네로를 찾아야 한다는 생각밖에 없었다. 사라진 발자국을 찾아 헤매던 파트라슈는 눈길에서 지워질 듯 성당으로 이어진 네로의 발자국을 찾아내었다. 대성당의 큰 문은 열려 있었다.

드디어 파트라슈는 성당 안의 돌바닥에 쓰러져 있는 그를 찾아내었다. 파트라슈는 차가워진 네로의 얼굴에 코를 비벼댔다. 네로는 놀라 일어나 앉더니 눈물을 글썽이며 파트라슈를 꼭 끌어안았다.

"너로구나. 파트라슈, 우리 여기서 같이 죽자. 우린 세상 사람들한테서 버림받은 거야."

파트라슈는 대답하듯 네로 품으로 더 파고들었다.

파트라슈의 눈에도 눈물이 고였다.

북쪽에 있는 바다에서 플란더즈의 둑을 넘어 몰아쳐 오는 사나운 바람은 세상의 모든 것을 다 얼어붙게 했다. 루벤스의 그림 밑에 꼼짝 않고 누워 있는 둘의 몸은 점점 식어갔다.

갑자기 한줄기 눈부신 빛이 어둠을 뚫고 성당 안을 비췄다. 달빛은 눈에 반사되어 새벽녘보다 더 밝았다. 휘장이 걷혀 있었던 루벤스의 그림이 달빛을 받아 그 모습을 드러냈다.

〈그리스도의 승천〉과 〈십자가에서 내려지는 그리스도〉의 두 그림이었다. 루벤스의 위대한 걸작이었다.

네로는 일어나 앉아 그림을 향해 조용히 두 팔을 벌렸다

"마침내 이 그림을 볼 수 있게 되었어. 아아, 하느님 감사합니다. 저는 이것으로 행복합니다."

그는 파트라슈의 몸을 꼭 껴안고 힘없이 속삭였다.

"우리는 곧 저 그리스도의 모습을 볼 수 있을 거야. 저세상에서 ……. 그리고 그리스도는 우리 둘을 영원히 떼어놓지 않으실 거야."

다음 날 아침 사람들은 성당의 돌바닥 위에 쓰러져 있는 네로와 파트라슈를 발견했다. 밤 사이의 혹독한 추위 때문에 둘 다 크리스마스 날 아침에 죽고 만 것이다.

휘장이 걷힌 루벤스 작품 속의 그리스도 얼굴이 햇빛 속에서 눈부시게 빛났다.

그들이 죽은 후 당선되어야 할 그를 당선시키지 않고 부정하게 미술심사를 했던 사람들이며 거칠게 대했던 모든 사람들이 가슴 아파했다.

소년의 팔은 개를 꼭 껴안고 있어서 사람들이 아무리 해도 떼어놓을 수가 없었다.

마을 사람들은 자기들의 잘못을 뉘우치며 네로와 파트라슈를 한

무덤에 나란히 잠들게 했다.
　영원히 헤어지지 않도록…….

　지금도 이들의 이야기를 읽으면 조건 없는 사랑의 실체를 보는 느낌이 든다. 참된 사랑 이야기를 할 때 사람들 사이의 사랑을 제치고 가장 먼저 떠오르는 작품 가운데 하나다.
　언젠가 네로와 파트라슈의 이야기처럼 아주 감동적이고 따뜻한 사랑의 이야기를 쓰고 싶다.

나를 사랑하기

보답을 원하지 않는 사랑은 타인을 행복하게 할 뿐 아니라
우리들 자신도 행복하게 한다.

―간디

삼십대 여자 한 사람이 창백한 안색에 우울한 표정으로 상담을 받으러 왔다.

"얼마 전 남편이 밤중에 술이 몹시 취해 들어와서 나는 당신을 사랑하지 않는다고 말했어요. 다음 날 술이 깬 후에 물어보니까 전혀 그런 말을 한 기억이 없다는 거예요. 하지만 그 이후부터 그 말이 머리 주위를 뱅뱅 돌고, 남편이 너무 미워 집안일도 아무것도 하고 싶지 않고 죽고 싶은 생각만 들어요. 그동안 희생해온 게 분해서 도저히 남편을 용서할 수 없어요. 아이들도 다 귀찮기만 해요."

이즈음 삼사십대 주부들에게서 사랑과 행복에 관한 상담을 많이 받는다. 어떤 사람들은 사랑해주는 남편, 공부 잘하는 아이, 유복한 환경 등의 정형화된 행복의 기준을 마음의 그림책 속에 담고 있어 그 기준에 미치지 못하는 자기 삶 때문에 깊이 우울해하는 경향도 보인다.

전에 미국에 있는 양로원에서 일할 때 아주 대비되는 태도를 보이는 두 사람의 할머니가 관심을 끌었다.

고혈압과 당뇨로 요양원에 들어와 있던 레오나라는 할머니는 크리스마스 전날 가족 파티에 데리러 온 아들과 딸을 거부했다.

"너희들은 오고 싶어서 온 게 아니야. 내가 그걸 다 알고 있어. 귀찮아 죽겠지만 자기들 마음 편하려고 생색을 내러 온 거지. 거기 끼어들어 바보가 되고 싶지 않아. 무슨 연락도 제대로 안 하다가……. 나는 절대로 안 간다."

설득하려다 지친 자식들은 불행해지고 화가 난 상태로 되돌아갔다.

자녀들이 차린 따뜻한 식탁에 앉아 자신도 행복하고 자녀들도 즐겁게 해줄 수 있는 쉬운 일을 거절해서 그녀는 연락을 자주 하지 않는 자식들을 심정적으로 벌하고 복수한 것이다. 이런 일이 여러 번 되풀이되자 아무도 자기를 사랑해주지 않고 관심도 없다는 그녀의 자기 예언은 마침내 실현되어 가족들은 거의 나타나지 않게 되었다.

젊어서 이혼한 후 약사 노릇을 하며 자식들을 키웠다는 그녀가 조리있게 말하는 칼 같은 비난을 듣고 있으면 그 독기 서린 분노가 그대로 전파되어 가슴이 답답해졌다.

양로원 직원들은 그녀에게 붙들리면 외눈박이 거인 퀴클로스에게 붙잡힌 율리시스처럼 있는 힘을 다해 도망치려고 들었다.

베라는 캘리포니아 농촌 출신으로 미시간 태생인 남편을 따라와 살다가 홀로 된 다음 나이 들고 관절염에 걸려 요양원에 들어왔다. 통증 때문에 잘 움직이지 못하는 그녀는 창가에 오랑캐꽃 화분 여러 개를 놓고 정성 들여 기르며 누가 들어가든지 그날 핀 꽃을 보여주었다.

가끔 미국 전역에 흩어져 사는 자녀들에게서 전화가 오면 언제나 반가워하고 기뻐하면서 안부를 묻고, 초대를 받으면 행복한 얼굴로 그들에게 가서 같이 머물러 있다가 돌아오고는 했다.

미시간에 사는 중년의 딸은 여든이 넘은 어머니를 보러 자주 찾아왔고 두 사람은 별말도 없이 방이나 정원에 정다운 표정으로 함께 앉아 있고는 했다.

간호사들이나 보조원들은 약을 준다거나 방을 정리해주는 것 같은 뚜렷한 용건이 없이도 그 앞을 지나가게 되면 그 방에 들러 "안녕하세요, 베라. 오늘은 어떤 색 꽃이 피었어요?" 하고 물었다.

베라는 다른 행복한 사람들과 마찬가지로 솜씨 좋게 행복을 끌어내기도 하고 솜씨 좋게 행복을 교환하기도 하는 마법사와 같았다.

딸에게 전해 들은 바로는 그녀의 삶이 행복하고 평탄한 것은 아니었다고 했다. 다른 여자가 있었던 남편과도 젊어서 어려움이 있었지만 베라의 노력과 정성으로 잘 극복하고 말년에 이르기까지 정다운 부부로 살아왔다고 했다.

누구도 비난하지 않는 그녀를 보고 있으면 함께 있는 사람들까지 마음이 흐뭇해졌다.

행복의 소재는 과연 어디에 있을까.

다양한 문제를 안은 내담자를 만나면 기억에 떠오르는 사람 중의 하나가 그 양로원의 베라다.

현대 사회에서 광고는 행복의 소재가 물질에 있다고 온갖 방법을 동원해 우리를 세뇌하려 들고 잘 팔리는 달콤한 수필집들은 마음을 비우라든가 정신적인 것에 안주하라든가 하는 그럴듯한 메시지를 전한다.

그런 책들 이야기를 하면서 남편의 냉담한 말 때문에 고통을 견디지 못해 찾아왔던 그 내담자는 흥분해서 외쳤다.

"누군 뭐 마음을 비우고 싶지 않아서 안 비우는 줄 아세요. 내 힘으로 안 비워지는 걸 어떻게 하느냐고요."

아닌 게 아니라 마음속의 어디를 어떻게 떼어내서 어디다가 비운다는 말인가.

이런 관점에서 본다면 현대 사회의 물질적인 광고와 그럴듯한 정신적 가르침 사이에 끼어서 우리가 돌지 않는 것이 가상할 정도다.

물론 좋은 물건들을 곁에 지니고 있으면 조금이라도 더 행복해지는 데 약간의 기여가 될 수도 있을 것이다. 또 누군가 나를 열렬히 사랑해주는 동안은 더 행복할 수도 있을 것이다. 그러나 이것은 제 빛을 못 내는 달과 같은 행복이어서 상대방이 그것을 거두어 가버리면 속절없이 빛을 잃는 개기월식이 시작되지 않는가.

우리는 자신을 행복하게 할 전 재산을 실상 늘 지니고 있는 셈이다. 그것은 '자기 자신'이라는 재산이고 그 재산은 내가 잘 가다듬고 닦으면 다른 재산을 더 끌어오는 힘이 실로 막강하다.

행복한 사람에게 있어서 사랑이란, 사랑하는 사람이 즐거움에 잠겨 있다는 것을 아는 것만으로도 흐뭇해지는 어떤 감정인 것 같다.

부처가 악인에게 무엇을 주면 좋겠느냐고 물었더니 부처의 눈을 달라고 해서 눈 하나를 주었다. 그러자 악인은 그것을 땅에 던지고 발로 밟았다. 제자들이 분노해서 그를 혼내려고 들자 부처는 말했다고 한다.

"내가 무엇을 주었으면 그 다음에는 그게 내 것이 아니고 그 사람 것이다. 어떻게 쓰든지 그 사람을 탓하지 마라."

젊어서는 그 의미가 잘 이해되지 않았지만 살아가면서 더 많이 그 말을 생각하게 된다. 우리는 어른이 되어서도 내가 준 선물이나 사랑이나 관심을 어떻게 쓰는가 하고 상대방을 너무 유심히 살펴보는 건 아닐까.

적십자사에서 일하는 오랜 친구 한 사람은 중학생들에게 어려운 사람을 돕자는 강의를 할 때 아주 쉽고 구체적으로 이야기한다.

"여러분이 하루에 백 원씩 다섯 달쯤 모아 만 육천팔백 원이 되면 캄보디아 같은 데서 지뢰 때문에 다리를 잃은 가엾은 한 아이의 의족

재료값을 줄 수가 있어요. 생각해봐요. 여러분만 한 어떤 아이가 어두운 방 안에서만 기어 다니다가 여러분이 아껴 보내준 돈으로 의족을 달고 밖에 나가 바람도 쏘이고 하늘도 바라볼 수 있다고요."

그 이야기를 들으면 많은 아이들이 눈을 빛내며 작은돈을 털어 동참한다고 한다.

그녀는 전 세계에 지뢰가 일억 천만 개가 묻혀 있어 언제라도 가엾은 아이들의 목숨이나 다리, 팔을 앗아 갈 수 있다는 사실을 생각하면 막막한 심정만 들지만 그래도 우리가 할 수 있는 아주 작은 일이 어디엔가 있다고 믿고 실천하면서 살고 있다.

그녀는 지뢰 제작에는 삼사 달러밖에 들지 않는데 지뢰 하나를 제거하는 데는 삼백 달러에서 천 달러가 든다고 했다. 그 이야기는 마치도 사람들 마음에 상처를 심어주면 그것을 제거하고 관계를 회복하는 데 백 배 이상의 노력이 든다는 이야기와 유사했다.

상담하러 왔던 그 여자의 남편은 사실이건 아니건 사랑하지 않는다는 말을 해서 아내의 가슴에 지뢰 하나를 매설했다. 이제 이것을 제거하는 데 많은 노력이 필요할 것이다.

그러나 중요한 사실은 레오나처럼 네가 심었으니까 네가 제거하라고 버티는 한 우리는 그 지뢰를 안고 살아갈 수밖에 없다는 점이다. 베라처럼 조심조심 그것을 제거하는 작업은 내 손에 달려 있다는 점을 깨달으면 문제 해결의 실마리가 조금씩 풀리기 시작하는 것이 아닐까.

운명을 사랑하기

나는 괴로워하고 사랑하나이다.

―프란시스 잠

샌프란시스코에 사는 먼 친척 오빠 한 사람은 보석을 다듬으며 산다. 그곳에 들렀을 때 금문교며 베이브리지를 구경시켜주던 오빠는 자기 가게에서 보석을 가는 기계며 원석들을 신기하게 바라보는 내게 보석에 관한 여러 가지 이야기를 들려주었다.

"보석은 보통 광물인 줄 알지만 꼭 그렇지만도 않아. 사실 진주나 산호는 생물이거든. 보석이 되려면 빛깔이나 광택이 아름다워야 하는 것은 물론이고 아름다움을 오래 지니는 성질을 갖추어야 해. 아주 단단하고 견고하고 열에도 잘 견디고 산, 알칼리 같은 약품에도 변하지 않아야 하는 거야. 그리고 그 산출량이 적어야 한다는 점이 보석을 더 값있게 하지."

녹색과 청람색을 띠는 에메랄드며 미묘한 붉은빛을 띠는 루비, 청아한 연녹색을 띠는 오팔이며 산호초, 다이아몬드들이 커트하기 전의 원석과 뒤섞여 선반 앞에 놓여 있는 것이 신기했다.

"원석의 종류에 따라 그 아름다움이 극대화될 수 있도록 커트하는 거야. 가령 다이아몬드는 각이 많은 브릴리언트형이 제일 아름답고 에메랄드나 전기석 등은 각이 적은 스텝형이 어울려. 오팔, 비취, 루비처럼 투명도가 낮은 것은 곡선이 원만한 커팅이 좋지."

그가 보여주는 보석들은 제각기 개성과 빛깔을 뽐내며 찬연하게 아름다웠다. 어떤 원석들은 도저히 보석이 그 안에서 나타나리라고 상상할 수도 없을 만큼 거칠고 아무 광택 없는 것들도 있었다.

고대인들은 빛깔이 아름다운 돌에 구멍을 내고 끈을 꿰어 몸을 장식하기 시작하면서 보석의 그 성질이나 빛깔에 따른 특수한 마법적인 효능을 믿기도 했다면서 오빠는 말을 이었다.

"보석을 갈고 다듬으면서 사람도 참 자기를 이렇게 다듬으며 살아야 하는 게 아닌가 하는 생각을 많이 하게 돼."

그의 이야기를 들으며 원석 상태에서 그저 깨어지고 부스러지는 많은 삶들을 생각했다. 적절한 열과 연마가 가해지지 못하고 너무 뜨거운 열이나 강도 높은 압력 때문에 본래 숨어 있는 제 빛을 내지 못하는 삶을 많이 보았기 때문이다.

전에 아는 이의 딸 결혼식에 참석한 일이 있다. 젊어서 사랑의 갈등을 많이 겪었던 바로 아래 후배였다.

그녀는 결혼한 남자와 목숨을 걸듯 사랑에 빠졌고 두 사람은 아내와 헤어지고 결혼하기로 약속했다. 모든 것을 해결하기로 한 날 그의 아내는 다량의 수면제를 먹고 양 손목의 동맥을 그었다. 아내는 깨어났지만 두 사람은 서로를 단념했다.

여자는 한동안 절망 상태에서 헤어나지 못했다. 그 후 여자는 무뚝뚝하고 사무적인 성격의 남자와 결혼했다. 그의 정서가 예민하지 않아 그녀의 숨은 상처를 덜 건드리리라고 생각해서였다.

그러나 그것은 착오였다. 남편은 그녀가 지니고 있는 민감한 감성을 전혀 이해하지 못했고 권위적이고 강압적인 측면을 많이 보였다. 그녀는 남편의 태도가 바뀌기를 요구하지 않고 삶의 많은 부분을 주위에 있는 사람들과 작은 것에 대한 사랑으로 채우기 시작했다.

그녀가 사랑했던 남자는 결국 자기 아내와 헤어졌다. 만나지는 않지만 아직도 변함없이 그를 사랑한다고 그녀는 말했다.

"그 남자가 혼자되어서 나를 원한다니까 한동안 가라앉혔던 온몸의 피가 다 끓어오르는 것 같았어요. 그렇지만 아이들을 돌보고 그저 내 일만 묵묵히 했지요. 나를 정말 필요로 하는 사람은 가족들이라는 걸 생각하려고 애쓰면서요."

결혼식장에서 만난 신부는 티 없이 순수해 보였고 어머니를 바라보는 시선에는 깊은 애정이 담겨 있었다. 분홍빛이 도는 한복을 단정하게 입고 앉은 그녀의 모습은 손질을 다 끝낸 보석처럼 영롱해 어린 신부보다 더 아름다웠다.

그녀는 단독주택에서 살며 집 주위에 꽃을 심고 사람들에게 화분을 나누어주기 좋아한다. 음악을 아주 좋아하고 오래 다니던 직장에서도 사람들의 사랑을 받고 있다. 그녀를 보고 있으면 마음이 잔잔히 가라앉는다.

"한때는 내가 정말 불행한 여자라는 생각도 했었지요. 지금은 참으로 가진 것이 많은 사람이라고 생각해요."

그녀는 전에 한번 비오는 날 쓸쓸한 어조로 말했다.

"이제 나이 들어 그 사람을 가끔 만나면서 살아도 괜찮지 않을까 하는 생각이 문득 들 때도 있어요. 안 되겠지요?"

미친 듯이 집을 뛰쳐나가고 싶은 적도 있었다고 그녀는 말했다.

지금 보이는 신부의 미소는 어머니인 그녀가 함께 만들어낸 아름다운 미소라는 생각이 새삼 들었다.

그녀와 신부를 보며 피천득의 수필 〈나의 사랑하는 생활〉이 떠올랐다.

나의 생활을 구성하는 모든 작고 아름다운 것들을 사랑한다. 고운 얼굴을 욕망 없이 바라다보며, 남의 공적을 부러움 없이 찬양하는 것을 좋아한다. 여러 사람을 좋아하며 아무도 미워하지 아니하며, 몇몇 사람을 끔찍이 사랑하며 살고 싶다. 그리고 나는 점잖게 늙어가고 싶다. 내가 늙고 서영이가 크면 눈 내리는 서울 거리를 같이 걷고 싶다.

그의 글을 읽으면 그가 늘 이야기하는 서영이라는 딸을 본 적이 없는 우리도 사랑하게 된다. 그에게 너무도 극진히 사랑받고 있기 때문이다.

폴리네시아 사람에 관한 우화 같은 이야기가 있다.

이 사람은 필요없는 열등감에 싸여 외모를 전혀 돌보지 않고 살던 한 소녀를 여왕처럼 만들어주었다. 소녀는 삶의 의욕을 잃고 누가 흉보는 것이 두려워 처마 밑에 숨고는 했다. 사람들은 그녀의 존재가치를 인정하지도 않았고 아예 관심조차 갖지 않았다. 그렇지만 그 젊은이는 늘 그녀를 생각했고 그녀의 가치를 알고 있었다. 젊은이는 어른이 되자 소녀의 아버지에게 청혼하러 갔다. 그곳에서는 남자가 여자에게 청혼할 때 소를 건네주는 풍습이 있었다. 여자가 그저 보통이면 소 한 마리를, 여자가 여러 사람이 탐낼 만하면 소 서너 마리를 건네주었다. 여자들은 남자들이 소를 몇 마리 건네주느냐에 따라 그 가치를 인정받게 되는 것이다.

아버지는 그저 소 한 마리만 주면 감지덕지해서 딸을 시집보낼 생각이었다. 그런데 놀랍게도 이 젊은이는 여덟 마리의 소를 내어놓았다. 놀라 그렇게까지 할 필요가 있느냐고 반문하는 소녀의 아버지에게 그는 그녀에게 그럴 만한 가치가 충분히 있다고 대답하며 그녀의 손을 잡았다. 이때부터 그녀에게 변화가 왔다. 그녀는 잃었던 자신감을 찾게 되고 소 여덟 마리에 걸맞는 자태를 갖추게 되었다. 그녀의 모습은 붉게 피어나는 장미꽃 한 송이처럼 눈에 띄게 아름다워졌다.

사랑받는 사람은 그 이유만으로 보석처럼 빛을 내기 시작한다.

어머니의 사랑이 필요한 아이들에게 상처를 주지 않으려고 그녀는 자신의 욕구를 꺾었다. 그녀는 자기를 필요로 하는 남편과 아이들을 사랑하며 불만과 비탄에 젖지 않고 자신의 삶을 가꾸었다.

보석을 다듬고 있는 그 오빠처럼, 주옥 같은 수필을 쓰는 피천득처럼, 그 여자도 인생의 가장 아름다운 면을 사랑으로 다듬는 보석 세공사라는 생각이 든다.

상처를 덮는 사랑

그 동네에 죄 많은 한 여자가 있어
예수께서 바리새인의 집에 앉아 있음을 알고
향유 담은 옥합을 가지고 와서 예수의 뒤로
그 발 곁에 서서 눈물로 그 발을 적시고 자기 머리털로 씻고
그 발에 입맞추고 향유를 부으니.
· · · · · ·
이러므로 내가 네게 말하노니 저의 많은 죄가 사하여졌도다.
이는 저의 사랑함이 많음이라.
사함을 받은 일이 적은 자는 적게 사랑하느니라.
이에 여자에게 이르시되, "네 죄사함을 얻었느니라." 하시니.

―누가복음 8장에서

꼭 끼는 짧은 치마를 입고 길을 건너던 여자가 술병을 한 손에 든 채 차를 몰고 지나가려던 남자에게 다가와 창을 통해 말한다.

"내가 걸을 때는 당신이 서야지요."

여자는 다시 걸어서 자기 길을 가고 남자는 차를 몰고 자기 길을 간다.

영화 〈라스베이거스를 떠나며〉에서 알코올 중독자인 남자와 창녀인 여자 두 사람이 처음 만나는 장면이다. 다음 날 두 사람은 동화처럼 밝고 화려한 불빛이 폭포처럼 쏟아지는 카지노 건물들 한복판에서 다시 만나 그저 곁에 누워 함께 밤을 보낸다.

그 후 그녀는 거리를 걸으며 어느덧 그를 찾고 있는 자신을 발견한다. 이상하게도 그와 함께 있을 때는 아주 편안하게 있는 그대로의 자기 자신이 되는 것 같다고 여자는 느낀다. 남자들이 원하는 건 성을 제공하는 도구로서의 그녀뿐이다.

남자는 술을 마시다가 죽을 생각으로 라스베이거스에 왔다고 말한다. 여자는 전에 경험해본 적 없는 설명하기 어려운 감정을 느낀다.

여자는 그에게 싸구려 모텔에서 짐을 옮겨 자기 집에 와서 지내자고 말한다. 옮겨 오면서 남자는 가지고 있던 돈을 다 여자에게 준다. 거절하려던 여자는 그의 눈빛을 바라보다가 원한다면 그렇게 하라고 돈을 받는다.

"당신에게 돈을 주는 게 왜 이렇게 행복하지?"

남자는 아이처럼 웃으며 말한다.

기묘한 동거가 시작된다.

여자는 불타는 오렌지 빛 셔츠와 금빛 금속으로 만들어진 휴대용 술병을 남자에게 선물한다. 남자는 깊이 감동하며 당신은 정말 천사 같은 여자라고 말한다.

두 사람은 서로에게 사랑을 느끼지만 상대방의 생활을 바꾸려고 하지 않는다.

여자는 밤에 창녀 일을 하러 나가고 남자는 그저 술을 마신다.

라스베이거스로 들어가는 길은 사막에 가깝다. 그곳은 빌로드처럼 부드러운 금빛 모래가 태양을 반사해내는 아름다운 사막이 아니다. 부스러지기 전의 공사장 흙 같은 메마른 흙 위로 여기저기에 기묘하고 그로테스크한 식물들이 자라나는 사막이다.

차로 달려도 달려도 경치는 변하지 않는다. 초록빛 잎을 내지도 못하고 실처럼 힘없이 자라난 식물들은 회색빛에 가까운 먼지 문은 색조를 띠고 지평선이 닿는 곳까지 여기저기 서 있다.

그 식물들은 사막화된 땅에서 살아남기 위해 얼마나 깊이 뿌리를 내리는지 그렇게 약해 보여도 그 식물을 땅에서 잡아 뽑으려면 대단한 힘과 노력이 필요하다고 했다.

열매도 윤이 나는 잎도 내지 못하면서 그 식물들은 왜 그렇게 기를 쓰고 살아나 사막화된 땅 위로 그 모습을 고단하게 드러내고 있을까.

무성한 잎으로 뒤덮인 진초록빛 나무들과 빛나는 태양과 바다, 쾌적한 기후로 사람들이 상상하는 낙원의 모습을 연상케 하는 하와이에서 비행기로 몇 시간 걸리는 거리에 놓여 있는 라스베이거스는 완전히 다른 세상을 눈앞에 겹쳐 보여주고 있었다.

그 불모의 사막 한가운데 사람들은 오아시스를 세웠다.

샘물과 나무의 위안이 있는 오아시스가 아니라 네온사인과 환락의 위안이 있는 오아시스다.

  사막을 지나 그곳으로 들어선 사람들은 신기루처럼 나타나는 불빛의 오아시스를 본다.

  여자와 남자는 그 오아시스 한가운데서 아무에게도 도움을 주지 못하는 파괴된 몸과 마음을 이끌고 서로 마주 보고 있다.

  서로 과거를 묻지도 않고 두 사람 다 이야기도 하지 않는다. 새 생활의 설계도 없고 미래를 의논하지도 않는다. 남자는 술을 마시고 여자는 그의 곁에 머무르고 있을 뿐이다.

  카지노에서 섬망증 때문에 발작을 일으키고 난동을 부리던 남자는 집에 데리고 돌아온 여자의 품에 아이처럼 안겨 잠든다.

  사랑을 깊이 느끼게 된 여자는 그가 죽어가는 것을 바라보고 있어야 하는 갈등에 괴로워하다가 마침내 울음을 터뜨리며 의사에게 가 보지 않겠느냐고 입을 연다.

  남자의 얼굴에 두려움이 스친다. 그는 다시 사랑이라는 이름으로 자기를 건강한 삶으로 이끌어보려는 사람들 곁에 가고 싶지 않다. 집착은 이미 부서진 여자의 삶을 더 망가뜨릴 뿐이라고 생각한다.

  삶의 환경이 하와이의 풍광처럼 풍요로운 사람들은 사막의 풀처럼 거칠게 자라나 아무 의미 없이 숨쉬고 있다고 생각되는 남자와 여자를 경멸하고 멸시한다.

  남자는 떠나고 여자는 거리로 나섰다가 불량배들에게 심한 폭행을 당하고 멍들고 고통스러운 몸을 끌고 거리로 나선다.

  사람들은 그 여자가 감정을 지니고 있는 사람이 아닌 인간쓰레기라는 표정과 태도로 그녀를 대한다.

  샤워실의 유리창으로 벗은 몸을 웅크리고 쏟아지는 샤워 물줄기 아래 상처받은 짐승처럼 움직이지 않고 앉아 있는 여자의 모습이 오래 비친다.

여자는 묵던 집에서도 나가달라는 통고를 받는다. 이제 그녀가 거래하던 카지노에서도 여자를 폐기물 버리듯 내쫓는다.

여자는 거리를 헤매며 어디선가 그를 만나기를 간절히 바라지만 아무 곳에서도 그를 볼 수가 없다. 거리의 불빛은 여전히 하늘 끝까지 비추어내려는 듯 밝고 현란하다.

자기 방에서 혼자 돌아앉은 그녀의 속옷만 입은 메마른 등에 절망의 그림자가 내비친다.

전화가 울린다. 한 번.

그리고 전화는 끊긴다.

조금 후 망설이듯 전화가 다시 울린다. 여자는 두려운 동물을 움켜잡듯이 전화를 잡는다.

"벤, 어디 있어요."

여자는 그가 일러준 주소를 가지고 그의 방을 찾는다.

남자는 죽어가고 있다.

여자의 얼굴은 기쁨으로 차 있다. 그가 자신을 사랑하는 여자로 마음속에 간직하고 불러주었기 때문이다.

너무 어둡다고 말하며 여자는 두터운 커튼을 연다.

밖에서 빛이 흘러들어온다.

여자는 죽어가는 남자를 포옹한다.

남자는 눈을 뜨고 여자에게 사랑을 고백한다.

빛이 사라져가는 눈에 여자의 모습과 사랑을 간직한 채 그는 죽는다.

여자는 죽어서 누워 있는 그의 곁에 앉아 희미한 빛이 들어오는 창밖을 내다본다.

장면이 바뀌자 혼자 남은 여자의 얼굴이 클로즈업된다.

여자는 담담하게 독백처럼 말한다.

"나는 그를 바꾸려고 들지 않았습니다. 나는 그를 있는 그대로 사랑했지요. 그 사람도 나한테 그랬습니다. 함께 있을 때면 정말 나는 있는 그대로의 나 자신이 된 것 같았어요."

여자는 한참 후 말한다.

"나는 그를 사랑했어요."

억제할 수 없는 감정이 밀려 올라오며 눈물이 여자의 얼굴에 흐른다. 여자의 마음은 이제 가성 오아시스인 라스베이거스를 떠난다.

흐느껴 울면서 여자는 말한다.

"나는 진심으로 그를 사랑했어요."

사랑의 이름으로

만일 어떤 여인이 자기는 꽃을 사랑한다고
하면서도 물 주기를 잊고 있다면
나는 그녀의 꽃에 대한 애정을 의심하게 된다.
사랑이란, 자기가 사랑하고 있는 것의
목숨이나 성장에 대한 배려를
행동에 의해 표현하는 것이다.

―에리히 프롬

오랫동안 알고 지냈던 사람에게서 얼마 전에 편지가 왔다.

미국에서 자리 잡고 살며 대학교수로 있는 그는 한 달 전에 아버지의 시신과 대면하기 위해 돌아왔다.

병원 영안실에서 만난 그는 피곤하고 지쳐 보였다. 시차에 적응이 안 된다고 되풀이 말하며 커다란 두 손을 마주 쥐고 어색하게 비트는 그는 숙제를 안 해오고 선생님 앞에 서서 난감해하는 어린 학생처럼 보였다.

그의 미국인 아내는 장례식에 오지 않았다.

오십이라는 나이는 부모를 잃는 설움에 대해 어느 정도 마음속으로 준비가 되는 나이일지도 모른다. 병원에서 만난 그는 울지도 않고 오히려 덤덤해 보여 얼핏 보기에 특별한 슬픔을 새기고 있는 것 같지 않았다.

그러나 그의 편지는 뜰에 내리는 가을비처럼 서러웠다.

"생전 괴로워하신 아버지 생각을 하면 아무것도 할 수가 없고 점점 더 치밀어오는 슬픔 때문에 이제 움직이는 것조차 힘이 듭니다."

그의 아버지는 완고한 양반의 후예로 뛰어나게 명석하고 효심이 지극한 맏아들의 성취에 큰 기대를 걸고 유학을 보냈다.

몇 년 후 아들이 편지에 그곳에서 사귀게 된 여인의 이야기를 조금씩 비추기 시작했을 때 아버지는 관심을 보였으나 그녀가 국적이 다른 미국 여인이라는 사실을 알고 타오르는 들불처럼 격분했다.

"그 여자와 결혼하면 너는 내 자식이 아니다."

어떻게든 설득해보려던 아들은 굳게 닫힌 문 앞에서 최후통첩과 부딪히자 미국으로 돌아가 거기서 그 여자와 결혼했다.

쓸쓸한 결혼식이었다.

아버지는 용서를 비는 그를 자식으로 인정하기를 거부했고 그는 십 년이 넘도록 귀국할 수가 없었다.

원해서였는지 운명이었는지 그와 그 여자 사이에는 아이가 없다.

아버지가 보기에, 그 아들은 사랑이라는 미명으로 질병 같은 감정에 빠져 부모를 저버리고, 고국으로 돌아오는 모든 길을 스스로 끊은 불효자였다.

그의 이름은 집안에서 다시 불릴 수 없는 금기가 되었고, 그는 마치 존재하지 않았던 사람처럼 취급되었다. 그러나 아버지의 태연한 거동 뒤에서 그의 뼈마디마다 새긴 아들의 존재는 날이 갈수록 더 커가기만 했다.

얼마 전 아버지는 병을 얻어 쓰러졌고 가족들이 조심스럽게 아들의 귀국 허가를 간청했다. 아버지는 전과 달리 아무 말없이 눈을 감았다. 감은 눈가에 물기가 비쳤다. 아버지가 쓰러졌다는 가족의 편지를 받고 돌아온 그는 말을 걸지 않고 누워 있는 아버지 곁에 앉아 얼굴도 닦아주고 몸을 돌려 눕히며 눌렸던 자리를 안마해주었다.

며칠 후 아버지가 처음으로 입을 떼었다.

"집사람은 잘 있느냐?"

"예……."

그리고 다시 더 긴요한 말도 없이 한 사람은 누운 채, 한 사람은 앉은 채 한방에서 며칠을 지냈다.

저녁이라도 함께하자고 초대하는 전화를 걸자 그는 어린아이처럼 웃으며 말했다.

"아버님 곁에 좀 더 있으려고 아무 데도 밖에 안 나가고 있습니다."
 두 주일 후 대학 강의에 쫓겨 그는 미국으로 돌아가고 호전된 듯하던 아버지의 병세는 일진일퇴하다가 악화되었다. 임종하는 자리에서 그는 미처 돌아오지 못한 맏아들의 이름을 불렀다.

 사랑하는 사람이 인생의 중요한 선택 앞에서, 우리가 보기에 위태로워 보이는 쪽으로 발을 떼어놓기 시작할 때 우리는 어떻게 대처하면 좋은 것일까.
 나뭇잎이 드문드문 떨어지는 뜰에 앉아 그는 아내와 많은 이야기를 나눈다고 썼다. 그러나 아버지의 가슴속에 대못처럼 꽂혀 있었을 아픔에 대해 그는 아마 스스럼없이 이야기하기 어려웠을 것이다.
 편지를 읽으며 이국의 큰 집 뜰에 혼자 앉아 커다란 두 손에 얼굴을 묻고 울고 있는 그가 보이는 듯했다.
 아버지는 자신이 원하는 꽃을 피우지 않는 아들에게 더 이상 물 주기를 그만두어버렸고 목이 타들어가는 아들만큼 아버지도 고통스러워했다. 아버지는 생각했을 것이다. 부모가 목숨을 걸고 막는데도 어째서 아들은 사랑이라는 일시적 허상에 빠져 그 여자를 단념하지 않았을까. 어째서 아들은 좀 더 오래 산 사람의 뼈아픈 충고를 받아들이지 않았을까.
 아버지는 결혼을 구성하는 요소 중에 사랑의 요소를 최소한으로 보는 문화권에서 성장한 사람이었다. 사랑이란 언제 변할지 모르는 젊은 시절의 감정이라고 아버지는 믿었고 아들은 그렇지 않다고 믿었다.

"나를 정말 사랑한다면 그 사랑을 포기하라."

"나를 진정 사랑한다면 그 일을 포기하라."

우리는 가끔 이렇게 외치는 소리를 듣는다. 이성 간에, 부부 간에, 부모와 자식 간에, 또는 친구라고 이름 붙여진 사람들 사이에서……. 우리는 어디까지 사랑의 이름으로 상대방에게 내가 원하는 꽃을 피워야만 한다고 강요할 수 있는 것일까.

담담하게 안부를 전하는 그의 편지에서 묻어나는 회한과 그리움, 슬픔을 느끼며 가을 햇볕이 비껴가는 뜰을 내다보았다.

바람에 간간이 흔들리는 은행잎들이 금빛으로 빛나는 것을 보며 나는 편지를 접었다.

살아가면서 얼마나 많이 우리는 주위 사람들을 속박하고 정죄하는 것일까.

다른 이름도 아닌 사랑의 이름으로…….